住宅は批評する

現代建築家20人の言葉

THE CRITICAL HOUSE

編著
モハマド・エイマール
大塚 優
小倉宏志郎

彰国社

装丁＝塩谷嘉章

プロローグ

クリティカル・ハウスとその社会批評

——モハマド・エイマール

The Critical House and Its Social Commentary

——Mohammad Eimar

日本への留学中に知り合ったフランス人の友人が言っていた「日本人はお互いを直接批判することはあまりないが、建築やアートなどの創造的な領域では批評的だ」という言葉が心に残っていた。たしかに概して日本人は「事なかれ主義」と言われるが、建築では批評性のある建築を評価する風潮があるようである。また、日本の建築家が戦いを仕掛けるかのような言葉とともに作品を発表し、その作品に込めた「批評性」について議論していたことに驚かされた。世界でも高く評価される日本の現代建築が生まれる源は、そうした批評精神にあるのではないか。この「批評性」という言葉こそ、日本の建築家の社会に対する姿勢を象徴しているのではないか。こうしたことから、私は本書の原案にあたる修士論文（1）以降、「建築の批評性」というテーマに取り組み始めた。ここでいう批評性というのは、建築や住宅作品に対する批評ではなく、建築家が自身の作品を発表するときに語る、作品が持つ批評性である。面白いことに、日本の建築家たちは個別的、個人的、そして私的な住宅建築によって批評を展開しているらしい。住宅から社会を批評するといったとき、あまりにも釣り合いが取れないのではないか、この小さな建築がどのように批評的な力を獲得できるのかと不思議に思った。

設計をするということは批評することだ

日本の社会は戦災の灰の中から立ち上がり、急速に勢いを取り戻した。建築家はそうした変化に対応し、ときに批評しながら、建築を作ってきた。なかでも、戦後の持ち家政策により戸建住宅の建設数が多い日本では、親族や友人の家の設計がキャリアの第一歩となることが多く、若手建築家によるさまざまな試みがなされてきた。この住宅という領域こそ、批評性が議論されてきた主戦場である。それは、批評性という概念が、公共的な用途を持たない住宅を建築として位置づけ、社会へ接続する回路として機能してきた、つまり建築としての住宅の前提だったからだ。例えば「1970年代に建築家としてスタートして以来、設計をするということは批評することだと、ずっと思ってきました。篠原一男さんあるいは、磯崎新さんたちの言説の影響が大きかった」(2)と伊東豊雄が述べているように、篠原、磯崎に影響を受けた当時の若手建築家世代にとって、住宅における批評性は重要な価値観であった。

しかし90年代末には、住宅の批評性の意義を問う議論があった。その中心にいたのが、ほかならぬ伊東である。伊東は1998年に発表した「脱近代的身体像——批評性のない住宅は可能か」(『住宅特集』1998年9月号)において、社会変革的な志向性を持ったモダニズム以降、批評性は社会へ否定的な態度を取る姿勢であり、住宅にはもはやそうした排他的な価値基準は必要ないと論じた。この論考は話題を呼び、多くの建築家が応答した。折しも、バブル崩壊や阪神・淡路大震災を経て建築家の社会性が問われ、新しい建築の必要性が叫ばれた時代であった。またレム・コールハースが「批判的なポジションこそが唯一尊敬に値するという考えが基本的な前提となっているのです。この考えが議論全体を歪めています。社会や自分の職業に対してどれほど批判的になろうと、純粋に批判のみに基づいて創造的なことを語るのは不可能だからです」(3)と述べたように、世界的にも批評的であることへの疑義が唱えられ始めていた。

のちに詳述するこの論争以来、このテーマは表立って議論されていない。時代と価値観の変化に伴い、建築家の主題も多様化し、批評の拠り所が失われたと言われて久しいが、しかし、あらゆる創造的行為は現状に対する批評をともなうものであり、その批評が豊かな文化の創造に不可欠であるとすれば、時代や社会の状況を問わず、建築の批評性は議論に値するはずだ。そして、「住宅は建築の集中表現である」(4)という言葉のように、一つの建築種に過ぎない住宅の批評性は、建築一般の批評性の所在をも逆照射し得るのではないか。特に、地球環境、社会状況の変化、パンデミックを経て、これまで以上に住まうことが問われている昨今、現代日本の住宅建築における批評性を再考する必要があるように思われる。

論争以後、今日の批評性はどこにあるのか

前述の修士論文では、現在の言説には表れない、批評性をめぐる状況をとらえるため、現在活躍する新しい世代の建築家へインタビューを行った。すると、特に東日本大震災以降顕著な、社会や環境といった主題への批評的な実践が浮かび上がってきた。本書は、このインタビューでの成果をもとに、戦後日本建築における住宅の批評性がこれまでどのような役割を果たしてきたのか、そして「ポストクリティカル」(5)の時代と言われる21世紀の今、批評性に何が可能なのかを探るものである。

本書は二つの章からなる。I章では、戦後の建築界で語られてきた批評性の議論をたどりつつ、特に90年代末の論争を再検討するとともに、論争から三つの論考を再録する。

II章では、住宅の批評性の問題に貢献してきた伊東豊雄、坂本一成、隈研吾、塚本由晴の4名へのインタビューから、これまでの住宅の批評性における状況を探り、日本の現代建築における住宅の批評性とその背景をリサーチした。続いて日本の70年代から80年代に生まれた新しい世代の建築家15名が語る、住宅建築の批評性の現在を記録することを試みた。最後に、奥山信一によ

る、現代建築における批評性をめぐる論考を収録する。

本書を通じて、住宅の批評性が抱えている文脈やこれから持ち得る意義、さらに日本の建築家の異なる世代での、批評性をめぐる意識の変化を明瞭に浮かび上げ、言説に表れない現在の批評性を描くことができるだろう。

どんなに小さな建築も社会的な産物であるからには、批評性は依然として重要な価値基準であり、新たな建築の知を生み出す原動力となるはずだ。本書が読者にとって、特に新しい世代の建築家、学生、芸術や文化にかかわる実践者が、現代社会との関係を問い直すきっかけになることを期待する。


〈註〉

(1) モハマド・エイマール・アリ「The Role of Social Commentary and Its Criticism for Contemporary Japanese Architects」『平成30年度東京工業大学建築学コース・建築学専攻修士論文梗概集』2019
(2) 伊東豊雄・奥山信一「特集 住まいをめぐる言葉3 批評性――建築『家』への社会意識」『新建築 住宅特集』2006年7月号
(3) 磯崎新・浅田彰監修「Discussion 4」『Anyplace 場所の諸問題』NTT出版、1996
(4) 篠原一男「いま、『モダン・ネクスト』」『新建築 住宅特集』1988年3月号

（5）（3）のレム・コールハースの発言以降、多くの理論家や研究者が「クリティカル」対「ポストクリティカル」という観点から建築批評を論じた。おもに、「クリティカル」では文化的な水準の批評的側面に焦点を当てるのに対し、「ポストクリティカル」は市場システムの中での実践的な側面を重視する立場にある。

目次

II 現代建築家は批評性を、いかに語るか 086

I

住宅建築の批評性は、いかに語られてきたか

How Has the Criticality of Residential Architecture Been Discussed?

1990年代末、建築専門誌上で住宅建築の批評性についての論争が起きた。本章では、当時の言説群の中から、この問題を特に発展的に論じた三つの論考を再録し、日本現代建築における批評性の議論を振り返る。論争のきっかけを作った伊東豊雄による「脱近代的身体像——批評性のない住宅は可能か」、伊東の論考を受けて書かれた隈研吾の『批評性』とは何だったのか」、そして批評性への擁護を試みた奥山信一の「設計思想の一貫性を支える条件」、これらは20世紀末の日本という時代状況を共有しながら、世代も立場も異なる視点から住宅建築の批評性について論じており、当時の建築界をめぐる状況や、批評性への疑義が提示された経緯に加え、批評性という概念が持つ問題系を広く見出すため、今日においても再考に値する論考だろう。

2000年前後の批評性をめぐる言説群

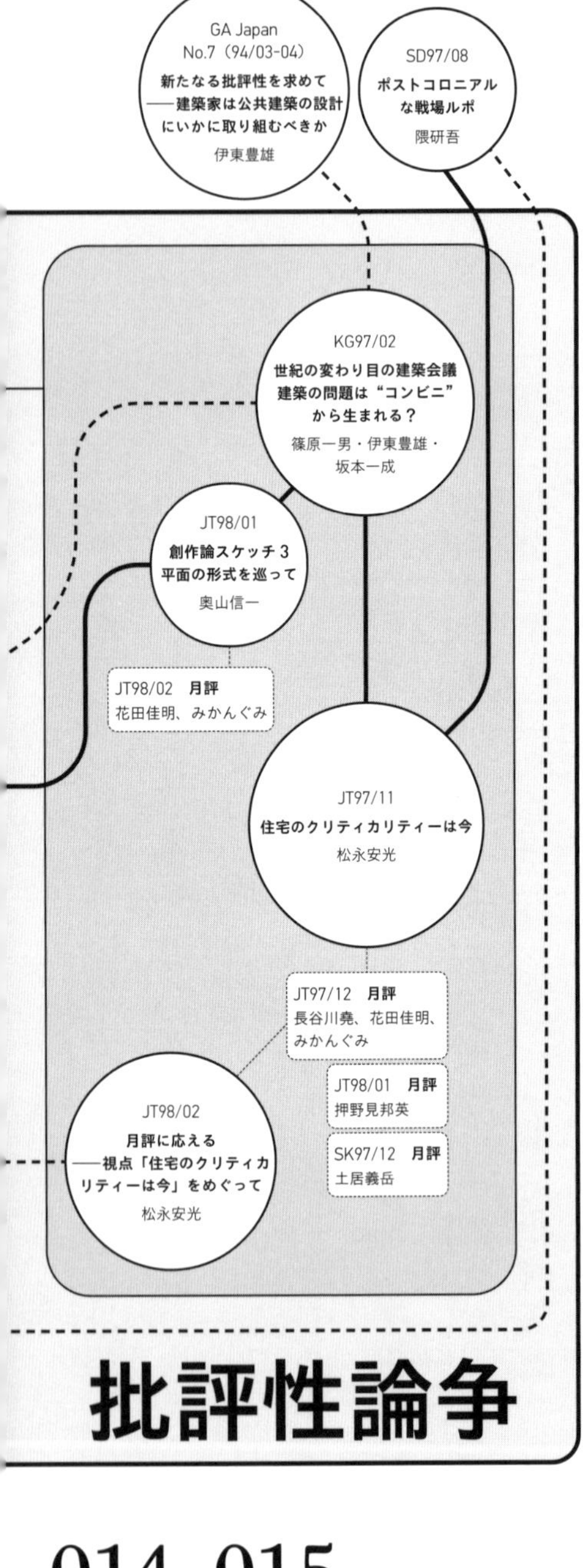

凡例
SK：新建築
JT：新建築住宅特集
KG：建築技術
SD：SD（スペースデザイン）
KB：建築文化
KJ：建築雑誌
（上記雑誌名の後の数字は発行年／月を示す）

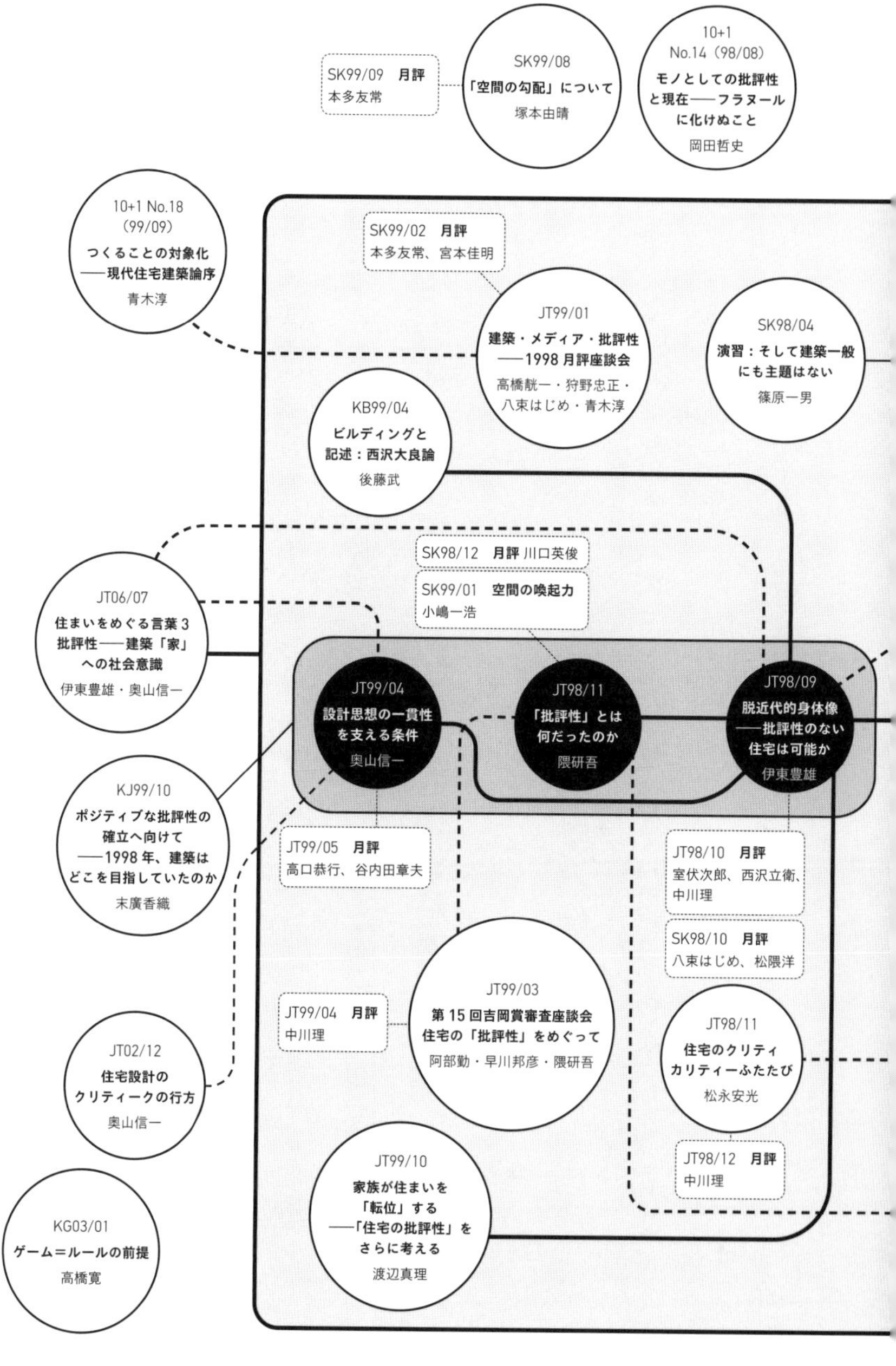

住宅建築の批評性は、いかに語られてきたか

I

ことの始まりは、篠原一男、伊東豊雄、坂本一成によって行われた、1997年の『建築技術』誌での鼎談(1)にさかのぼる。これは「世紀の変わり目の建築会議」と題された連載記事であり、篠原をホストに「モダニズムの検証」をテーマに据えた連続座談会の一つであった。第2回にあたるこの鼎談では、急速に変容する当時の社会をめぐって議論が展開し、「近代のわれわれの仕事の中で住宅が持っている最も基本的な性格の一つは、批評だ」とする篠原に対し、伊東は公共建築と比べて「住宅を設計するときに、もはやぼくは批評性という言葉をほとんど持ち得ない」と応答した。さらに商業建築も批評性を持ちにくいという伊東の発言を踏まえ、坂本も「住宅も今、そういう意味ではリアリティがない」と答えている。

この鼎談を踏まえて書かれた、松永安光による「住宅のクリティカリティーは今」(2)が論争の起点となった。松永は当時の建築界の傾向に触れ、「住宅は建築の絶対的な評価基準であった批評性を喪失したゆえに、すでに建築としての価値を失った」という認識を示した。この論考は大きな反響を呼び、14頁の図に示すように多くの建築家、批評家が応答した。合計30点ほどの言説群を、われわれは批評性論争と呼んでいる。

〈註〉

(1) 篠原一男・伊東豊雄・坂本一成「鼎談 世紀の変わり目の建築会議 第2回 建築の問題は〝コンビニ〟から生まれる?」『建築技術』1997年2月号

(2) 松永安光「住宅のクリティカリティーは今」『新建築 住宅特集』1997年11月号

Essay

脱近代的身体像

批評性のない住宅は可能か

伊東豊雄

1998.09

A Body Image Beyond the Modern: Is There Residential Architecture Without Criticism?

——Toyo Ito

現代社会との亀裂

私が設計した最初の住宅が完成したのは何と28年も前のことである。そして、私が建築というメディアを通じて社会に最初のメッセージを発したのもこのときであった。

都市における建築の位置は、社会との関わりという点において、確実に、かつ急速にその意味を失いつつある。

だが建築界における論理のたとえようもない空転の虚脱の後で、脆い一個の人間として、なお設計という行為に踏みとどまろうとすれば、それはいま自分の周辺で行われている不条理を不条理のままに露呈することでしかありえないはずである。（中略）

私にとって1軒の住宅の設計は、設計者である自分と、その住宅の住み手となる設計依頼者との間の、まったく絶望的なほどの深い裂け目を辿っていく作業にほかならない。ここで本来なら辿ってという表現よりはうずめるというべきであろうが、いまのところ裂け目をうずめるような共通のことばはほとんど存在しない。したがってさしあたりこの作業は、深い裂け目の認識と、埋め戻し不能の壁を築くという矛盾に満ちた行動ではじまるしかない（『新建築』1971年10月号「設計行為とは歪められてゆく自己の思考過程を追跡する作業にほかならない」より）。

かくして私にとっての設計行為は、社会や都市の状況に対する耐え難いフラストレーションの自己表現から開始された。陽光に当たるとベコベコと凹凸を露に示すアルミ張りの外壁や、ほとんど意味もなく上方に突き出した光の筒にそうした感情が露骨に表現されている。それが当時の私にとって、唯一可能な、そして最大の批評行為であった。

この10年間、私の設計する対象はほとんど公共建築となった。公共施設の設計に向かい合う私の感情は28年前の小さな住宅に投げつけたメッセージと今ほとんど重なり合う。現実の都市や社会のシステムとの裂け目をうずめるような共通言語はほとんど存在し得ない。あまりの深い裂け目の認識に茫然とするしかないことばかりである。自治体との話合いの場で模型をたたきつけて席を立ちたいと考えたことも一度や二度ではない。

だが最近、そんなときに脳裏を横切るのは、その亀裂を前にして、自らを社会から閉ざしてしまっているのではないかという危惧の感情である。批評性という心地よい言葉によって現実を否定する自己を勝手に正当化してはいないだろうか、という危惧である。

建築に限らず創造的行為の発露は、しばしば外の世界に対するフラストレーションや怒りの感情から生じるものである。自己の感情を素直に表現できない苛立ちやコンプレックスから生じることもしばしばだ。ホットであれ、クールであれ、そうした感情が表現意欲に結びつく。

しかしいかに個人的な衝動から発しても、表現されたものは作者の手を離れて自立する。絵画や小説ならば美術館や書店の内部にとどまるけれども、建築は環境の中にいきなり露にされる。無媒介に誰の目にもいきなり触れてしまうことになる。その上それは人びとの住む行為に、あるいは特定の目的をもって使用に供される。表現の社会性、あるいは公共性という問題に建築家は向かい合わざるを得ないのである。個人のフラストレーションや怒りの感情から発した、社会を否定するネガティヴな表現がそのまま否定形、疑問形の個人的表現として社会に還元され得るのか。この10年間公共建築の設計に携わりながら遭遇した最大の問題はこの点にあった。発露となったエネルギーを喪わずに、ネガティヴな衝動をもっと人びとへの信頼というポジティヴな表現に置き換える可能性はないのか。

だが個人の住宅もいったんでき上がればそれはある環境に自立する。個人の所有物であっても社会に還元されないはずはない。ならば問題の所在は同じではないか。論理的にはそのとおりだが、実際の設計プロセスでは公共建築との違いがある。

批評性を巡る誤解

まったく偶然であったのだが、公共施設の設計に携わり始めてから住宅を設計する機会がまったくない期間が続いた。2年前ようやく久々に2軒の住宅を設計することができた。いずれもクライアントに恵まれたこともあって、住宅の設計がこんなに楽しいものであったのかと感激した。楽しいというより住宅に向かっている自分が嬉しいというのが実感だった。

2軒の住宅ともローコストであったが、とりわけ一方では仕事場が予想外に大きなヴォリュームを占めたために、仕上げ材はほとんど剝ぎ取らざるを得なかった。本当に町工場の簡素な覆い程度の仕上げになってしまったが、クライアントとの緊張し、かつ和やかな議論のうちに住宅は完成した。久々にクライアントと空間を共有し得たという確信を抱いた。この共有という感情ゆえに、質素きわまりない空間ではあったが、尖鋭な表現に陥らずにすんだ。

このような共有の感情を、公共建築では決してもち得ない。あるプロジェクトにおいて、そこにかかわる特定の人びとと空間を共有し得たと実感する瞬間はある。しかし総体としてのコミュニケーションはギャップの連続といってよいだろう。まったく埋め難い亀裂だらけである。

このような断絶の有無を指して、私は「批評性」という言葉を用いた。ある座談会の席で「住宅の設計に批評性はない」と述べたのだ。それはその小住宅を終わったばかりの私にとってのストレートな気持ちだった。自分にとって自然な表現であった。亀裂を感じることも、怒りやフラストレーションを直接的に表現する必要もなかった。だから批評性という通常固執してきた言語から終始離れて設計できたことに対し、戸惑いながらも他方で何か嬉しかったのだ。しかしそれは私個人の特殊解であるかもしれないと思ったので、「批評性という言葉の意味にもよるのですが、……」と但し書きをつけた。

したがって、「住宅に批評性はない」という発言に対して、あいつは公共建築の設計に狙いを定めて、もう住宅設計にテーマを求める気はないのだとか、エスタブリッシュされた建築家は住宅設計なんかに目を向けようともしないのだ、とさえ受け取れる主旨のコメントを読んでひどく驚いた。あまりの誤解に対して誤解されている自分が情けなくさえ思われた。でもそんなレベルで話を矮小化したくはない。

私の個人的感情から発した住宅の批評性というテーマを、もう少し一般論に拡大して考えてみるのは興味深いように思われる。なぜなら、70年代に最初の住宅を設計した私は、社会に対して批評的であることは建築家にとっての美徳のように考えてきたからである。だがそれは近代以降ずっと継続している思考だといってもよいのかもしれない。モダニズムの建築が社会を変えようと志して以来、常に現実社会に対するネガティヴなポーズを取り続けてきたのではなかったか。しかも社会に受け入れられないのを美徳として続けてきたのである。しかし建築家がもっとポジティヴに社会に対して語りかけていかない限り、つまり批評性という言葉を取り下げない限り、排他的な建築をつくり続けることになるのではないか。そしてその隘路から脱却するためには、住宅がもっとも取っ掛かりやすいジャンルに思われる。

したがってここでのテーマの立て方は「住宅に批評性はあるか」ではなくて「批評性のない住宅は可能か」となるはずである。

閉じた美意識の群れ

この文章を書くに当たって、ここ2年ばかりの本誌に掲載された若い建築家たちの設計による住宅を振り返ってみた。そしてそれらのかなりな数にある症候を見た。キュービックでピュアな形態をとり、透明性を指向している。このような透明性症候群とでも呼ぶべき一連の住宅を長谷川堯氏が本誌月評（9804）で巧みに表現しておられるので引用させていただこう。

構造は鉄骨か木造軸組、開口部が非常に大きく、妙に透明性にこだわっており、わずかに立てられた壁は白くフラットで、どこまでも中立的であって、構造的な強さなど決して誇ろうとしない。（中略）全体はどこか仮設的で、軽快な印象のあるこれら一連の住宅は、一方で1920年代の前衛たちの作品のさまざまな目立たないバージョンを見せ、それらのかたちでささやかに彩られている……、といった、主に1960年前後から後に生まれた若い建築家たちの設計する一連の住宅群である。このタイプの作品を前にして、私は味覚障害に陥り、一種の失語症になるのだ。

編集者のセレクションによる部分もあるだろうが、このようなテイストの住宅が目立つのは確かである。もちろん私自身の建築もそうした性格を多分にもち合わせているし、軽快さや仮設性や透明性を主張してきた私が、20年ばかり先に生まれた輩としてそれら症候群の責任の一端を担わなければならないというくらいの自覚もある。だがその上で、長谷川氏を味覚障害・失語症たらしめている点にも共感を覚えざるを得ないのだ。なぜならこれら若い建築家の一連の住宅群の多くに共通しているのは弱々しい内向性のように見受けられるからだ。もちろんそうでないものもあるが、多くは軽快で透明な美意識のソフィスティケーションに終始している。美しく繊細だが、外に向かって攻撃するでもなく、どこか現実に対してネガティヴに閉じているのだ。いい換えればモダニズムの批評性にこだわりつつ、しょせん何らの批評性をも明快に発揮し得ない住宅が圧倒的に多いように思われるのである。現実をポジティヴに突き抜けようという試みはきわめて少ないといってよいだろう。

しかしこれら住宅群に見られるネガティヴな批評性の根を辿れば、まさしく1920年代にまで溯らざるを得ないであろう。それらは明らかにモダニズムの言語を踏襲しており、現実への批評精神は初期モダニズムの建築が強く志向していた性格であるからである。そして先に触れたとおり、私自身も自分の建築が批評的であることに固執してきた。しかし現実の社会に対するネガティヴな表現が自らを土地から遊離させ、土地から背を向けさせてしまっているように思われてならないのだ。

もっともピュアなモダニズムの住宅、あるいはオゴルマンの悲劇

今年の春、東京のギャラリーで1930年代はじめにつくられたたった1軒の住宅を紹介する展覧会をキュレーションした。メキシコシティにあって最近修復されたモダニズムの住宅「ディエゴ・リベラとフリーダ・カーロの家」である。昨年メキシコを訪れた際、たまたまこの住宅を見る機会に恵まれたのだが、それまでこの住宅のことはまったく知らなかった。設計者の名前すら知らなかった。

しかし敷地の前に車で降り立った瞬間から、この住宅は鮮烈な印象で私の中に侵入した。まず第一にこの住宅のピュアでストイックな姿はそれまで私が描いてきたメキシコのイメージを覆して余りあるものだったからだ。強烈な個性で波乱に富んだ生涯を送ったふたりの画家のためにファン・オゴルマンによって設計されたこの住宅は1932年に完成した。ル・コルビュジエが「サヴォア邸」をつくったのが1931年だからほとんど同時期である。

夫婦ではあったが独立した活動をするふたりの画家のために、それぞれアトリエを備えたふたつの居住空間が別棟で用意された。屋上に架けられたブリッジのみで結ばれた2棟は、いずれも単純明快なキュービックな形態を宙に浮かばせる。メキシコの自然を強く連想させるインディアン・レッドとマリン・ブルーに塗り分けられた2棟のヴォリュームは、サボテンの生け垣に囲まれながらも、ピロティによってもち上げられ、まさしく土から切り離されていた。ピュアなモダニズムの言語のみでまとめられた建築は、大地から遊離しているのみならず、いまだに濃密な場所性を漂わせるメキシコという土地からも完璧に自立して見えた。

メキシコの現代建築といえば、直ちにルイス・バラガンの作品が思い起こされるが、オゴルマンによるこの住宅はまったく異なる性格を示している。バラガンの住宅はもっと穏やかにメキシコの風土に溶け込んでいるからである。バラガンがしばしば用いる鮮やかな色彩は、オゴルマンと違ってメキシコの自然との融和を強化するばかりだし、表皮を成立させている粗いテクスチュアも、あるいは木を多用した重厚な開口部も土地との親密な関係を高めるばかりである。全体のヴォリュームもモダニズムの言語をベースに据えてはいながらも、それを際立たせるのではなく、鈍化させ、植物を絡ませるなどして隠蔽して環境との対立を極力回避する方向に傾けた。すなわちバラガンの建築にはモダニズムの土地への迎合、修正主義的な地域との停戦が感じられるのである。それは、さして新しい生活ではないが、穏やかでリッチでエスタブリッシュされた生活を保証する。

一方、オゴルマンによる「リベラとカーロの家」は新しいモダンな生活への提案でみなぎっている。この住宅を設計したときオゴルマンはわずか26歳であった。学生生活を終えたばかりの建築家がヨーロッパを訪れることもなく、どのようにしてこれほど完成度の高い住宅を成し得たのかはわからないが、ル・コルビュジエの作品や思想に大きな影響を受けたであろうことだけは確かである。

とりわけリベラ棟は鋸歯状の屋根や屋外に取りついたコンクリートの回り階段など「オザンファンのアトリエ」（1923年）に発想のヒントを得ているのは明らかであるが、機能の追求という点からすれば初期のル・コルビュジエの住宅よりも徹底している。自ら構造計算まで行ったという柱・床・壁・階段などの合理性や経済性の追求はぎりぎりの地点にまで及んでいる。平面や立面の緻密さもそうだし、各エレメント（ドア、サッシュ、ダストシュート、樋、家具）のディテールに至るすべてが、純粋に機能性と経済性獲得のために思考された結果である。

オゴルマンの試みがいかに純粋な機能の追求であったかは、ル・コルビュジエの初期の傑作とされている「ガルシュの家」（1927年）や「サヴォア邸」（1931年）と比較すればよくわかる。これらの住宅は「リベラとカーロの家」と同様に、単純な幾何学的ヴォリュームに基づく明快なエッジをもつが、そこに込められた建築の意味は異なっている。機能の探求であり、新しい生活の提案とはいいながらも、ル・コルビュジエの住宅には一方に古典主義建築への教養があり、他方に抽象絵画への教養が巧みに織り込まれている。コーリン・ロウの指摘するように、外部はパラディオのヴィラと重なるプロポーションや分節がなされ（理想的ヴィラの数学）、内部ではピューリズムの絵画で用いられる曲線などがレイヤーをなして積層される（透明性）。つまりル・コルビュジエは新しい都市のための新しい提案を主張しつつ、歴史的建築の秩序や前衛芸術運動の実験的試みをも同時並行的に包含していたことになる。

ル・コルビュジエによる新しい生活を保証するはずの「近代建築の5原則」（1926年）もこうしてみると、自らの建築をモダニズムの論理で説得するための道具立てのようにすら思われてしまう。ピロティ、屋上庭園、横長連続窓、自由な平面、自由な立面、これら5原則に基づく新しい生活の夢を純粋に描いていたのは、ル・コルビュジエよりもむしろ26歳のオゴルマンだった。「リベラとカーロの家」においてこれら5つの提案は、真にピュアな社会への提案として実現されている。このひたむきな機能追求の瞬間にのみ、モダニズムの言語は閉ざされたコンテクストを突き抜けて批評的言語であることを止揚し得たのではないだろうか。それはファナティックに古代メキシコの血を高揚しながらコミュニズム運動を進めていたリベラやカーロですら、モダニズム以外の何物でもない自らのピュアな空間を誇りにできた事実が如実に物語っている。

しかしオゴルマンの追求は持続し得なかった。1930年代前半には多くの学校や集合住宅など社会的プログラムにかかわるが、1930年代後半に入るともはや建築家であることを放棄し、画家に転じてしまう。そしてリベラの影響もあって壁画運動に身を投じる。同じ社会改革を目指してはいても、ピュアで抽象的な西欧モダニズムの空間とは対極的な方向への転身である。しかもオゴルマンの転向はそこにすら止まらなかった。1953年に彼は、インディオの装飾で充満した洞窟のような自邸をつくって住む。そしてついに1982年、オゴルマンは自らが若き日に設計したモダニズムの住宅に移って自らの命を絶つ。

あまりにもピュアに、そして徹底的にモダニズムの空間追求に没入した結果、おそらく彼はモダニズムの言語とメキシコという土地の間に存在する亀裂を鮮明に見てしまったのであろう。それは修復不可能な亀裂であったに違いない。

脱近代的身体像

ファン・オゴルマンがひとつの人生のうちに象徴的に描き出したふたつの世界は、彼のふたつの身体像の両極を示している。それらは観念としての身体と生な身体である。前者は意識が描いた抽象的ユートピアの世界を目指す非自然的身体であり、後者は古代メキシコの伝統へと連なる自然的身体である。いつの時代にも人びとは、自己の肉体に刻み込まれた土地の記憶を住まいという空間に留めようとし続けてきた。それは単に個人の記憶ではなく、家族や地域の集団としての記憶の空間化においてである。そのようにして築かれてきた家は何代にもわたる激しい自然との戦いを経て、ほとんど人びとの肉体の拡張拡大された皮膚と化している。

しかし同時に、人びとは未来の記憶としてのもうひとつの家を築こうとし続けてきた。とりわけテクノロジーが飛躍的な発展を遂げた今世紀においては、もうひとつの家を夢見てさまざまな試みがなされてきた。車や航空機、すなわち機械の空間を体験したときに味わうぞくぞくするような感覚を住まいの空間に置き換えようとする試みもそうである。鉄やガラスやアルミニウムそしてプラスチックの表皮の中に身を置くとき、人びとは異次元に移行するような身体の解放を味わう。そしてその解放感を自己のもうひとつの皮膚、もうひとつの身体へと拡張しようと試みる。それは土地への呪縛からの解放であり、土地に結びつけられた家族や地域社会という慣習化された生活からの解放でもある。

未来の記憶としての家を求める身体を非自然的身体といったけれども、今やそれは宇宙を体験する身体へと変わりつつある。それは新しいもうひとつの自然を求める身体とさえいい直すことも可能であろう。すなわち機械を求める身体はさらに拡張されて、まさしく未来の記憶としての自然を求め始めているのではないだろうか。したがってこのような身体を私たちはヴァーチャルな身体と呼ぶことができよう。

オゴルマンによる「リベラとカーロの家」は、機械の時代に魅惑された意識としての身体の求めた家であった。だが、それは土地への強い集団の記憶としての身体に拒絶され、挫折した。引き戻された彼は土地の記憶に自らの身体を預けようと試みて再び挫折した。彼にはふたつの身体が同時存在することが耐えられなかった。

だが現代を生きる私たちにもこれらふたつの身体は同時存在しているし、今日の都市空間の混乱もこれらふたつの身体への志向の結果と見なすことができる。多くの建築家たちが依然としてモダニズムの継承者としてその言語で建築を語ろうと試み、場所への着地点を見い出せぬまま曖昧に立ち尽くしている、というのが現代の状況といえよう。だが、迎え撃つはずの土地の力もまた近代化の過程で衰弱し、地域性という萎縮した世界のうちに身体を晒されている。今世紀はじめの革命下にあったメキシコには比較するべくもないが、近代化のピークを過ぎて目標を見失ったわが国の現状を、あの一群の建築家たちは象徴しているように見える。長谷川氏をして味覚障害・失語症に陥れているのは、モダニズムの継承者としての自信もなく、社会に語りかける意味の力をも喪った曖昧な姿であるに違いない。社会的言語を喪ってソフィスティケートされた美意識の中に閉じていくとき、切り開くことのできないもどかしさを批評性というネガティヴな言葉で正当化しているにすぎないのではないだろうか。おそらくもどかしさを感じている一群の建築家たちに望まれるのは、まずモダニズムの継承者としての身体を脱することである。なぜならば行き詰まったふたつの身体の対立の構図からは何も未来の記憶は生じないように思われるからである。そして私たちはこの対立を脱する新しい身体像を描くことを考えるべきである。それは、非自然的身体ではなくもうひとつの自然に馴染む身体であり、それはかつての自然をも受け入れる身体である。このようなふたつの自然が重なり合ったとき、新しい身体の求める家ははじめてポジティヴな言語で語られるのではないだろうか。

（初出：『新建築 住宅特集』1998年9月号）

「批評性」とは何だったのか

1998.11

隈 研吾

What was Criticality?

——Kengo Kuma

権力闘争と批評性

伊東豊雄さんの「脱近代的身体像」（『住宅特集』1998年9月号）を読んだ。久々に、刺激的な論文に出会った。自分が今考えていること、今まで考えてきたことと、「批評性」というタームとが、共振してそう感じたのであろう。批評性というタームは、20世紀という時代を読み解くためのひとつのキーワードであろうと、僕は感じている。この言葉はずっと気にかかっていた。この言葉に、妙な魔力を感じたからである。「批評性がある」というのは、設計者にとって最大の賛辞である。「美しい建築」といわれるよりも、あるいは「使いやすい」とかいわれるよりも「批評性がある」といわれたほうがはるかに嬉しい。なぜそれほどの強烈な魔力をもつのか。しかし、その魔力に比して、批評性が何をさし示すかは、意外に曖昧である。この曖昧さを解き明かしてやることが、20世紀という時代を解くために、あるいは20世紀という時代を批評するために（あえて批評性というタームを重複するとすれば）どうしても必要なことであるように思うのである。そのためには、まず、批評性という一種の美学上の、あるいは計画論上の概念の背後に、批評という具体的なベクトルを発見してやることである。批評というベクトルの主体と客体、その方法と成果とを明らかにしてやることが必要である。誰が誰をどのような目的で批評し、それによって何を得たかということである。すなわち批評の背後には、必ず、権力闘争が存在しているということである。建築やアートの領域における権力闘争は、作品と無関係に行われることはない。闘争のフィールドは、言説やメディアや徒党の編成をも含んで無限に連鎖しているが、その連鎖の中核にあるのは、もちろんのこと、作品である。闘争のツールとしての作品の中に、作品の中心となる部分に、批評性という鋭利な武器を封入することが要請される。より正確にいえば、批評性を中心にして、作品の全体が編成され、さらにその周囲に言説メディアを含めてのすべての環境が編成されるのである。

その意味においていえば、批評性という概念、あるいはツールは、20世紀に固有のものではない。いつの時代においても建築や美術という行為の周辺には権力闘争が存在していたわけであり、権力闘争が存在するところには、批評性が存在したはずなのである。しかし、実際には、建築の歴史において、20世紀ほど、批判性という概念がはっきりと意識され、実践されてきた時代はない。なぜなら、そこにはかつてないかたちの、緊張した権力闘争が存在したからであり、権力のドラスティックな交替が行われたからである。

その交替とは、既成の国家権力によって地位と仕事を保障された建築家から、モダニストと呼ばれる一群の建築家への、権力の交替である。モダニストと呼ばれる人びとのほとんどは、既成の権威と保障の外部にいた。ル・コルビュジエもミース・ファン・デル・ローエも、当時の正統的建築教育機関であるボザールの教育を受けてはいないし、その結果、国家によって与えられる権威と保障の外部に置かれていた。彼らはやがて、20世紀建築界のヘゲモニーを握るわけであるが、この権力の交替のプロセスの中で、彼らが用いたもっとも強力な武器が「住宅」であったのである。彼らは「住宅」、さらに具体的にいえば、中産階級のための郊外型戸建て住宅を武器とすることで、20世紀のヘゲモニーを獲得した。しかし同時に、彼らが多用し、彼らが提案した「住宅」こそが、彼らの限界を規定し、彼らの建築を拘束することになったのである。

彼らはいかに「住宅」を利用したか。そのプロセスをたどるにおいて、モダニストという名称は、あまり適切とはいえない。モダニズムのムーブメントの初期において、郊外型戸建て住宅というテーマは、必ずしも中心的テーマであったわけではない。目の前にある、制度的建築物（ボザール）の空間構造の否定こそが、緊急の目標であった。批評はそのようなかたちで発動されたのである。

すなわち空間の流動性という問題、組積造というリジットな構造体からの解放の問題、装飾の排除という問題、これらのアジェンダが、モダニストの関心の中心にあった。

このアジェンダは第1次大戦を機にして、微妙に転換されていく。すなわち「住宅」という問題へと、モダニストの関心の中心は移動していくのである。その移動の先導役を果たしたのが、第1次大戦前にはほとんど活動を知られることのなかったふたりのニューカマー、ル・コルビュジエとミースだったのである。このプロセスにおける、第1次大戦という日付に、私たちは注目すべきである。第1次大戦によってもたらされた、最大、緊急の課題が、住宅の不足であった。戦禍によって住宅は失われ、戦場から帰った者たちと生まれた子供たちは、明日からの暮らしのために大量の住宅を必要とする。戦争はいつの時代にも住宅難を招来するのである。かつてない規模で戦われた第1次大戦は、かつてない住宅の危機を招来した。しかも、この大戦の日付は、中産階級という新しい階級、新しいヴォリュームゾーンの出現と平行していた。別の切り口から見れば、中産階級の出現が第1次大戦を招来したのであるから、この平行関係は必然でもあった。そして中産階級自体が人口上のヴォリュームゾーンであっただけではなく、彼らが求めていたものが、自立性の高い(戸建て)、一定以上の規模の住宅であったために、この危機は、ドラスティックなかたちを取らざるを得なかったのである。

この危機への対応は、ふたつの途があった。ヨーロッパでは、公営集合住宅に重点が置かれた。一方アメリカでは、住宅ローンという制度が創設され、中産階級が容易に、郊外に戸建て住宅を獲得する途が開かれた。共産主義に対する警戒から、アメリカは意識的に、公営集合住宅という選択肢を切り捨てたのである。

結果的にはアメリカの政策が、より効果的であった。中産階級の自立と自由への欲求に対して、自立型で、個人の自由な「表現」を保障する郊外住宅が見事にフィットしたのである。人びとは「住宅」に熱狂し、この熱狂は20世紀のアメリカ経済のエンジンともなったのである。

実は、ヨーロッパの中にも、このアメリカのシステムを利用しようとする一群の人びとがいた。その代表的存在が、実はル・コルビュジエとミースであったのである。彼らは中産階級にアピールする魅惑的な「住宅」を世の中に提示することで、一躍モダニズムのスターになり、同時にモダニズムの方向自体をも転換させてしまったのである。

モダニズムの普及において大きな役割を果たしたとされる、1932年のニューヨーク近代美術館の展覧会（通称インターナショナルスタイル展）の主役は、ル・コルビュジエとミースの「住宅」であった。それは決して偶然の結果ではない。展覧会の主催者であったフィリップ・ジョンソンたちは、この展覧会のターゲットを当初からアメリカの中産階級と設定し、そのために展示の中心を郊外住宅に設定していたと、ビアトリス・コロミーナは指摘している（『マスメディアとしての近代建築』鹿島出版会刊）。展覧会はMoMAの後、地方デパートへの巡回さえ計画されていた。ル・コルビュジエとミースはこの展覧会の主旨のもっとも賢明なる理解者であり、ターゲットを照準とする作品を発表した。一方グロピウスは観念的で、社会主義的で、中産階級の欲望の本質を理解することができなかったと、関係者は指摘している。

　ル・コルビュジエの主著『建築をめざして』(1924年)は「建築か、革命かである。革命は避けられる」という有名な一文で締めくくられている。郊外住宅によって共産主義という危険を回避するというのが、アメリカの20世紀の政策と経済の柱であったとするならば、ル・コルビュジエがここに宣言というよりはむしろ告白している通りに、ル・コルビュジエ、ミースと20世紀アメリカとは、見事な共犯関係にあったというべきなのである。彼らは展覧会に「住宅」を発表し、その「住宅」は、見事なほどに自立し、外見において、ひとつの単純で強い図像性を有していた。自然の中に、明快な幾何学形態が、輝きながら自立するのである。その特質は、彼らと他のモダニストとを峻別していた。表現主義的な恣意性は徹底して排除され、構成主義的なとどまるところのない空間の流動拡散も、放棄され否定された。彼らは空間を放棄して、オブジェクトを提示した。彼らの自立的で明快な形態は、当時のアメリカの郊外住宅の「売れ筋」であったコロニアル住宅とも、驚くほどに近接している。それらはともにオブジェクトとして自立し、それゆえに美しい商品となり得たのである。

　しかしその近接性の一方で、彼らはその「住宅」の中に、建築界の既成の勢力に対する「批評性」を込めることを怠らなかった。それはリジットな空間構造に対する批評であり、構造体を隠蔽する冗長な表面材や装飾に対する批評としての、ザッハリッヒな空間表現であった。作品に込められたこの種の批評性においても、ル・コルビュジエとミースは傑出していたのである。郊外住宅という時代の「売れ筋」、爆発しつつあった中産階級の欲望に乗じながら、一方で既成勢力の方法と美学への批評性を研ぎ澄ますこと。この二面性によって、かれらは建築の世界におけるヘゲモニーを転倒させるのである。

建築のみならず、20世紀の芸術表現の世界におけるすべてのヘゲモニーは、この二面性の産物である。批評性という概念が20世紀を解明する概念たり得るとは、そのような意味においてである。貴族的パトロネージが消滅した後の世界において、「賢明」なる表現者は、パトロネージに代わって、中産階級の欲望へと身を寄せる途を選択した。しかも、その欲望へと身体のすべてをゆだねるのではなく、その最後の一線において、批評性という毒を混入すること。その、二面性によって表現者は時代をリードするポジションを獲得するという構造であった。

その構造を批判することは容易である。ル・コルビュジエとミースも、結局のところ「郊外住宅」という形式に安住した。「郊外」という形式に内在するところの建築の自立性、表現性、私有性を批評する視点をもたなかったというロジックで、この構造を批判することは容易である。しかし、本論の目的は、そのようなかたちで20世紀の二面性を批判することではない。

様式としての批評性

もっとも警戒すべきは、二面性ではない。もっとも恐れるに値することは、批評性が一種の様式として凍結され、その凍結されたかたちのままに、生きながらえてしまうことである。時代の中心的欲望に身を寄せながら、批評という行為を通じて、その中心を転位させること。たとえ微妙にではあったとしても、決定的なる転位を中心に対して仕掛け続けること。批評とはそのように発動され、そのように作動すべきなのである。しかし、得てして批評性はその表現者のポジションを過剰に保護するのである。中心的欲望に屈服した「あちら側の人」というレッテルをかわすという目的のために、批評性が発動されてしまうのである。そのとき批評性は堕落し、その本来的なダイナミズムを喪失するのである（伊東豊雄さんが批判する「洗練」とは、そのようなかたちでの批評性の堕落の別称である）。この構図は、少しも新しいものではない。日本の伝統的な芸術、芸能はこの構図を反復してきた。茶道も、能も、歌舞伎も、既成の芸術に対する批評性からスタートしている。しかし、いったんその批評性が様式というかたちで完成されると、その後、批評性は凍結され、権威を保護するためのひとつの装置となり、一種の家元制的な美学の再生産システムが確立されてしまうのである。この構図は明治期以降も崩れることはない。パトロネージの喪失という20世紀的な状況と連動して、いよいよこの構図は、強化されているといってもよい。たとえば既成の演劇への批評としての「新劇」が、ひとつの様式として再生産されていくという運命をたどるのである。

まったく同様にして、20世紀において、批評性、正確には凍結され様式化された批評性が、既成の権威を保護し存続させるという構図が生まれたのである。かつて表現における権威とは、権力という存在によって保護された。しかし、20世紀において権威とはある種の批評性によって保護され、固定されていくのである。私たちが恐れ、そして批評すべきは、このパラドクスなのである。

この危険にもっとも早く気がつき、回避を試みた建築家はおそらくル・コルビュジエである。1930年に前後して、彼は「転向」したと、しばしば語られる。純粋で抽象的な幾何学、すなわち白いピューリズムを自ら放棄し、「不純」な世界へと転向したという説である。自然石やレンガなどの、荒々しく質感のある素材の使用。幾何学的形態に代わる、有機的、恣意的な形態の使用。そしてもっとも重要な転換は、共同体的なるものの表現としての建築へ、興味の中心を移行させたことである。ひとつの共同体に対して、その共同性にふさわしい、強度のある固有な表現を与えることが、彼のテーマとなる。その目的のために、「不純」な素材が用いられ、「不純」な形態が動員されたのである。彼の住宅を、一般の郊外住宅から区別していたのは、純粋性であった。すなわち彼の建築における批評性の中心はピューリズムであった。その中心を敢えて放棄し、彼は共同性の表現へと向かっていくのである。

この転向は、またしても、時代の中心的欲望への迎合であるという批判を行うことは容易である。個人の自由な欲望、自由な購買活動をエンジンとする社会という構図は、1929年の大恐慌において破綻している。さまざまに宣伝されている郊外住宅の破綻、郊外の破綻も、すでにこの時点で、自明であった。それに代わって20世紀のエンジンとなったのは、経済学者ケインズのヴィジョンに基づく公共投資政策である。公共投資が個人の欲望という不安定なもののトリガーとなり、コントローラーとなり、社会を先導していくという構図である。そして公共投資の中心は建築、土木であった。すなわち個人や法人から徴収された税金によって、公共的建築、あるいは公共的な土木構築物を建設する。その建設行為によって、社会を先導するというのが、大恐慌後の20世紀を支配した社会システムである。

公共建築という不毛

ル・コルビュジエは「転向」によって、このシステムに適合する建築へとシフトした。公共投資の対象となる建築は、公共という主体、すなわちひとつの共同体全体のコンセンサスを獲得するものでなければならない。そのためには、その共同体の固有性を強く表現することが要請され、またその建築を体験することを通じて、人びとの中に、ひとつの共同性が立ち上がるような装置であることが要請されると彼は考えた。ル・コルビュジエは、そのような要請に寄り添うべく、建築をシフトさせていったのである。

もちろんのこと、この場合においても、彼の現実への追従は、彼の批評性と表裏一体のものであった。彼はクラシシズムのモニュメンタリズムや、求心的空間構成を徹底して排除し、批評しながら、しかも20世紀においていかなるモニュメンタリズムが可能であるか、いかなる共同性の表現が可能であるか、そしてもっと踏み込んで、どんなかたちでの人間の共同体が可能であるかを追求したのである。

しかし、この試みは、必ずしも成功したようには思えない。彼の表現が受け入れられたのは、20世紀において、唯一共同体と呼ぶに値する主体であるところの宗教的共同体（ラ・トゥーレットの修道院、ロンシャンの教会）と、植民地からの独立のプロセスの中で、共同性を捏造する必要に迫られた新興の独立国（インド）であった。彼は数多くの行政体や集団に対して提案を行うが、そのほとんどは拒絶される。彼の建築表現の強度、彼の提案する新しい共同性や関係性を、人びとは受け入れなかったのである。それは必要以上にモニュメンタルであり、また、押しつけがましく、不必要に強制的であると人びとには感じられたのである。

20世紀において「共同体の建築」「共同体的な建築表現」は必要とされていない。その事実を確認するために、彼の後半生は費やされたといっても過言ではない。20世紀において、公共建築は間違いなく必要とされた。しかし、共同体の建築は必要とされなかった。それが、ケインズ政策以外に有効な社会的ヴィジョンをもたない社会の宿命であった。その意味において、この世紀は建築の世紀であったともいえるし、またこの世紀の建築は、まったく見るべきものがなく不毛であったという言い方も可能なのである。この世紀においては、建設工事のヴォリュームだけが問題だったのである。

20世紀の建築家もまた、このパラドキシカルな世紀に便乗し、かつ同時に犠牲者となった。数多くの建築を設計するチャンスを獲得し、かつ同時にほとんどの提案は拒絶される宿命にあった。

公共建築の設計のプロセスの中で、必然的にこのパラドクスは露呈される。いまだに露呈され続けている。

この世紀において、建築家とクライアント(行政)は、必然的に対立するのである。それは個人的で自由な表現を伴う芸術家対社会という19世紀的な対立の構図とはまったく異質である。20世紀の建築家は、個人の表現など行うつもりは毛頭ない。彼らは、社会について考え、その建築の主体であり使用者であるところの共同体について考察し、真摯に提案を行うのである。ところがクライアント(行政)にしてみれば、社会についての提案であり、共同性についての提案であるがゆえに、建築家の提案は不要であり、迷惑なのである。共同性やモニュメンタリズムは既成のものの反復である限りにおいて、かろうじて許容される。批評性のある提案などは、もっての外である。彼らには建設工事が発生することが重要であり、でき上がった建築に対して、クレームが発生しないことが何よりも優先されるのである。挫折した建築家は、様式化された批評性に身を委ね、洗練という名の敗北を選択することによって、かろうじて保身を図るのである。

まったく、不毛な時代であるという以外にない。しかし、この不毛すらも実はすでに崩壊しているのである。ケインズ的政策が、まったく効果を発揮しないという現実が、その崩壊を証明している。公共工事は、すでに社会や経済をコントロールしリードする力を、完全に喪失している。かつて、建築や土木というものの巨大さが、社会の中で、そして経済の中で、一定の意味をもち、また有効に機能した。ケインズ政策とはそのような時代のヴィジョンである。しかし経済全体のスケールの拡大と、そのネットワーク化が進展した今、厖大にして絡み合った経済の全体に対して、公共工事はほとんど有効なインパクトを与えることができない。あるひとつの地域で発生する公共工事のインパクトは、このネットワークの大海に向かって一瞬にして拡散し、霧消していくのである。

ケインズ政策とは、クローズな社会と、オープンな社会とが混在した状況の中で、有効な政策であった。クローズな社会の中において、公共工事は、有効なインパクトを発生する。しかし、クローズな社会の中だけで、その公共工事の財源を確保することは不可能である。すなわちケインズシステムは完全な閉鎖系の中では機能しない。クローズな社会の外部から調達した財源を、クローズな社会に投入したときに、ケインズ政策はもっとも有効に機能するのである。第2次大戦後の日本は、そのようなかたちで、オープンな社会で調達した財源をクローズな社会へと投入し、結果としてケインズ政策の優等生といわれるに到ったのである。

そこで行われていることは、景気循環というかたちで出現する時間的不均衡を調整することではない。実際のところ、空間的な不均衡と不連続性をエンジンにして、社会は運営されているのである。このシステムの形式は、19世紀の植民地型システムと、何ら変わるところがない。19世紀には、植民地と本国との空間的不均衡をエンジンにして経済と社会が運営されたように、20世紀にはクローズな社会とオープンな社会との空間的差異によって、世界がオペレートされていたのである。

クローズな社会からオープンな社会へと、世界が移行する中途の段階において、そのふたつの社会が混在する段階において、このシステムは有効であった。単純化していえば、一方に建築をいまだに強く欲するクローズで求心的な社会があり、一方にすでにそれほどには建築を欲していない、オープンで遠心的な社会が存在する。そのときに、このシステムは有効に機能した。そしてそもそも、建築とはそのようなふたつの社会の混在状態において、もっとも活発に生産されるものである。公共建築も、また中産階級の住宅も、そのような混在状態の産物であった。そしてどちらの場合においても、建築はクローズな社会の側から要請されたものであり、一種の時代錯誤であり、時代の後衛であった。それが、このような混在した社会の中で生産される建築の宿命であった。そしてそのような時代の建築家は必然的に、この時代錯誤的なる建築に対して批評的であらざるを得ない。かくして批評性は20世紀の建築の最大のテーマとなったのである。そのとき、批評性もまた二面性をもたざるを得なかった。一面において、時代を転換させる前向きな悪意であり、一面において、建築家の後ろ向きな保身術だったのである。

そして、今私たちはやっと、批評性からも解放されつつあるということかもしれない。「建築の時代」への併走を余儀なくされた建築家は、その内側に抱える矛盾ゆえに、批評的であり、ネガティヴであらざるを得なかった。ところが今や、建築はどこからも要請されないという時代が始まりつつあるのである。建築的欲望に併走しようにも、欲望自体が消滅してしまったのである。建築家は、時代を切り開く建築とは何かについて、そしてオープンな社会の中でなおかつ必要とされる建築とは何かについて思考し、その建築の必要性を人びとに説き、社会を説得しなければならないのである。私たちは圧倒的な少数派であり、「反体制」なのである。それはおそろしく困難な作業であるに違いないが、私たちはその困難の程度を予想することもできない。それほどに、私たちは20世紀の建築的欲望の強度の下で、甘やかされ思考を停止していたのである。クリティカル（批評的）というクライテリアに代わって、徹底的にポジティブでアクチュアルな時代が、今、始まりつつあるということなのである。

（初出：『新建築 住宅特集』１９９８年11月号）

IB

住宅建築の批評性は、いかに語られてきたか

Essay 三

設計思想の一貫性を支える条件

1999.04

Conditions Supporting the Consistency of Design Philosophy

——Shin-ichi Okuyama

——奥山信一

デザインを生み出すのは理屈か、肉体か

最近読んだある書物の冒頭に興味深いエピソードがあった(1)。外国人に舞を教える歌舞伎の師匠の発言であるが、外国人ははじめに言葉で何でもかんでも訊いてきて授業にならないので、最初の3日間は質問なしで、とにかく型を覚えさせようとするのだが、4日目からまた質問の渦になってしまい、結局授業が一向に進まない。そして、このような傾向は、この頃は外国人特有のものでなく、日本人の教え子にも蔓延しているという。習うより先に、理屈を訊いてくるというのである。この本の著者は、何か身体に備わった深い能力、身体に浸透している想像力の荒廃を嘆き、問題提起している。何も、無言で修行に励む精神性の必要などを説くつもりはないが、どこか現在の建築状況と似通ったところを感じた。つまり、現代流布している形式主義的な方法論のことである。現代社会における建築に課せられた問題を分析し、その結果を明快に示す構成図式を追求し、その図式がそのまま立ち上がる状態を提出しようとする傾向である。

たまたま教職に身をおいているので、学生の課題作品とつき合う機会が日常的にある。そのとき、すべてではないが、多くの、しかも比較的に設計能力の優れた学生にそうした傾向を感じる。同じ図式を描いても現実の空間として立ち上がる際のさまざまな条件、たとえばスケール、材質、光の具合、あるいは架構のとらえ方などによって、まったく異質な空間となるにもかかわらず、形式だけで建築設計を覆い尽くせると思い込んだような図式偏重の傾向を強く感じる。いつの時代でも学生は社会の空気に無媒介で敏感に反応する。だから、自戒を含めて、優れた建築家が単純化と抽象化を繰り返した結果として到達した明快な空間構成を、美学的なコンポジションと混同しているプロの設計者も多くいると考えてよい。おそらく、自分の肉体が生み出す論理不明な形よりも、頭で(理屈で)時代の共有感覚を確認できる図式に安心感を求めているのかもしれない。このあたりに冒頭で取り上げた歌舞伎の師匠の呟きとの類似性がある。現実の空間に自らの身体をいかにおくかという思考の欠如がそうさせているのかもしれない。あるいは、現代の社会状況における自らの身体に対する認識がそうさせているのかもしれない。

形式が全体を覆い、そして律する姿は明快である。しかし、それは建築単体として完結した透明で均質な空間を前提としたものであることが多い。そうした均質性に現代のわれわれの身体は対応していけるのであろうか。それほどまでにわれわれの身体とは完結したものなのであろうか。誤解されては困るが、建築が形式をもつことすべてを否定しているわけではない。むしろ、建築空間の骨格を形成し、新たな世界を切り開くのは、意味を伴った形式だと、ささやかながら主張してきたつもりである。形式は、空間の意味を産出するときに力を発揮する。しかし、その形式が、単なる美学、ましてや形を生み出すことへの消極的な姿勢の免罪符へと安易にすり替わる危険性が、現代の状況には多分に蔓延していると思うのである。図式がそのまま立ち上がる空間に、強い共感とあこがれを抱きながらも、一方でどこか自らの身体が解放されない感情が拭い去れない。

前述の本では、化粧とか食事といった本来ならば人を気分よくさせ癒すはずの行為が、現在ではピアシングとか摂食障害といったように、自分の身体への暴力行為として現象する状況を分析して、現代のわれわれの身体を、隅々まで自分の所有物でなければならないという強迫観念に犯され、自己によって遺漏なく監視された「カプセルのように密封された身体」と定義している。「おしゃれとは自己表現ではない。それは他人の視線をデコレートしてあげる〈歓待〉のこころだ」ともいう。そして、身体に本来備わった想像力を回復させるには、このコントロールすることを強制されたカプセル単体という観念から身体を意識的に引き離すことによって獲得できる「遊びを内蔵した身体」が必要だと主張しているのである。

ひとりの哲学者の社会分析を、そのまま建築論の文脈にのせることはむずかしい。しかし、少なくとも、特定の場所における特定の振る舞いを前提としたそれ以前の空間認識を覆した、ここ数年、私たちが無意識のうちに志向してきた均質で透明な空間は、近代社会によって植えつけられたカプセルのように完結した身体認識から生じている可能性を示唆してくれる。そして、この身体認識には、どうも限界がありそうだ。新しい空間が、理屈ではなく肉体が生み出すデザインにあるとしたら、この限界は思考するに十分値すると思わざるをえない。

思考のアナロジーとしての身体の変化

われわれの身体は日々刻々と変化している。ここでいう変化とは生物学的な種の変化でないことはいうまでもない。われわれが自分の身体をどのように認識し、そして理解しているかということの変化である。近代科学は神秘に満ちた身体を解剖し、体を構成するパーツの意味と役割をひとつひとつ解明していった。われわれの体は、身体という全体性を伴った個体を存続させるべく、さまざまな器官によって組み上げられた高性能な組織体だと考えるようになった。近代的な身体構造とは、部分と全体が緊密な関係をもった精密機械として描かれた。そして、われわれは次第に自分の体を自分でコントロールすることを教育され、身体全体を自己管理することを美徳と考えるようになった。ここに、身体の全体性にまつわる神話が生まれた。コントロールしえる身体とは、実はコントロールすることを強制される身体であった。

たとえば、自然の循環に寄り添うものである限り、農耕世界に不潔はありえないという。大地のもとでは腐敗はそのまま浄化にほかならないからであった。不潔の概念は近代都市の成立と共に生じた、管理される視線が錯綜した空間の登場に伴って生み出されたものである。また、少し以前までのわれわれは、整列や行進など、集団での統率のとれた動きなどほとんどできなかったともいう。それらは、教育やスポーツという名を借りて、近代国家を担う軍事兵士の標準化をはかるために、まさしく社会的に強制された身体のひとつでもあったのである(2)。

このようにコントロールしえると考えられてきた身体は、生物個体の単体としての自律性(全体性)を基本としていると考えてよい。しかし、この自律性(全体性)は、現代では限りなく揺らいでいる。生命に危険をおよぼす薬がどこまで社会の底流をうごめいているかはわからないが、われわれは、常日頃、実際上の効用の程度がいくばくかであるか把握せずに何らかの薬物的なモノを服用している。そうでなければ最近巷に溢れかえるドラッグストアのあの数の多さを説明できない。また、スポーツにおけるドーピング、そして果てしない延命治療など、われわれの体は現在、多かれ少なかれ、日常的に何らかの外的ファクターに依存しなければ生存しえない状況にあるともいえるのである。そして、このような現代のわれわれの身体観の変化を現代の分子生物学の成果が加速する。

「われわれは、遺伝子という名の利己的な存在を生き残らせるべく盲目的にプログラムされたロボットなのだ」と、行動生物学者のR・ドーキンスはいう(3)。生物個体は、その存続を賭けて最適な環境を選択してきたのでなく、遺伝子が存続するための最良の環境として生物個体は選び取られてきた。つまり、生物個体は遺伝子の単なる乗り物にすぎないというのである。そして、現代の分子生物学の最前線は、生命さえもさまざまな状況に対応して人工的に複製可能であることを、思考実験としてひとつひとつ実証しつつある(4)。このような分子生物学の生み出す科学的な思想哲学においてもなお、古典的な身体機械論の延長としてとらえられると指摘する意見もある(5)。しかし、ここで問題としているのは、身体と機械とのアナロジーの有無ではなく、身体の完結性に対する認識の推移なのである。いま、生物個体の自律性、いい換えれば身体の全体性の意味は限りなく希薄になっている。そして、このことは、身体のコントロールしえる単位に対する意識の変化を促さざるをえない。

古典主義の人体寸法(比例)、メタボリズムの生命組織など、創作論としての身体(生命)と建築とのアナロジーは、すべて生物個体の全体性に対する理想的かつ絶対的な信頼感に支えられていた。しかし、この信頼感は限りなく揺らいでいる。現代の身体は、かつて原始民族が、必死に身体加工をすることによって、理解しえない神秘の世界と立ち向かったときのように、自らでコントロールしえない世界へと再び向かっているのかもしれない。いい換えれば、部分と全体が乖離した二重構造が、現在の私たちの身体を、かろうじて支えているのかもしれない。

そして、建築も、もはやかつてのようなそれ自体の完結した空間構造では成立しえない状況にきている。都市の全体像は、個々の完結した部分空間の集積でしか成立しえないように、建築もまた、かつてのように都市の顔を堂々と形づくる大型建築の構成法では統制不能な状況が生じているということである(6)。それは、小さな空間である住宅建築においても免れえない。都市においても、建築においても、自律しえるのは、スケールを超えてその部分だけであると考えざるをえないということである。

建築創作のメタファーとして、有機物を取り上げるのは危険だという意見を聞いたことがある。それは、どのように状況が変化しても、建築は無機物であり、人工的に組み立てられるものであるから、環境との対応によって姿を変えることを基本とした有機物との間の形のアナロジーは、テクノロジーを基本とした現代社会では発展的には機能しないという論理を前提としている。1960年代メタボリストに代表されるさまざまな都市プロジェクトの急速な衰退が、その事実を裏づけている。しかし、メタボリストたちも、安易に虎やライオンなどの形をモチーフにはしなかった。彼らがメタファーとしたのは、細胞や二重螺旋といった身体組織の構造と、建築や都市空間のシステムとを形のアナロジーとして取り上げたのであった。しかし、通常の視覚では見ることのできない世界を創作のアナロジーとして直接的にもち出すのは、仏教世界の曼陀羅図のごとき、多くの人びとが到達不能な境地へと理解を誘う信仰的な世界の啓蒙においてしか通用する代物ではなかった。だから、ここで議論の対象として取り上げた身体あるいは生命に対する意識的な思考は、形の直接的な移し替えを前提としていないがゆえに、有機物との単純なアナロジーに吸収されるものではない。身体認識に対する思考が形成する、モノの状態あるいは関係がいかに設計の問題とかかわれるかを論じているのである。しかし、それでもなお建築家は最終的に具体的な形を取り扱わざるをえない。そして、いま、われわれは、どこか具体的なモノ（形）を扱う水準に対して、自ら枷をかけてしまったように思えてならない。

形にまつわる誤解

私が大学で建築デザインの教育をゼロから学び始めたのは、1980年代の初頭、まさしくポストモダニズムの真っ直中であった。マイケル・グレイヴスのポートランド市庁舎が1982年、磯崎新のつくばセンタービルが1983年、アメリカと日本でポストモダニズムを代表するビッグプロジェクトが相次いで完工した。このような状況の中では、近代主義的な意味での正確なプランニングの獲得が設計教育のベースとして常にあったとしても、形と空間の修辞的な操作以外に、学生たちの関心が向くことはなかった。西欧オリジナルのモダンも含めて、すべての形が選択の対象として同格であった。だから、頭で、あるいは理屈で考えるよりも、無意識のうちに、まず先に手を動かし、当時先鋭的と思われたデザインを肉体化することに専心した。たとえ、当時の先端を突っ走る建築家のトレースとその編集に終始することであったとしても、学生ならではの気軽さで、紙上に鉛筆を自由に走らせることができた。しかし、その後、建築表現におけるポストモダンが急速に失速し、その反動として、プログラム、システムといった空間で起こるであろう出来事に、建築家の関心の主要な流れは推移していった。それらは、モダンを様式としてでなく、空間の現象として乗り越えようとする動きでもあった。

ここで問題なのは、少なくとも何々イズムと名がついたものが、ほんの短い期間で自然消滅することにわれわれは何の関心も示さなかったことである。ポストモダニズムは、様式としては、ほとんど無惨な敗北を遂げ、短期間消滅をしたが、この悪名高き建築運動に何か成果があるはずだという楽観的な視点に立てば、それは形の自由さの許容力を保証してくれたことにあるのではないか。これは、普遍的なものはそもそも存在せず、あるのは個々の差異だけであるという文化相対主義的立場からの発言ではない。そうした虚無的な懐疑主義からは、生産的な方法論は引き出せない。建築における視覚的な表現（形）は、そもそも教義教則などでは縛ることはできないという意味での自由さの保証である。だからポストモダニズムの功績は、何ら外在的な根拠を伴わなくとも、空間を視覚的につくり出してかまわないという状況を当時生み出したことにあった。そして、コールハースやヌーヴェルの表現も、彼らの意図とはおかまいなしに、この国ではそうした形に関する受容と変容のサイクルに組み込まれてきたともいえる。文化の表層の数々を即座に取り込み、そして加工する、この国の吸収力は凄まじい。しかし、われわれは、このポストモダニズムがもたらした唯一の成果に気づかず、スタイルの変遷という古典的な価値観で建築表現の動きをとらえてしまった。単純な話、形の氾濫の後は、形の抑制が好まれる。そして、そうした傾向を際だたせるために再びモダンの形が選ばれた。そこには、露骨にモダニズム精神へのオマージュを掲げたものもあったが、しかし、大半は、単に多くの意味を発しないという消極的なヴォキャブラリーとして選ばれたのである。あるいは、先に述べた、強制的に植えつけられてきた均質化した身体に対応させようとしたのかもしれない。ともあれ、空間の視覚的側面に対して無関心な時代のはじまりであった。そのとき、同時に建築の空間それ自体へ向かう設計論的アプローチは、つくられた空間が開放的か否かという空間の性格とは無関係に、社会に対して閉じることだと考えられるようになったのである。

しかし、どんなに建築の成立根拠を、システムや出来事といった現象的視点から説明し尽くせたとしても、建築のデザインにおいては、形という視覚の示す内容、視覚でとらえられる世界との接触は免れえない。ここを否定した瞬間に、未来の創作の世界を閉ざすことになる。建築デザインにおいて、「閉じた」とは、まさしくこうした空間の視覚化を放棄した姿勢を指していうのだと思う。単に趣味的な美学と、形に対して意識的になることとは同一ではない。

平板化した意匠・設計根拠の外在化

建築の設計とは、種々雑多なさまざまな条件を整理し、何らかの実体を伴った空間として提出することが常にベースとしてある。当然発注者あるいは依頼者であるクライアントの意見に耳を傾けない建築家などいるはずがない。他人から見て、どんなに理解不能でアナクロな造形であったとしても、依頼者が承諾しなければ、いかにビッグネームの建築家の仕事であっても未完のプロジェクトに終わる。だから、外的条件との格闘は、人並みの建築家なら誰でも当然のごとく日常的にこなしている職業建築家としての実践的側面である。しかし、このようなことを含めて、いくつかの外在的ファクターに対応することで、設計者の主体を隠蔽し、作為性を消すことに新たな設計の可能性を見ようとする傾向がある。先に論じた形式信奉もこのあたりに根差していると考えてよい。何も建築の内側に閉じこもるべきだと主張するつもりはない。たとえば、都市や周辺環境など、その他諸々の外在的ファクターを分析し、問題とすべき要素を見定めて、それを建築的な実体表現へと結実させようという考えには共感できる。しかし、対応した結果として提出された空間の視覚的側面に何ら責任を負わないといった、デザインの結果を自身に回帰させないようなポーズを、建築と社会との新たな接点だとする主張には賛同できない。

有能な建築家の条件である、さまざまな設計条件の整理とそのことに対する的確な対応が、安易に社会性の獲得であると混同してはいけないと思う。建築家に求められているのは、依頼者の要望への正確な対応ではなく、依頼者が言葉にできない願望を、逆に見つけ出し、それを実体化することではないだろうか。あるいは、建築家の構想に一抹の不安を抱きながらも、それを超える何かが期待されていると考えるのは、あまりにも楽観的な理想主義として一蹴されてしまうものであろうか。何らかの外在的ファクターとの接点のみ社会性を獲得しえて、それ以外の方策は、社会に背を向けたネガティブな姿勢であるとする意見には、簡単に賛同できない。そして、その社会に背を向けたネガティブな姿勢が、建築家が拘ってきた批評性という内容だとも思わない。そもそも批評性とは社会性の対立概念などではない。

建築の批評性とは可能性の別称である

批評性の対立概念とは、社会性ではなく、通俗性あるいは大衆性ではないかと思う。通俗性とは社会への迎合と社会の推進の双方の意味において成立する。それは、大衆性ともっとも敏感に反応し、連動しているファッションの世界の動きを見れば明らかである。しかし、表現は異なっていても、時間の経過を視野に入れたときに、それら「迎合」と「推進」は最終的に同様の帰結を迎えることになる。つまり、社会状況は動くものであり、動いた後には、以前の主張は否定されることが当初から含み込まれたものが、通俗性あるいは大衆性なのである。社会との連動を全面的に否定するつもりは毛頭ない。基本的に、社会的な土壌において生産される現代建築の進歩・発展と、その現代性（アクチュアリティ）の獲得のためには、社会との連動は不可欠であるとさえ思っている。しかし、そのことと外在的ファクターに設計の根拠を求めることとは分けて考えたほうがよい。ましてや安易にその対立物として、批評性をもち出すのは新たな可能性の芽を摘み取ることになりかねない。

批評性とは、もともと何か新しい建築表現には必ず伴っているものである。新しいということは、それまでの空間と「何か」が異なっていることを示している。これだけ情報が氾濫している時代において、まったく見たこともない、ゼロから生まれた空間などありえないという意見を前提とした上でも、それまでの空間との微妙な差異が生まれ、それが次なる展開の可能性を切り開くかもしれない。そして、その空間がある価値を獲得したときに、その「何か」に対して批評が成立しているというのではないだろうか。だから、「批評性のない住宅」(7)は論理的に成立するが、それが先に述べた通俗性という短期の社会状況への対応という水準を超えて、多くの人の共感を集めることができたならば、その時点で「批評性のない住宅」は必然的に批評性を獲得したことになる。それゆえ、批評性とは必ずしもすべてがネガティブで、反体制的な内容にはなりえない。反体制というネガティブな表明としてでなく、批評性とは新しい空間の可能性の別称であり、称号である。

「批評性のない住宅」は可能であるが、ひとたびそれが多くの人の心を動かした時点で、必然的に批評性は発動する。もしそうでないとするならば、建築を含めた表現手段すべてが、現代社会という得体の知れない巨大なシステムと一体化し、消滅することになる。さらに建築がもはや表現手段になりえないとするならば、なぜ、これほど時間的労力に見合わぬ報酬で、多くの人びとが設計という行為に取り組んでいるかをどのように説明するのであろうか。モノを生み出す人間の欲望は、社会との連動という単純単一な幸福を受けつけない地点で成立していると考えざるをえないのである。

こうしたことを前提とした上で、建築家の欲望が生み出す批評性が、社会とつながるルートははたしてどこにあるのだろうか。

建築家の個人的な欲望が、社会的信頼を勝ちえるのは、建築家の設計思想の一貫性という、この一点にしかありえないのではないか。先に述べた、通俗性・大衆性との対立点がここにある。このことはひとつの主題を延々と求め続けることを意味しない。スタイルを固定させ、作家の作品商標とすることでもない。それでは、上質なハウスメーカーの仕事と何ら変わることはない。同様な空間が提出される安心感の裏側で、新しい未知なる空間が生み出される期待感は希薄である。

しかし、何の脈絡もなしに、次から次へと変貌する表現に、はたしてどれだけの人が共感を寄せるだろうか。ここに表現としてでなく、思想の一貫性を説く根拠がある。一見正統かつ真っ当な言葉でその時点の社会で必要とされる建築の姿を説きながら、そのときどきの空気に対応した表現を行う建築家の仕事は、まさしく社会性という美しい衣を纏った自我の表出以外の何物でもない。

思想の一貫性とは、作家の表現の移り変わりを前提とした上で、その変貌の根拠を示し、それらをつなぎ止めることである。建築家の個人的な文脈が、社会性を獲得するルートとは、こうしたことにあるのではないか。いくつかの異なるタイプの空間が、そのひとつひとつの輝きを失わないで結合されていく。その具体的な方策とは、私たちがときおり口にする少し古めかしい響きをもったプロトタイプという言葉、それを唯一無二の原型としてでなく、継時的に複数生み出すことにあるのではないかと思うのである。

型のプロトタイプと形のプロトタイプ——思考の一貫性を支える条件

プロトタイプという主題は、建築の空間を社会化するときに、常に登場する考え方のひとつであるといえる。そして、このプロトタイプという言葉を、われわれは大きく分けてふたつの意味でとらえてきたように思う。

ひとつは、プリファブリケート（工業化）された工法システムや、nLDKといった生産性を念頭においたプランニングの形式などの、文字通り型の追求としての側面であり、もうひとつは、スケールや空間構成、あるいは材質感などを含めた実体としての空間の、形の追求としての側面である。すべてのプロトタイプ的試みが、必ずしも上記のような明快な切り分けによって成立するものではなく、それら両者を同時に含むものも存在しえる。しかし、プロトタイプの原質としては、おおむねこのふたつに限定できると思う。

まず、型の追求としてのプロトタイプの多くは、基本的にプランニングあるいは部品（構成要素）

に関する型をつくり、それを生産、あるいは供給ラインにのせる方策を考案する。それは、グロピウスの若き日の活動（8）や、前川國男のプレモスとの格闘などを参照するまでもなく、近代以降の建築家の大きな夢のひとつであった。建築全体の転用可能性の模索であり、オリジナルのクローンを正確に発生させる試みの軌跡でもあった。そして、社会と建築との密接な連動を夢見た理想主義でもあった。しかし、そこで夢見た社会とは、プロダクトを最前提とした生産社会であった。社会が常にモノの価値と差異に基づく資本・消費社会へ移行したときに、そこで渦巻く人間の欲望の多様さは、建築家の夢見た一元的な型の追求に根差したプロトタイプを受け入れることはなかった。

建築家の夢見た型の追求としてのプロトタイプは、工業化＝大量生産という単純な図式を前提とした、オリジナルのクローンを正確かつ同時多発的に大量に発生させる試みの軌跡であったが、建築家の挫折以降、その思想を受け継いだ現代のハウスメーカーは、環境に適合した複製を生み出す術を備えた巨大な住宅生産機構として、その後展開していったのである。

このように、プロトタイプという言葉のもつ響きは、一般的に型の追求としての側面から考えられてきたといえる。それは、ちょうど菊竹清訓氏が１９６０年代に唱えた設計論仮説「か、かた、かたち」のなかでの「かた」、つまり建築が実体化する前段階での構想（空間モデル）に対応したと考えてよい。しかし、スケールや空間構成、あるいは具体的な材料などを含めた、実体としての「かたち」が生み出すプロトタイプとしての側面がある。この国の現代住宅史を飾ってきた数々の名住宅――たとえば、スカイハウス、塔の家、住吉の長屋、等々――は、いかに優れて魅力的であったとしても、少なくとも先鋭的なジャーナリズム上では、そのまま他の場所に正確に転写されることはなかった。それゆえ、それらは型のプロトタイプの域を脱していた。

先に論じた、型の追求としてのプロトタイプが、一般解から特殊解へという演繹的なアプローチで、「型」としてのプロトタイプの意義を獲得したのに対して、右記に代表される名住宅の多くは、きわめて特殊な状況における解法が、建築空間一般へ敷衍する可能性を秘めていたという点で帰納的なアプローチによって「形」の展開を内包したプロトタイプといえるものであった。それらは、正確なクローンを生み出さなかったとしても、身体が直截的に関与する空間の鮮明なイメージの波及効果という一点において、住まいの空間に限定した問題を超えて、広く建築一般の問題へと展開する力を備えていたといえる。それゆえ、「形」のプロトタイプとしての資格を十二分に備えていた。一貫したスタイルの汎用性の美しさは、スケールの振幅を含めた建築の多様性を常にひとつの形式で覆い尽くせる力強さでもあり、そこに洗練が重ねられることで、安定した、裏切ることのない空間を提供しつづけることができた。

しかし、いったん構築したプロトタイプから、そのヴァリエーションとしての展開でなく、さらに新たな異なる地平へ移行することの難易度は、プロトタイプとしての全体性の強さに比例する。次なる新たな世界へ踏み出すには、自己を全否定しなければならないほどの、強い全体性に支えられた空間であった。しかし、少しでも長い時間を通じて、建築的思考を持続し、展開しようと思う建築家にとって、新しい世界に踏み出すたびに自分の過去の全否定を繰り返すことに、はたして耐えられるであろうか。

自己に対する否定の論理を含まずに、少しずつでもかまわないから次なる展開の種子を内包した空間をつくれないものであろうか。それには、これまで建築が担ってきた全体性・完結性に対して、もう一度批評的まなざしを向ける必要があるように思う。この論の前段で取り上げた、現代のわれわれの身体認識への再考は、そうした意味で述べたつもりである。しかし、だからといって即座にすべてが流動的で相対的だと考える二元論的思考から、安易に非完結性を標榜するのは危険である。なぜならば、それはかつてポストモダニストが入り込んだ答えのない旅のはじまりだからである。たとえば、中心と周辺を二項対立とし、前者を全否定、後者を完全肯定するという二者択一、教条的な反本質論的立場は、中心の存在なくしては周辺も成立しえないという、単純な論理矛盾を克服できなかった(9)。何が自律しえて、何が自律しえないかを見定めなければいけないと思う。自律しえるということは、設計者にとってコントロールしえるということと同義である。もし、建築の全体が建築家のコントロールの範囲外、統制不能な状況にあるとしたならば、それは、極度に純化された抽象的な殻か、あるいは通俗的な皮膜になるのかもしれない。しかし、それでもなお、そうした形式の中に建築家のコントロールしえる異質な要素が入り込む。それは、形式という理屈ではとらえることができないがゆえに、設計者の肉体から生じた、ある形をもたざるをえないように思う。それはおそらく、どちらか一方が変化しても、もう一方はまったく意味を失わないような異質な系が共存している空間ではないかと思う。そして、長い時間の経過の後に、見かけ上はどんなに変貌しても、どこか展開の軌跡を辿れる作品系列のひとつひとつを、ここでは実体としての「形」の生み出すプロトタイプ、あるいは演繹的な力を内包しつつ結果として帰納的アプローチによる展開を可能としたプロトタイプと呼んでいる。

建築家の個人的な活動が社会とつながるルートの可能性は、形のプロトタイプを複数、しかも継時的に産出できるかどうかにかかっているのではないだろうか。

（初出：『新建築 住宅特集』１９９９年４月号）

〈註〉

（1）鷲田清一『悲鳴をあげる身体』ＰＨＰ研究所、１９９８年
（2）三浦雅士『身体の零度——何が近代を成立させたか』講談社メチエ、１９９４年
（3）リチャード・ドーキンス「利己的な遺伝子」『生物=生存機械論』紀伊国屋書店、１９９１年
（4）リー・Ｍ・シルヴァー『複製されるヒト』翔泳社、１９９８年
（5）エヴリン・フォックス・ケラー『機械の身体——越境する分子生物学』青土社、１９９６年
（6）都市環境構成研究会『ハウジング・プロジェクト・トウキョウ』東海大学出版会、１９９８年
（7）伊東豊雄「脱近代的身体像——批評性のない住宅は可能か」『新建築 住宅特集』１９９８年９月号

（8）松村秀一『「住宅ができる世界」のしくみ』彰国社、1998年
（9）テリー・イーグルトン『ポストモダニズム幻想』大月書店、1998年

Research

戦後日本における住宅建築の批評性

モハマド・エイマール
大塚 優
小倉宏志郎

Criticarity of Housing Architecture in Post-war Japan

——Eimar Mohammad,
Masaru Otsuka,
Koshiro Ogura

批評としての住宅

伊東豊雄は、建築家として独立した１９７０年代当時、批評的であることが建築の評価基準であったと回想している。では、戦後日本の住宅建築において、批評性はどのような文脈で語られ、何を批評していたのだろうか。そしてなぜ、批評性のない住宅は可能かと問われたのだろうか。

終戦直後、日本における喫緊の課題は戦災復興であり、建築家にも復興への貢献が求められた。特に50年代前半までは住宅難の解消や住まいの民主化、近代化を扱う「小住宅」が大きなテーマであり、増沢洵、池辺陽、清家清といった住宅作家たちによる、モダニズムに範を取って住環境を向上する実践が建築界をリードしていた。しかしその後、公営住宅の普及や公共建築の設計機会の増加、また建築生産の産業化の進行により、60年代には「小住宅」の設計は建築界の主流から外れ、その社会的意義が語られなくなっていく。そうした状況に対して篠原一男は、１９６２年に「住宅は芸術である」と宣言し、「現代機械文明」に参加する建築生産の主流に対して、住宅設計は人間そのものにかかわり、文化創造に参加するものであると述べ、「住宅は文明批評だ」と提起した(1)。こうした建築界の主流との対決的な姿勢から、現代日本における住宅の批評性の議論は発生したのである。

また60年代当時、建築家たちは科学技術への期待にもとづいた都市プロジェクトをさかんに発表したが、70年の大阪万博を契機にその楽観的な未来像の非実現性が語られ始めていた。師である丹下健三のもと万博にもかかわった磯崎新は、モダニズムの後継を自認したメタボリズムとの交流もありながら、万博を経てテクノクラートへと変容する建築家像や形骸化したモダニズムを批判し、批評性を前提とした文化としての建築を「手法論」などの設計論とともに提示した。篠原や磯崎の論理は、現実の都市を形成するテクノクラシー、モダニズム的な枠組みから建築を切断し、文化的な文脈に成立させる試みであったと言えよう。磯崎が「建築の解体」(『美術手帖』1969〜1973)で、モダニズムを批判的に乗り越えようとした当時の海外の建築を紹介したことや、『建築に何が可能か――建築と人間と』(1967)でモダニズムの批判的検討から設計論を展開した原広司も大きな影響力を持った。これらは大学紛争、新左翼運動、カウンター・カルチャーなど、既存の権威性や価値観への異議申し立てが全世界的に展開された60年代末という時代を色濃く反映している。

70年代から80年代は、彼らに影響を受けた建築家が活躍を始め、住宅の批評性が最も重視された時代である。いわゆる篠原スクールとされる伊東が述べるように、社会に対して批評的であることは特に若手建築家にとって重要な評価基準だった(2)。また、八束はじめが『建築文化』で1979年から連載した「批評としての建築」も、典型的な言説といえる。当時、磯崎新アトリエに勤務していた八束は、住宅を中心に建築の批評性を論じ、批評性とは対他的な意識からなされた既存の規範への異議申し立てであり、社会性、経済性、技術性というモダニズムのイデオロギーが意味を喪失した状況において、自律的な建築こそが批評的であると述べた（3）。同連載で論じられた坂本一成、安藤忠雄、長谷川逸子、藤井博巳といった建築家には、実体的にも抽象的な幾何学形態の操作による箱型の作品が多く見られ、その閉じた表現も象徴的である。

１９８５年には、『都市住宅』で「批評としての住宅」と題した2号にわたる特集が組まれ（4）、欧米のモダニズム住宅や、篠原、磯崎、原、野武士世代の建築家たちの作品が掲載された。巻頭の藤井博巳、富永譲、三宅理一による鼎談（5）では、批評性とは社会に対する個人的なものであり、社会に共有された一般的な認識を変容させる力であり得ること、それが現実と同化したときに効力を失うことが指摘されている。また越後島研一は同誌巻末の論考（6）で、70年代の住宅作品を批評性の観点から振り返り、戦後住宅の歴史を、空間を〈開くこと〉と〈閉ざすこと〉との対比から整理し、そうした対比構造を建築の定義にかかわる本質であるとした。また、篠原のように、自らの作品やその展開における批評性が状況への批評と重なったとき、作品の全体像が示す批評性は強大な力を持ち得ると述べた。このように批評性という言葉が建築界でさかんに流通した当時、『構造と力――記号論を超えて』（浅田彰著、１９８３）に代表されるニュー・アカデミズムを背景とした文芸批評の流行も同期している。80年代はまさに「批評の時代」であった。ただ、当然の帰結として「批評性」はマジックワード化し、『都市住宅』の休刊や『新建築 住宅特集』の月刊化（ともに86年）など言説環境を支えた雑誌メディアの変化とともに拡散、霧消していった。

批評性論争

批評性がさかんに議論された時代を経て、次第に建築家は建築による批評行為に閉塞感を感じるようになっていた(7)。そして90年代後半には、建築家は住宅の批評性の意義を問う、**批評性論争**を繰り広げた。

本章冒頭で示したように、篠原、伊東、坂本の鼎談を受けて書かれた松永安光による「住宅のクリティカリティーは今」(8)が論争の発端である。松永は、価値観の多様化とともに、もはやリアルタイムで住まい手の欲望を映し出すモニターとなった住宅は批評性を失っており、建築としての住宅が意義を持ち得るとすれば、近代以降私的な空間として成立した住宅が失った社会性と、モダニズムが指向した抽象性をとらえ、〈住まうこと〉を問い直すことにあると述べた。翌月以降の各専門誌で、長谷川堯、花田佳明、みかんぐみ、土居義岳など多くの評者がこの論考に反応した(9)。また松永はそれらに再応答(10)し、篠原もこれを総括する時評(11)を寄せ、その後も建築家、批評家からの応答が続いた。一連の言説群の中でも、批評性について発展的に論じたのが、本章に再録した伊東豊雄、隈研吾、奥山信一による三つの論考である。これらを中心に、論争の内容を概観しよう。

伊東は、批評性とは社会に対するネガティブな態度であり、近代から続くこうした態度を取り下げないかぎり、住宅が社会性を獲得することはないと喝破した。そして、依然としてモダニズム的な美意識に閉塞した現状を打開するには、自然的身体（原初的）と観念的身体（近代的）の対立を克服する現代的なヴァーチャルな身体の求める空間が必要であると説いた。

隈は、批評性とは既成の権力に対する闘争であり、モダニズム建築が批評性を強く意識しつつ、中産階級のための郊外住宅という大衆的な商品を提示することで、ヘゲモニーを獲得したと指摘する。また批評性そのものではなく、それが様式化することで権威に転化してしまうことが問題であるとし、もはや「建築の世紀」ではない現代では、徹底的にポジティブでアクチュアルな時代が始まると、批評性からの脱却を論じている。

奥山は、批評性とは社会性の対立概念ではなく、大衆性や通俗性の対立概念であり、新しい空間の可能性の別称であると主張する。そして、新しい空間表現の追求という建築家個人の生み出す批評性が、短期の社会状況への対応を超えて多くの人の共感を得るには、一貫した設計思想を持つ「形」のプロトタイプを複数、継続的に産出することが必要であると述べた。

彼らの批評性のとらえ方は対照的だ。伊東と隈は、住宅にはもはや批評性は不要で、建築家は社会に対してポジティブにかかわるべきだとする。90年代後半、阪神・淡路大震災や地下鉄サリン事件をはじめとした社会的事件を受け、ポストモダニズムの流行やバブル景気において建築が表層的、ゲーム的、消費的であったことに対する反省とともに建築の社会性への意識が急激に高まっていた。松永がいみじくも「住宅の近代性はその社会性を捨象する過程で生まれた」（8）のではないかと書くように、伊東、隈らが批評性の問題においてモダニズムを再考する眼差しにも、批評性の対立概念としての社会性をとらえる、時代状況への意識が介在していた。

一方奥山は、批評性とは必ずしもネガティブで反体制的なものではなく、「何か」が異なっていることであると述べる。こうした視点は、西沢立衛が伊東の論考へ応答するなかで「対象がもっている可能性を最大限拡張する試みのことを、漠然と批評活動だと思っていた」(12)という言説にも共通しており、両者はともに批評性を、可能性を切り開くポジティブなものとしてとらえているのだ。その後、論争はおおむね20世紀末までに終息し、2006年に伊東が奥山によるインタビューで当時を振り返っているが、ここでもポジティブな批評性が提起されている(13)。しかしその後、批評性という言葉は明確に語られない。21世紀にはダイアグラム建築の流行やCADの普及など画期的な変化はありつつも、建築言説の主題が断片化し、「建築の批評性から個の多様性へ」(14)と言われる状況は今日まで続いているように見える。

批評のターゲット

ところで、『岩波哲学・思想事典』によると「批評(criticism)」とは、「人間の制作した具体的な**対象**もしくは人間が関わりを持つ**事象**の特性を**分析し、評価する行為**の総称」(太字引用者)である(15)。つまり批評行為には必ず批評する対象が存在し、また批評は必ずしも批判や非難を意味するとは限らない。同様に建築の批評性も、必ず批評する**ターゲット**があり、社会状況や建築界の主流との関係のなかに位置づいていた。しかし価値観が多様化した現代においては、建築を通して何かを批評しようとも、何が「クリティカル」か見極めることは難しく、また批評性論争以降、建築の批評性をテーマとした議論は類例に乏しい。II章のインタビューを行った理由は、こうした今日の状況における建築の批評性の意義をとらえる糸口をつかむためであった。

これまで、住宅の批評性が語られてきた歴史を通史的に振り返ったが、今度は建築家が住宅作品を通して批評してきたターゲットに注目したい。戦後日本の建築専門誌に掲載された住宅設計論を中心とした批評性にまつわる言説から、年代をまたいで頻繁に論じられる批評のターゲットについて、それらが属する建築、都市、社会という三つの水準を仮定することで、批評性の豊かな潮流をたどってみよう。

建築的水準では、重要なターゲットの一つとして**モダニズム**があり、特に**機能主義・合理主義**を批評するものが多い。篠原は「茅ヶ崎の家」(1960)において、「小住宅」が拠り所とした機能主義的な計画理論の無効性を指摘し、「すまいは広ければ広いほどよい」(16)と述べ、「無駄な空間」というコンセプトを提示した。

また、実践的なターゲットとして**建設技術・構法**があげられる。例えば白井晟一は、当時都市部の木造住宅で流行した大壁造りの近代数寄屋を「インシュレイションや壁體内の通氣には甚だ冷淡である」と批判し、真壁造りの「試作小住宅」(17)を提案した。こうした批評は技術革新を背景としたモダニズムの実験住宅から引き継がれてもいるが、近年では、岡啓輔がセルフビルドの自邸「蟻鱒鳶《アリマストンビ》ル」（2005〜）で、建築家と施工者の職能における乖離を批判し、「職人との関係を築き直すことが、これからの建築の可能性を拓く時、必ず必要になる」(18)と述べるように、建築生産の産業化が進んだ現代においては、技術や構法への批評は社会的水準に近い性格を持っている。

理論的なものでは、建築家の**作家性**への批評が見られる。代表的な言説はみかんぐみの「非作家性の時代に」(19)だろう。「建築家としての過剰な表現」を避けて「脱色された作品」を論考とともに発表した。昨今ではデジタル技術を活用した構法や生産体制を開発し、建築家の職能の更新を試みる秋吉浩気のように(20)、作家的な建築表現への批評は社会的水準まで射程の広がりを見せている。

次に都市的水準のターゲットを見よう。住宅の立地条件として、**都市環境**は主要なターゲットである。例えば安藤は「都市ゲリラ住居」(21)と題した一連の初期作品を「都市の諸悪」に対する砦と位置づけ、また原も一連の「反射性住居」について、「今日、住居が、格律をとり戻すとすれば（中略）都市に対する批判のみがその契機になる」(22)と述べており、70年代には都市に対して批判的なスタンスとともに実体的にも閉鎖的な構成を持つ作品が多い。一方で90年代以降には、都市住宅のタイポロジーを世代論的にとらえ、その更新を試みたアトリエ・ワンの作品群(23)など、都市環境を積極的にデザインの対象とする作品が発表されている。

また、現代日本の戸建て住宅の歴史は、郊外開発による都市圏の拡大と並行しており、**郊外**も重要なターゲットである。例えば岸和郎は「宝塚の家」(1995)において、「ほんの少しの嫌悪感はもつにしても、同時にむしろ安堵と快適さをも感じる」郊外の均質な風景と連続した形態を提案し、両義的な批評のあり方を示している(24)。昨今では、開発から半世紀近くが経過した郊外を更新するような実践もある。藤村龍至は「母の家(HAHA・NO・IE)」(2022)の発表に際して、篠原を引いて「リノベーションは芸術である」と述べ、リノベーションを通して街並みやインフラといった視点から郊外住宅地の再定義を試みており(25)、社会情勢に応じた建築実践の変容が、批評性の問題に接続された現代的な事例といえる。

最後に社会的水準のターゲットを検討しよう。前述の篠原の「**文明批評**」という概念はこの水準にある。また磯崎も「軽井沢I&T山荘計画」(1974)について、バラックとアクロポリスというかけ離れた建築をアイロニカルに引用することで、文化の正統性が失われた「今日の状況に対してのひとつの批評」(26)であると述べ、これらは住宅を社会への文化的批評として語る典型である。

住宅に特徴的なターゲットとして、**家族像**もたびたび見られる。黒沢隆が60年代から提案した「個室群住居」(27)は、近代住宅の前提である核家族への批評にもとづいていたし、90年代には山本理顕が家族と住宅の関係を問い直し、「岡山の住宅」(1992)で「家族という単位よりも『私』という単位が優先している」(28)図式を建築化した。2000年以降では、貝島桃代が「ポニー・

ガーデン」（2008）と「生島文庫」（2008）において「戦後日本の戸建住宅における、極端に純化してしまった家族中心のプログラム」を批評しており(29)、人間以外の存在を視野に入れた試みとして興味深い。

産業をターゲットとするものでは、前述の「蟻鱒鳶ル」のように、住宅の生産過程に対する批評をともなうセルフビルド作品が散見される。石山修武による「開拓者の家」（1986）は、「自分の家を自分でつくるという健康極まる考え」にもとづく「不健康な時代」への「クリティック」と位置づけられている(30)。近年の能作文徳や川島範久をはじめとした若手建築家による、**エコロジー**や**事物連関**について住宅をとらえ直す試みも産業構造に対する批評的実践であり、こうした環境への配慮を問題とする視点を指して、藤村が「地球住宅」という枠組みを提示している(31)。社会的水準のターゲットへの批評が、構法といった建築的水準における批評的実践をともなうことで、広範な射程の批評性をもち得ることを示している。

批評の潮流とその可能性

このように、戦後日本における住宅建築の批評性は、建築界の主流から外れた住宅の意義を主張するために導入され、若手建築家の「パドック」(32)たる住宅建築における評価基準として語られてきた。また、ここでターゲットを位置づけた三つの水準は、それぞれ排他的な並列関係ではなく、建築的水準の批評的実践を社会的水準に位置づけ直すといったダイナミズムを持ち得る。例えば、ここでは建築的水準に位置づけた**モダニズム**は都市的水準でとらえることもできるし、**建築技術・構法**を社会的な問題意識から問い直す実践や、社会的水準にある**家族像**というターゲットが「個室群住居」のような批評的な建築言語をともなう場合も見てきた。こうしたターゲットの射程やダイナミズムを考えることは、時代の状況を一つの切り口でとらえることが不可能、あるいは無意味に思える現代社会で、住宅建築の価値創出の手がかりになるだろう。

〈註〉

(1) 篠原一男「住宅は芸術である——建築生産と対決する住宅設計」『新建築』1962年5月号

(2) 伊東豊雄「脱近代的身体像——批評性のない住宅は可能か」『新建築 住宅特集』1998年9月号。本書18頁に再録。

(3) 八束はじめ「批評としての建築① 批評の不在と不在の批評」『建築文化』1979年7月号（所収：八束はじめ『批評としての建築——現代建築の読みかた』彰国社、1985）

(4) 「特集 批評としての住宅」『都市住宅』1985年2・4月号

(5) 藤井博巳・富永讓・三宅理一「座談会〈批評〉をめぐるクリティーク」『都市住宅』1985年2月号

(6) 越後島研一「批評的想像力の地平——日本の住宅の1970年代」『都市住宅』1985年2月号

(7) 例えば、原、伊東、石山修武、山本理顕、高松伸による座談会「空中庭園と宇宙船――21世紀に向けた建築イメージの離陸」(『建築文化』1984年3月号)、八束による「ニヒリズムを超えて」(『新建築』1989年9月号)など。

(8) 松永安光「住宅のクリティカリティーは今」『新建築 住宅特集』1997年11月号

(9) 長谷川堯、花田佳明、みかんぐみ「月評」『新建築 住宅特集』1997年12月号、土居義岳「月評」『新建築』1997年12月号

(10) 松永安光「月評に応える――視点『住宅のクリティカリティーは今』をめぐって」『新建築 住宅特集』1998年2月号

(11) 篠原一男「演習:そして建築一般にも主題はない」『新建築』1998年4月号

(12) 西沢立衛「月評」『新建築 住宅特集』1998年10月号

(13) 伊東豊雄・奥山信一「特集 住まいをめぐる言葉 3 批評性――建築『家』への社会意識」『新建築 住宅特集』2006年7月号

(14) 鈴木博之・伊東豊雄「建築の批評性から個の多様性へ――『新建築賞(吉岡賞)』の24年」『新建築 住宅特集』2011年4月号

(15) 『岩波哲学・思想事典』岩波書店、1998

(16) 篠原一男「生活空間の新しい視点をもとめて――大きな家と小さな家との間に」『新建築』1961年1月号

(17) 白井晟一建築研究所「試作小住宅」『新建築』1953年8月号

(18) 岡啓輔・名和研二「蟻鱒鳶ル」『新建築 住宅特集』2016年11月号

(19) みかんぐみ「非作家性の時代に」『新建築 住宅特集』1998年3月号

(20) 秋吉浩気「脱受託／脱商品／脱作家」『新建築 住宅特集』2022年1月号

(21) 安藤忠雄「都市ゲリラ住居」『都市住宅 臨時増刊 住宅第4集』1973年7月号

(22) 原広司「形式へのチチェローネ――新しい住居形式を求めて」『建築文化』1979年12月号

(23) 「アトリエ・ワンによる第4世代の住宅」『TOKYO METABOLIZING』TOTO出版、2010

(24) 岸和郎「都市郊外の発見」『新建築 住宅特集』1996年1月号

(25) 藤村龍至「老いることに向き合う都市・住宅」『新建築 住宅特集』2022年4月号

(26) 磯崎新「反建築的ノート そのVI」『建築文化』1974年12月号

(27) 黒沢隆「個室群住居とは何か――その歴史的パースペクティブ」『都市住宅』1968年5月号

(28) 山本理顕「家族という思想」『新建築 住宅特集』1993年1月号

(29) 貝島桃代「幸せな建築の枠組み」『新建築』2010年2月号

(30) 石山修武「ロビンソン・クルーソーの家づくり」『新建築 住宅特集』1986年10月号

(31) 藤村龍至「新建築 住宅特集 2022年総評」『新建築 住宅特集』2023年1月号

(32) 隈研吾・塚本由晴「パドックの行方」石堂威・小巻哲監修『日本の現代住宅1985－2005』TOTO出版、2005

戦後住宅における批評のターゲットとその潮流

ここでは収集した建築家の言説から批評のターゲットを抽出し、言説の発表年月順に並べた。竣工や初出発表以降も、過去の作品を振り返ってその批評性を改めて位置付ける言説もあり、建築家の語りの変遷も興味深い。

凡例
○：作品　●：論考　◇：対談など
SK：新建築　KB：建築文化　TJ：都市住宅　KK：建築
JT：新建築住宅特集　KG：建築技術　SD：SD（スペースデザイン）
KJ：建築雑誌（雑誌・書籍名の後の数字は発行年／月を示す）

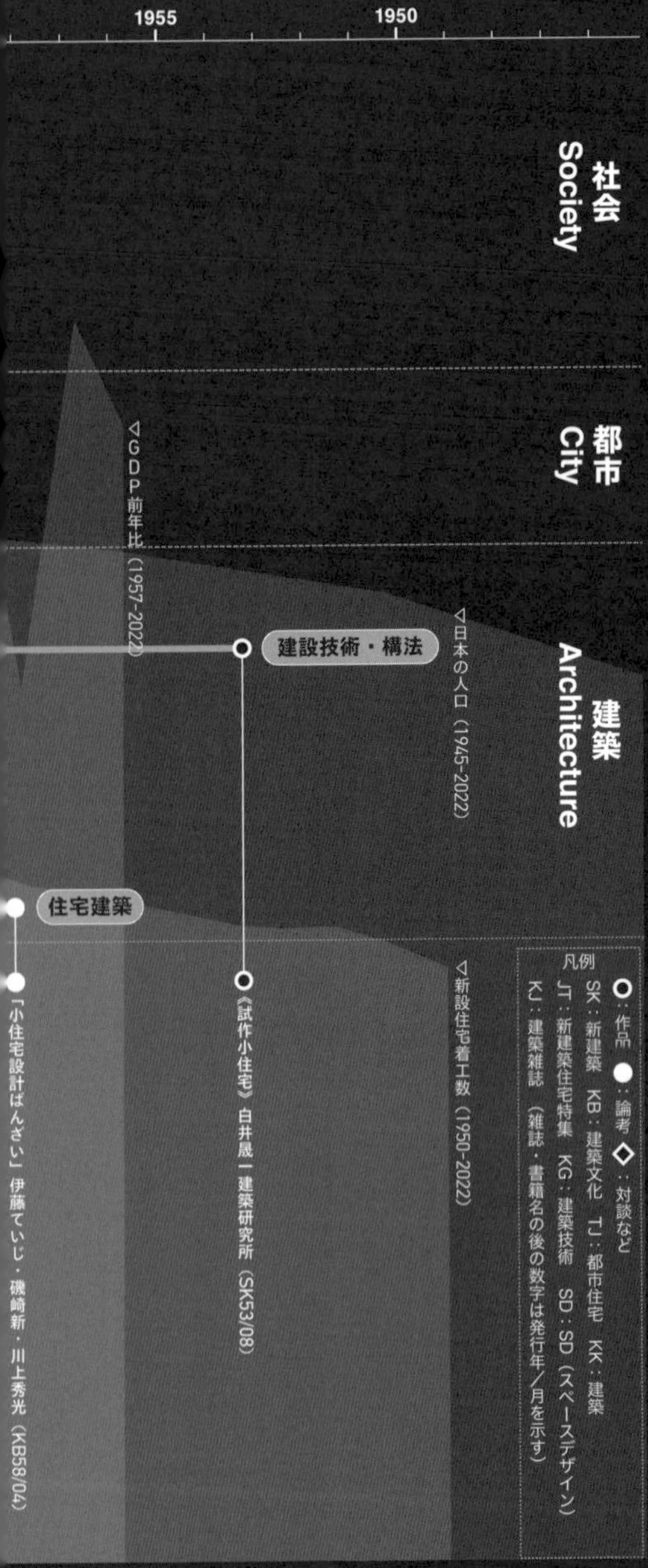

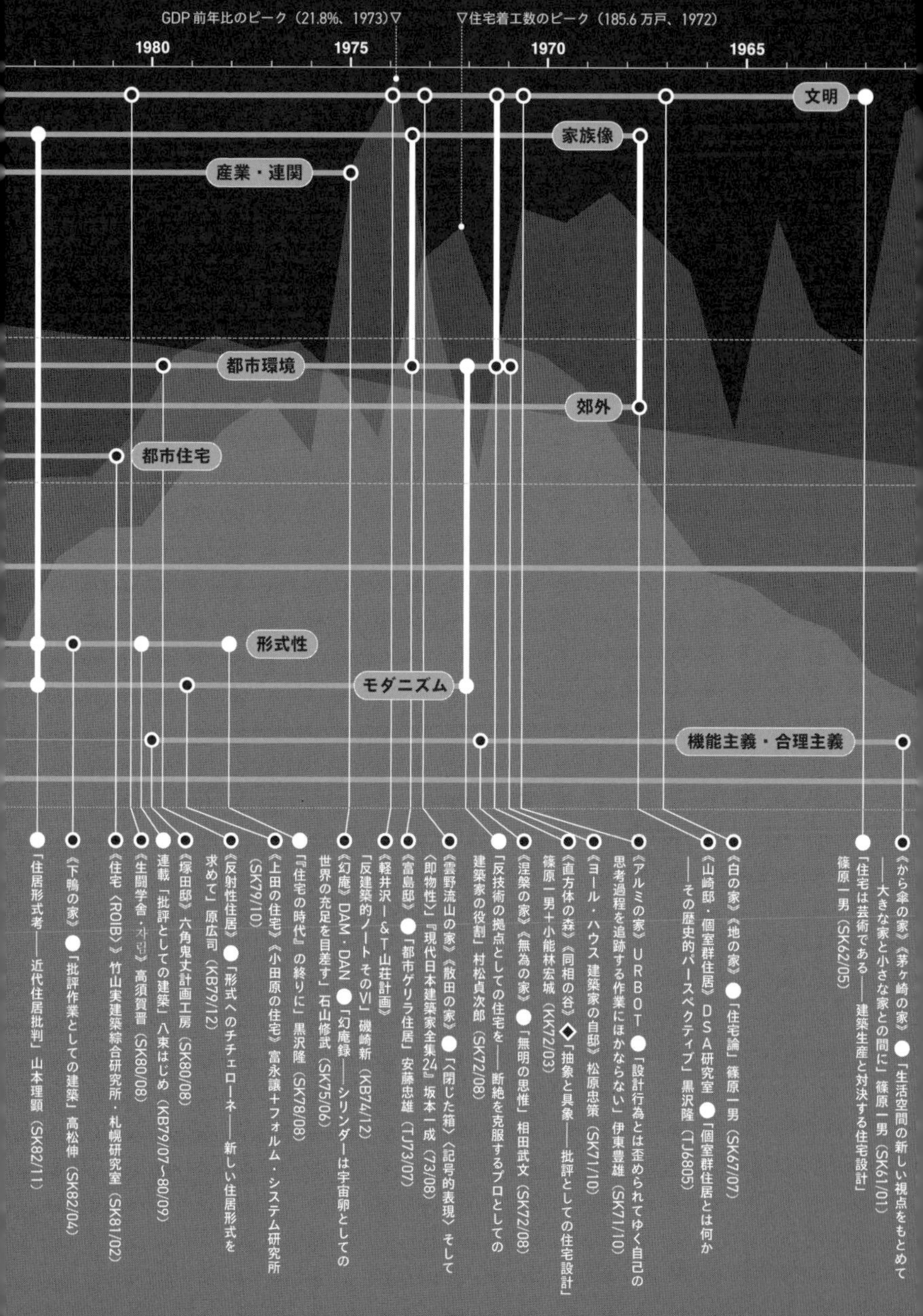

住宅建築の批評性は、いかに語られてきたか

I

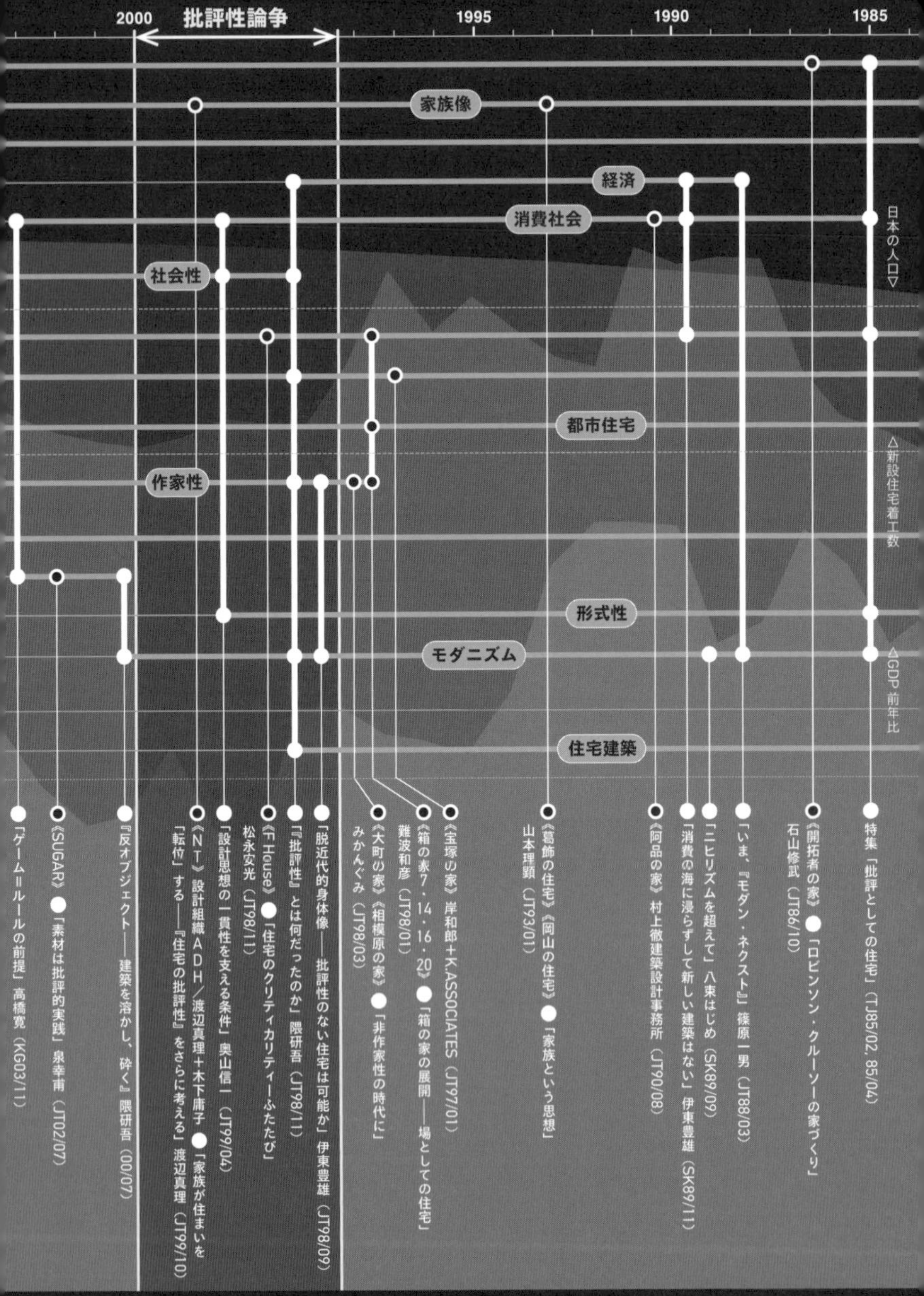

2000
批評性論争
1995
1990
1985
家族像
経済
消費社会
社会性
都市住宅
作家性
形式性
モダニズム
住宅建築
日本の人口▽
△新設住宅着工数
△GDP 前年比
特集「批評としての住宅」（TJ85/02, 85/04）
《開拓者の家》●「ロビンソン・クルーソーの家づくり」石山修武（JT86/10）
「いま、『モダン・ネクスト』」篠原一男（JT88/03）
「ニヒリズムを超えて」八束はじめ（SK89/09）
「消費の海に浸らずして新しい建築はない」伊東豊雄（SK89/11）
《阿品の家》村上徹建築設計事務所（JT90/08）
《葛飾の住宅》《岡山の住宅》●「家族という思想」山本理顕（JT93/01）
《宝塚の家》岸和郎＋K.ASSOCIATES（JT97/01）
《箱の家7・14・16・20》●「箱の家の展開——場としての住宅」難波和彦（JT98/01）
《大町の家》《相模原の家》●「非作家性の時代に」みかんぐみ（JT98/03）
「脱近代的身体像——批評性のない住宅は可能か」伊東豊雄（JT98/09）
「『批評性』とは何だったのか」隈研吾（JT98/11）
《F House》●「住宅のクリティカリティーふたたび」松永安光（JT98/11）
「設計思想の一貫性を支える条件」奥山信一（JT99/04）
《NT》設計組織ADH／渡辺真理＋木下庸子●「家族が住まいを「転位」する——『住宅の批評性』をさらに考える」渡辺真理（JT99/10）
『反オブジェクト——建築を溶かし、砕く』隈研吾（00/07）
《SUGAR》●「素材は批評的実践」泉幸甫（JT02/07）
「ゲーム＝ルールの前提」高橋寛（KG03/11）

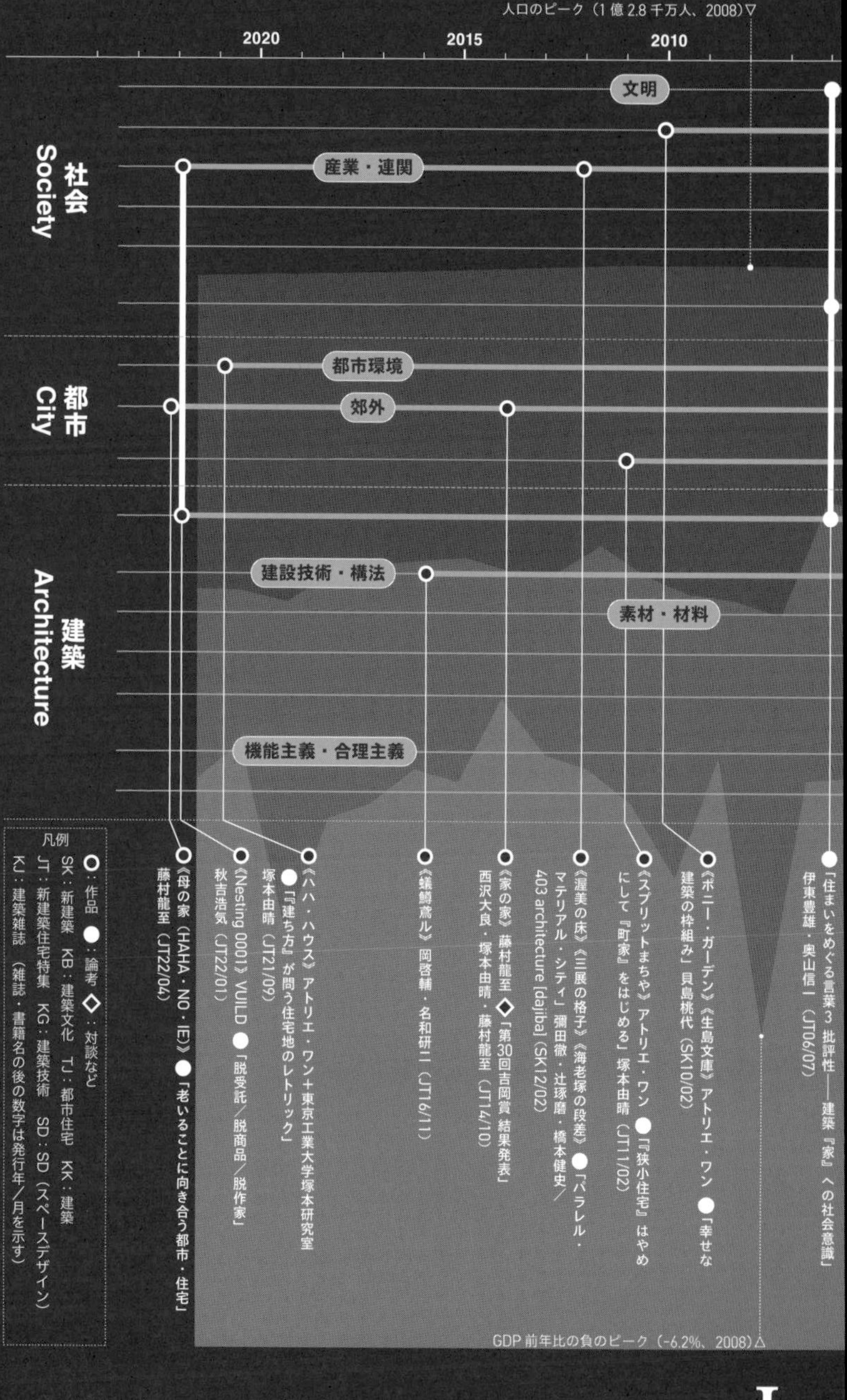
人口のピーク（1億2.8千万人、2008）▽
2020
2015
2010
社会
Society
都市
City
建築
Architecture
文明
産業・連関
都市環境
郊外
建設技術・構法
素材・材料
機能主義・合理主義
●「住まいをめぐる言葉3 批評性──建築『家』への社会意識」伊東豊雄・奥山信一（JT06/07）
○《ポニー・ガーデン》《生島文庫》アトリエ・ワン ●「幸せな建築の枠組み」貝島桃代（SK10/02）
○《スプリットまちや》アトリエ・ワン ●「『狭小住宅』はやめにして『町家』をはじめる」塚本由晴（JT11/02）
○《渥美の床》《三展の格子》《海老塚の段差》●「パラレル・マテリアル・シティ」彌田徹・辻琢磨・橋本健史／403 architecture [dajiba]（SK12/02）
○《家の家》藤村龍至 ◇「第30回吉岡賞 結果発表」西沢大良・塚本由晴・藤村龍至（JT14/10）
○《蟻鱒鳶ル》岡啓輔・名和研二（JT16/11）
○《ハハ・ハウス》アトリエ・ワン＋東京工業大学塚本研究室 ●「『建ち方』が問う住宅地のレトリック」塚本由晴（JT21/09）
○《Nesting 0001》VUILD ●「脱受託／脱商品／脱作家」秋吉浩気（JT22/01）
○《母の家（HAHA・NO・IE）》●「老いることに向き合う都市・住宅」藤村龍至（JT22/04）
凡例
○：作品 ●：論考 ◇：対談など
SK：新建築 KB：建築文化 TJ：都市住宅 KK：建築
JT：新建築住宅特集 KG：建築技術 SD：SD（スペースデザイン）
KJ：建築雑誌（雑誌・書籍名の後の数字は発行年／月を示す）
GDP前年比の負のピーク（-6.2%、2008）△

II 現代建築家は批評性を、いかに語るか

How Do Today's Architects Discuss Criticality?

ここでは、住宅の批評性をめぐって19人の建築家と行った対話を収録する。世代や立場を超え、建築家たちの言葉を並べて読むことで、批評性をめぐる議論の変遷をたどりつつ、現在の実践を位置づけることを目指した。

まず、批評性論争以前に建築家として独立し、この問題に積極的な発言をしてきた伊東豊雄、坂本一成、隈研吾、塚本由晴の4人に対して、その活動をたどるとともに思想の展開を追った。

伊東と坂本はともに60年代末〜70年代初頭に住宅設計からキャリアをスタートさせ、都市や消費社会、建築界の状況への批評的な立場を共有していた。しかし、伊東は批評性論争以前から批評性へ懐疑的な立場を示すようになり、坂本も建築論的なアプローチへと焦点を移していったように見える。活動開始が20年ほど下る隈と塚本は、都市や社会の状況を引き受けつつも批評的である、という両義的な立場を示す。隈はモダニズムや建築家の権威性の観点から旧来の批評性を批判し、塚本は設計におけるコンテクストの読み取りを通じて、社会に対して批評的な建築のあり方を提示してきた。彼らとの対話からは、住宅の批評性が語られてきた歴史とともに、これからの批評性を考えることができるだろう。

続いて、批評性論争以後に独立し、活発に設計・言説を展開する、中山英之、石田建太朗、原田真宏、今村水紀、藤原徹平、保坂猛、藤村龍至、柄沢祐輔、西田司、山﨑健太郎、髙橋一平、長谷川豪、能作文徳、常山未央、山道拓人ら、70〜80年代生まれの15人との対話を収録する。この世代が活動を始めたとき、日本はすでにバブル崩壊にともなう経済の停滞、人口減少、阪神・淡路大震災、東日本大震災といった新たな社会的困難があり、作品に反映される社会への意識も建築家によって異なる。ここでは、それぞれが考える住宅の批評性を探り、またその思考がどのように実作へと表れているのか見出すことを試みた。現在では批評のターゲットは断片化し、住宅によって社会全体を相手取って批評することは難しい。批評性を疑問視する立場もあれば、現在でも批評性が重要であると考える建築家もいる。その設計姿勢や志向性はさまざまで、批評性という言葉を明確に示すことは少ないが、誰もが社会への意識とともに建築の価値を考え、その言葉からは批評のターゲットの時代的な変化だけでなく、以前から引き継がれている論点も見出せる。批評性論争以後の今、15人の建築家たちの実践が持つ批評性を探ることで、今までの住宅建築の文脈と、これからの批評性というテーマの可能性をとらえ直すことにつながる、豊かな論点を見出すことができるだろう。

Interview

伊東豊雄

ネガティブな批評からポジティブな実践へ

Toyo Ito:

From Negative Critique to Positive Practice

伊東豊雄｜いとう・とよお

1941年生まれ。1965年東京大学工学部建築学科卒業。菊竹清訓建築設計事務所を経て、1971年アーバンロボット（URBOT）設立。1979年伊東豊雄建築設計事務所に改称。主な作品＝「中野本町の家」「シルバーハット」「せんだいメディアテーク」「多摩美術大学図書館（八王子キャンパス）」「みんなの森 ぎふメディアコスモス」「台中国家歌劇院」「水戸市民会館」など。日本建築学会賞（作品賞、大賞）、ヴェネツィア・ビエンナーレ金獅子賞、王立英国建築家協会（RIBA）ロイヤルゴールドメダル、プリツカー建築賞など受賞。主な著書＝『風の変様体――建築クロニクル』『透層する建築』（青土社）、『あの日からの建築』（集英社新書）、『伊東豊雄 自選作品集――身体で建築を考える』（平凡社）など。

キャリアのスタート、社会に背を向けて

――伊東さんは処女作の「アルミの家」（1971）[01]を発表された当時、「都市における建築の位置は、社会との関わりという点において、確実に、かつ急速にその意味を失いつつある」状況において建築家は自己の思想を反映した空間のモデルを持つべきであり、クライアントとの議論を通してそれが歪められた結果にこそ作品としての価値がある、と述べておられました（1）。こうした考えに至った当時の状況について教えていただけますか。

伊東　大学卒業後、僕は菊竹清訓さんの事務所で働いていて、1960年代末には1970年の大阪万博のプロジェクトを担当していました。ちょうどそのころ大学紛争の時期で、国に対して抗議をする全共闘の友達が同級生にもいて、昼は国のプロジェクトをやっていながら、夜になると同級生に集会に来いと呼び出され、なんでお前は国のプロジェクトなんかやるんだ、というようなことを言われるわけです。そうしたギャップにいたたまれなくなり、1969年に菊竹事務所を辞めたのです。大阪万博は未来都市の夢の実現の一つだといわれてきたのに、実際に出来上がったプロジェクトはこんなものかっていうようなすごい失望感がありました。そうした経験を含めて「社会」ということを言っていたのだと思います。

当時の状況として若い人の間では、社会や国家の体制に対する反発がありました。それは僕

01

の中にもすごくあって、そうした気持ちで設計を始めた最初の作品が「アルミの家」だったと思います。しかし、この住宅はクライアントが自分の義兄夫婦だったということもあり、お互いに言いたいことを言い合うなかで、必ずしも自分がやりたいと思っていたことが思うようにできなかったのです。それで自分の思いがねじ曲げられていく設計プロセスのことを文章に書いたのです。

——当時を回想して、「当時から建築をつくる上で、東京という都市がずっとテーマになっています。(中略)ポジティブな都市像ではなくて、いつもひとりでいるような孤独感を味わう都市です」(2)とも述べています。独立直後の「URBOT-002 無用カプセルの家」(1971)【02】でも、シリンダー状の空間に一人の人間があてがわれているところに、孤独な人間像が空間に表現されています。

伊東 やはり社会から隔絶されているという意識が強かったですね。それで、光も近いところから差し込んでくるのではなくて遠いところから来るような、それほど閉ざされているということを表現したかったんだと思います。

——その後、「黒の回帰」(1975)、「中野本町の家」(1976)【03】、「上和田の家」(1976)では都市の表徴をテーマにされ、「文脈を求めて」(1977)(3)などの論考では、内部空間に現象する光や浮遊するかたちを通して都市のメタファーを表現していると書い

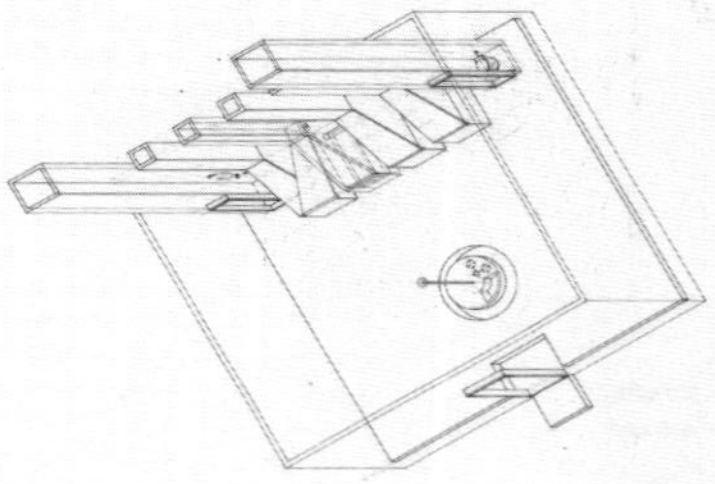

02

03

ています。なぜ、社会に対する批評的なスタンスを持ちながら、社会とのつながりを都市のメタファーを通して表現されたのでしょうか。

伊東 当時、建築家が社会の外側に置かれていると感じていたと言いましたが、それは建築家でありながら社会から求められていないということに対する苛立ちや寂しさ、そういったフラストレーションがあったからだという気がします。それで完結した自分の空間、外につながっていない空間の中で都市のメタファーと言って、都市の光とか自分の都市への思いを空間にした、という時期でしょうか。社会とのコンタクトを求めるよりは、社会に背を向けて自分の世界だけで完結したものを作る、というような考えはその当時同世代の建築家に共通していた気がするのです。

――当時は内向的な時代であったといわれていますが、建築業界の中でもそういった社会に対する失望感が漂っていたのでしょうか。

伊東 いや、建築業界の中でそんなに失望感はなかったと思いますけれども、僕がそうした考えに至ったのは、社会に対して批判的だった磯崎新さんと篠原一男さんという二人の建築家の影響が大きいと思います。この時期が一番磯崎さんと篠原さんに影響を受けていました。僕に限らず僕ら世代の人たち、安藤忠雄さんや坂本一成さんも、同じような気持ちは強かったんじゃないかと思います。

建築家でありながら
社会から求められていない
ということに対する
苛立ちや寂しさ、
そういった
フラストレーションがあった

消費社会における近代の〈聖〉なる空間

――80年代からは近代建築に対する関心が見られます。1981年には松永安光さんと『マニエリスムと近代建築』（コーリン・ロウ著）を翻訳されました。当時、近代建築を問題にされた背景などをお聞かせください。

伊東 80年代の初めに社会が変わってきたという印象がすごくありました。60年代までは日本の経済は右肩上がりで成長していましたが、70年代に入ると日本の経済は停滞し、内向的になっていきました。それが80年代に入ると消費的な社会に変わって、都市が華やかになってきた。

時代の変わり目だったんですね。そうした社会、時代に対して、どう自分が振る舞ったらいいのかを考え始めたころだったと思います。

近代建築は、生産を中心とした非常にストイックな思想であって、それでは消費社会をカバーできないんじゃないか。社会の中に自分が入り込んでいかないと、建築家としての道は開かれないという思いに変わっていったんですね。

「中野本町の家」は自分の作品の中でも一番閉じたものですが、その後、いつまでも社会を否定するだけでは建築家としてどうもおかしいのではないか、建築家は本来社会のために何かを作っていくべき存在であるはずなのに、社会の外側から文化的な批評を繰り返すだけではダメだと思ったんですね。そこから、どうやったら社会の中に潜り込んでいけるだろうかということを、消費社会に変わりつつある東京という都市の中で考え始めたのです。

――この時期は「中央林間の家」（1979）や「小金井の家」（1979）[04]など、作風を大きく転換されています。「〈俗〉なる世界に投影される〈聖〉」（1980）（4）では、消費的な〈俗〉なる世界に流通している憧れの〈家〉と、〈聖〉なる空間として表現された近代主義的な建築家の作品を対比させて、形骸化した近代建築を批評されていますね。

伊東　近代建築の思想を、非常にピュアな「〈聖〉なる空間」と考えたとすると、自分はもっと〈俗〉なる社会に入り込んでいって、それでも建築の問題を成立させることができるかを考えようと

04

したんですね。それで「小金井の家」はモダニズムの原型を志向して、その後「Dom-inoプロジェクト」（1981）[05]をやったように、一般の人たちが何を考え、何を志向しているのかを汲み上げながら、自分の空間を作っていくことができるか、つまり一般の人と直接的な対話を求めようとしたことのスタートでした。

それに対して「中央林間の家」は、装飾が一般の人たちに受け入れられるかどうかを試そうとしたんです。プランはすごくオーソドックスな家ですし、70年代の閉じた空間を志向するようなものとはかなり変わっていますね。

――「Dom-inoプロジェクト」は、ライフスタイル誌の企画で実際に施主を募集して実現されたプロジェクトですね。「中央林間の家」では被膜に装飾を施し、その〈仮面性〉を問題にされていました。この変化は当時のポストモダニズムの興隆と並行していたように見受けられますが、ご自身ではあまり言及されていません。当時の状況に対して、距離を取ろうと意識されていたんでしょうか?

伊東 ポストモダニズムと距離を取ろうとしたというより自分の中でそんなに意識がなかったと言ったほうが近いですね。ポストモダニズムや歴史的な問題に興味があったわけではなくて、むしろスタートしたばかりの消費的な社会への興味のほうが圧倒的に強かった。

――「シルバーハット」（1984）[06]では、建築家の作品と生きられた家の断絶をいかに埋めるかとい

05

06

うテーマに対して、自身が設計者とクライアント双方の視点を持って考えていらっしゃいますね。自分が住人であることから生まれてくる発想や葛藤があったのでしょうか。

伊東　消費社会の中に、〈俗〉なる世界に入り込んでいきながら、どうやって建築を建築として成立させることができるだろうか、という問いへの答えが「シルバーハット」だったという気がしますね。ですから生活という視点はけっこう入っていると思います。しかしそれだけではなくて、生活を空間として置き換えていくときに、日々絶え間なく変わっていく消費社会の中で、それを自分がどう表現できるだろうかということにこだわっていました。

　ですから、すごく薄くて軽いということに一番こだわっていたのはこの時代だと思います。まるでテントの幕で作ったような軽さや仮設的な雰囲気を作りたいと思っていました。「シルバーハット」では、途中まで作って、生活しながら家具や内装の問題を考えていきたいというふうに思っていたんです。実現できなかったのですが。

——作品としての完結性と仮設的な生活のあり方のハイブリッドのような、今までの作品からの変化が現れているように感じます。

伊東 従来のモダニズム建築のように、一つの空間として完結性が非常に強いものではなく、いろんな要素が入り込んでいても建築として成り立つかどうか、また今までの生活を継承したものができるだろうか、そういうことを考えて作っていましたね。

近代的身体像と情報化社会

——80年代以降は公共施設や商業施設が伊東さんのメインの仕事になっていき、それとともに身体像という問題、特に情報技術の発展によって身体像が変化していることを論じていますね(5)。

伊東 身体というのは、意識によって作られる部分と、フィジカルに肉体と呼べるような身体の二つがあって、情報テクノロジーが発達してきたときに、意識によって作られる部分が変わってくるだろうと思ったんです。そのときに、身体の全体像は変化していくのかどうかということに関心があったんですね。

その当時興味を持っていたイチローのことを考えて書いたんです。イチローはマシンを使ってものすごいトレーニングを積んで、実戦でバッターボックスに入るときにはほとんど相手のピッチャーの顔も見ない、どんなピッチャーが出てこようが同じマニュアル通りに、機械のボールを打つように打っていく選手だといわれていました。要するに肉体というものが本当に変わってしまっているんじゃないか、というような印象をイチローに対して持っていたんですよ。でも実際にイチローがプレーするのを見てみたら、やっぱりフィジカルな肉体は全然変わってない。ものすごくしなやかで素晴らしいフィジカルを持っていて、やっぱり人間はフィジカルな身体を鍛えないとダメだなという結論になったんですね（笑）。

最近、都市の人間はますます情報によって動かされているけれど、やっぱりフィジカルな身体を、つまり五感に頼るような感受性を鍛えないとダメなんじゃないかという考えにより一層傾いています。


――「せんだいメディアテーク」（2001）はコンペ案の抽象的で美しい模型写真［07］も有名ですが、実物を拝見すると、人びとがチューブの周りを自由に歩き回ったり、その周りに集まっていたりと、チューブによって生まれるランドスケープのような空間が印象的です［08］。伊東さんの中で先ほどおっしゃったフィジカルな身体がより重要になってきたのでしょうか。

07

伊東　そうですね、「せんだい」はかなり自分を変えたプロジェクトですね。イチローの話がほぼ同じ時期でこれと絡むのですが、コンペティションのときには本当に意識だけで成り立つような、重力を感じないような建築がありうるかと思っていたんですね。

ところが実際に実施設計になって、構造家の佐々木睦朗さんとやりとりするなかで、そんな構造で建築が成り立つわけがないと言われてしまいました。また施工段階に入ったあとも、スラブを支えるチューブを鉄パイプの溶接で精度高く施工することも困難を極めたわけです。それで現実にできてきたものも、鉄そのものみたいな非常に強固なものでしたが、逆にそのことを肯定したうえでどういう建築があり得るか、ものの強さとか重さとか、そういうことをもう一度考え直すようなきっかけにもなったプロジェクトですね。ですから、そこからは軽いとか透明であるとかっていうことをあまり言わなくなりました。

——『せんだいメディアテーク』はそうした近代主義のなかに

08

浸りながら、他方でそれと対立し、それとの矛盾があらわにされた建築である」(6)と書かれていますね。80年代以降問題にされていたモダニズムに対する批判が「せんだいメディアテーク」の設計に反映されているのでしょうか。

伊東 「メディアテーク」のころから、自然の内にいるような建築ができないだろうかと考えています。モダニズムの思想は、基本的に自然をコントロールできる、常に自然を対象化するという考えだと思うんですね。つまり自然は克服できるもので、自然から切り取られた幾何学的秩序が建築で、それをさらに機能によって切り分けていくということをやってきたんだけれども、そのことが建築を非人間的にしたと思うのです。

例えば、僕は今マンションに住んでいますが、いわゆる3LDKというマンションだと、一年中同じところでご飯を食べて同じところで寝るわけですね。ところが僕が飼っている犬は一晩のうちに何カ所も場所を変え、季節によっても場所を変え、夏の暑いときには玄関のタタキに行ってというように、つまり場所を選んでいるのです。

(「せんだいい」は)ものの強さとか重さとか、そういうことをもう一度考え直すようなきっかけにもなったプロジェクトですね。(中略)そこからは軽いとか透明であるとかっていうことをあまり言わなくなりました。

モダニズムの建築は、人工環境によって南も北も同じような環境を作り、地上階も地上30階でも同じような環境を作り、ひたすら均質化していくわけです。しかし、南と北ではやっぱり環境が違いますから、人間も自然の中にいたら場所を選ばなければいけないのです。一方で、かつての日本の建築のように、自然がそのまま内部に入り込んでいる建築も、現在の社会の中では成り立ちません。例えば、安心安全のために部屋を閉じなくてはいけないとか、空調で人工環境を作らなくてはいけないとかさまざまな制約がありますよね。そうした制約のもとで建築を作るならば、直接自然に開かれた建築ではなく、自然の内にいるような建築が可能だろうかと考えざるを得ないわけですね。

それで、機能という概念ではなく場所を作るということであれば、現代建築でも可能ではないかと思いました。そうした場所の違いを近代主義的な閉じられた建築の中でも作ることができるだろうか、ということを「せんだい」以降ずっと考え続けていて、「みんなの森 ぎふメディアコスモス」（2015）[09]では実現できたように思っています。

「原風景」としての自然

——東日本大震災以降、デザインのテーマを地方や自然へとかなり意識的にシフトされたようにお見受けします。「自然」については『モダニズム建築』に決定的に欠落していたものであると、今では確信で

09

きる。それはいかにして現代建築に回復できるのだろうか」(7)と書かれていますが、自然というテーマの批評性や意義についてどのように考えていらっしゃいますか。

伊東 コロナウイルスはどんな動物でも、あるいは人間の貧富の差も区別なく、首相や大統領もわれわれのような庶民も感染します。そうした状況を見ていると、人間も自然の一部だということを改めて思わずにはいられません。人間だけが特別な存在ではないということをみんなが認識したと思います。これからの社会は「ウィズコロナ」とかいわれていますが、これはそんなに簡単なことではありません。常にコロナという存在を認めながら生きていかなくてはならないということを考えると、やっぱり自然の内にわれわれ人間もいるんだということをもう一度考え直さなければいけないのではないでしょうか。

また先ほどの、自然の内にいるような建築を考えるうえで「原風景」ということに注目しています。「原風景」はそれぞれの人が持っている美化された心の中の風景であると思うのですが、人それぞれに違う「原風景」を抽象化することによって共有できると思うのです。ですから自然を抽象化したような内部空

自然を抽象化したような内部空間を作ることによって、人びとと共有できる、自然を感じさせる建築を実現することが僕の今考えている自然観なんですね。

間を作ることによって、人びとと共有できる、自然を感じさせる建築を実現することが僕の今考えている自然観なんですね。

――伊東さんの作品には光の筒というモチーフが、「アルミの家」などの小さな住宅から「せんだい」のような公共建築まで何度も現れます。光というのは建築空間にとって重要な要素ですから、光の筒は、伊東さんの「原風景」、あるいは人びとが無意識のうちに共有する自然と建築の関係のあり方とつながっているのではないでしょうか。

伊東 光の筒は、「アルミの家」や「せんだい」などに出てくる自分の原イメージですね。それは原風景とは直接関係はないのですが、ただ「中野本町の家」の光は、かなり自分で意識的にコントロールしていたのです。

「メディアコスモス」の場合はグローブと呼ばれる傘のようなオブジェクトが11個点在していて、どこか集落のようになっているわけです。そういう点でなにか自然を感じさせる空間に変わっていくということを自分でも感じていますね。「メディアコスモス」は大きな平面の建物だから真ん中の辺りは周りからの光も届かない。必要なところに必要な光を上から入れていくという作り方をしています。光によって場所を作り、人が場所を選び取る。場所を選べるということが建築にとって非常に重要なことではないかと思うのです。

——近年、自然物の形態を模倣したようなデザインや親自然的な建築を志向する建築家が増えたように感じます。それに対して伊東さんの、原風景として自然を建築に取り入れようとするアプローチは独特だと思うのですが、そうした建築界の潮流を、社会との関係という観点からどのようにお考えでしょうか。

伊東 地球環境への配慮から建築と自然の関係を考える建築家は増えていると思います。しかし僕は建築空間の美しさに関心があるのです。その美しさを人びとが共有できることによって、そこに人が集まると考えているので視点は異なると思います。

「みんなの家」で感じたギャップ

——東日本大震災以降、被災地での活動を通して「多くの建築家は久しく『建築を考えることは都市を考えること』であると思っていた。しかし三陸を訪れて初めて、地域を考えることこそ、明日の建築を考えることにつながるのではないかと思うに到った」(7)と書かれています。被災地での活動や「みんなの家」(2011〜)[10]での経験を通して、考えていることについて教えていただけますか。

伊東 僕はもともと田舎で育って東京に出てきたので、東京という都市に対してずっと憧れもあったし、いつも東京を参照しながら建築を考えてきました。け

れども2000年以降の東京は非常に均質化していって、自分から遠い都市空間になってしまったという印象を持っていました。

そんなときに3・11の災害が起こりました。被災地に行って、そこで暮らしてきた人たちと話していると、自分が作ってきた建築をこの人たちに見せても何の興味もないだろうし、それを見せることすら意味がないような気がしてきたんです。それで一体どういう建築があり得るのかをもう一度考え直さざるを得なかったというのが当初の気持ちですね。その後復興の過程で、実際に仮設住宅や防潮堤が作られていくのを見てきたわけですが、あまりにもそれが彼らの考えている生活像と遠いものであるということがわかってきました。そこで、自分の作ってきた建築はこの人たちにはそぐわないものであるかもしれないけれども、仮設住宅に代わる、それを補塡するような建築だったら自分にも提案できるんじゃないかと思って考え始めたのが、「みんなの家」だったんですね。

そのきっかけになったのは「せんだいメディアテーク」でした。「せんだい」はちょうど3・11のときに10周年で、仙台市民の人たちがすごく愛着を持ってくれていましたが、一部被災してしまったため2カ月間の閉館を余儀なくされました。しかし、こういうときこそみんなの場所が必要だということを強く感じたのです。それで3・11の被災地、津波に遭ったようなまちで、小さくてもいいから毎日でも人が集まれるような場所をなんとかして作りたいと思って「みんなの家」を作ったわけです。「みんなの家」を作ってみて、自分の作ってきた公共建築とのギャップを改めて感じました。このギャップをどうとらえたらいいのか、今も考えていますが、自分の中では、少しずつその距離が近づいてきているような気はします。

社会の外側から内側へ

――伊東さんは「私は、1970年代に建築家としてスタートして以来、設計をするということは批評することだと、ずっと思ってきました」(8)と述べられ、また「批評性」のことをクライアントとのコミュニケーションの「断絶の有無」と定義し、この本のきっかけになった「脱近代的身体像――批評性のない住宅は可能か」(『新建築 住宅特集』1998年9月号、本書18頁に再録)という論考を発表され、批評ではない住宅作品のあり方を建築界に問いかけられましたね。

伊東 70年代からいろんな方法を試みたけれども、結局僕はなかなか素直に社会の中に入っていけないという感覚がありました。そうして社会の外側からの強い批評性を捨てきれないまま90年代になるわけですが、このころ初めて公共建築の仕事をやってみたら住宅で考えているほど甘いものではなかったんです。つまり公共建築の設計からは、より一層社会から疎外されているという印象を持ったんですね。

そんなときに住宅を頼まれたわけですが、その住宅のクライアントたちは自分の初期の作品のクライアントに比べたらすごくいい人たちでした(笑)。こちらの言うことに共感してくれるような、つまり自分の建築を理解したうえで頼んできてくれた人たちだったんです。
それでクライアントとコミュニケーションを取りながら、クライアントが満足するような空間を作っていけばいいだろうと、つまり住宅の場合にはあまり批評的である必要はないんじゃないかとそれ以後は思うようになりました。自分の主張するべきところは公共建築にある、というようなスタンスに変わっていったのがこの時期でした。自分の思想の表現としての建築から住宅が外れていったことが大きな原因ではないでしょうか。

> 住宅の場合にはあまり批評的である
> 必要はないんじゃないか（中略）
> 自分の主張するべきところは
> 公共建築にある、
> というような
> スタンスに変わっていった

公共建築とポジティブな批評性

――その後、奥山信一さんとの対談（8）ではネガティブな批評性とポジティブな批評性という言葉も提示されていますが、こうしたお考えは公共建築の設計を通じて出てきたように感じます。住宅建築に対して、公共建築の批評性のあり方はどのように違うとお考えですか。

伊東 住宅の場合には、われわれと住もうとしている人との間に介在する人はいないので、直接クライアントとお話をしながら設計が進んでいきますが、公共建築では、それを利用する人と設計者とが直接コミュニケーションを取りながら作っていくものではなくて、その間にまさしく公共という自治体が介在しているわけですね。そうすると、本当は、僕らはそれを利用する人のために建築を作りたいのに、そうではないことを強いられるのです。

特に日本の場合、最近のコンペティションでは建物の管理的な側面がとても重要視されているのですが、建物を利用する人びとはそんなことが大事だとは考えませんよね。だからこそ公共建築では、批評性ということがますます重要になるわけです。

——ネガティブな批評ではなくもっとポジティブに社会へコミットできないかという意見に共感する一方で、私たちはある種作家性があるような作品に対する憧れもある。その二つが大きく隔たっているように感じるのですが、それは両立できないものなのでしょうか。

伊東 「みんなの家」とそれ以前の公共建築で感じたようなギャップは自分の建築を考えるうえで大きな問題です。先日、自分が作ってきた四つの公共建築にスポットをあてた展覧会のために、利用者へのインタビューをする機会がありました（9）。そうしたら「座・高円寺」（2008）[11]でインタビューした人たちの中に、「高円寺は都会の中の田舎なんだ」「あそこの2階のカフェは俺んちみたいなんだ」と言ってくれた人がいたんです。

その二人の答えが非常に感慨深くて、東京の真ん中にある高円寺でも「田舎なんだよ」ということは、コミュニティが成り立っているということです。「俺んちみたいなんだよ」ってい

11

うのは、単にカフェやホールとして使うのではなくて、大きなリビングルームのように使っている、まさに「みんなの家」みたいな意味合いで使ってくれているわけです。つまり都会ではなかなか考えられないような活動がここでは行われている。これは作るときにはあんまり考えていなかったことでした。

——なるほど。強い批評性から設計された建築でも、使われる地域や社会の状況によっては社会的な関係の中に積極的に位置づけることもできるのかもしれませんね。

伊東 そうですね。やりようによってはまだまだ日本の都市でも小さなコミュニティは成り立つのではないかと思い始めています。ただ「座・高円寺」が渋谷にあったら成り立つかっていうと、やっぱりそれは成立しないと思うのです。東京の中でも特に商店街の仲間意識が強い高円寺のような地域から、都会の中にもっと田舎を作っていけば、今の東京のような大都市も少しは変わるかなと考え始めています。

一方で大三島でも「みんなの家」をやってみたんですが、そこは全然人が来てくれないんです。しまなみ海道にあるので観光客が自転車で年に何十万人と通過していくようなところなので、観光客と島の住民との間でコミュニケーションが成り立つようなことができればと考えたのですが、なかなか難しい。コミュニティを作ると口で言うのは簡単だけど、実際にはものすごく難しい問題をいっぱい孕んでいますね。

公共建築のコンペティションを見ていると、年々新しい創造性に富んだ建築を作ろうという意識はなくなっているという気がしますし、日本の社会は相変わらず建築家をそんなに必要としていないのではないかと思います。

都会の中に田舎を作る

――価値観が多様化した現代では、特定のターゲットに対して批評的になることが難しくなっており、昨今の建築は、社会に対してより実践的にアプローチするものへと変化していると思っています。一方で、通俗的なものに対して批評的であることによって、文化的な価値を獲得するという建築の批評性には、大きな意義があるとも思うのです。伊東さんはこうした現在の状況をどうとらえていらっしゃいますか。

伊東 僕らが若いころ住宅設計をやっていたときは、篠原一男さんという素晴らしい建築家がいたんですね。それまでの清家清さんとか、あるいは吉村順三さんとか、おもに住宅を設計していた建築家たちは住宅作家といわれていましたが、篠原さんは住宅作品を通してすべての建築を批判する、あるいは批評性を持つということを可能にしたんです。

篠原（一男）さんは住宅作品を通してすべての建築を批判する、あるいは批評性を持つということを可能にしたんです。

それがすごく僕らにとっては勇気を与えてくれました。当時僕らは、大きな建築をやりたくてもチャンスもないので、住宅しか仕事がありませんでした。そういうときに小さな住宅をやりながら、世界を批判できるんだというような気合を込めることができたのです。今はどうしてそういう批判的な精神がないんだろう。すごく不思議です。

『新建築 住宅特集』なんかを見ていると若い建築家たちがかなり充足しているように見えるんです。僕らのころより非常に技術的には熟練しているというか、完成度は高いと思うのですが。僕らの世代はいつも磯崎さんとか黒川紀章さんといった、ひと世代上の建築家を仮想敵みたいにして（笑）、なんで彼らは大きな建築ができて僕らにはチャンスがないんだと思っていたんですが、今の若い人にはそうした気概を感じられないのです。そういう状況は今でもそんな変わらないはずなのですが。僕らの建築に対する批評でもいいから、批評精神を持ってほしい。どうしてなのか、今の人って『新建築』の月評なんか見てもあんまり批判しない。上の世代から見ると逆にフラストレーションを感じてしまいますね。

今の人って（中略）あんまり批判しない。上の世代から見ると逆にフラストレーションを感じてしまいますね。

――たしかに誌面上で議論を戦わせるというのはなかなか見る機会がなくなりました。では、若い建築家たちは今後、どういう姿勢で建築、特に住宅建築に向き合っていけばいいでしょうか。

伊東 たしかに、住宅で批評性を持つということは、なかなか以前のようにはいかないですね。つまり日本という社会が成熟していて、それはそれである意味ではよいことですが、僕らの時代に比べれば建築家はある程度社会の中にけっこう組み込まれているんです。

ただ僕は集合住宅に対しては、まだまだやることはたくさんあると思います。集合住宅はちょっと規模が大きくなると均質化せざるを得ないのですが、それをどうやったら、場所性があるとか、一戸一戸違うものを作っていくことが可能かとか、考えることが必要です。そうでないと都市はもうひたすら均質化してしまいますから。そこでやるべきことはまだたくさんあるので、若い人がもっとチャレンジしてほしいと思います。

――最近は、地方で活躍している若い建築家の作品がメディアに掲載されることが非常に増えた印象があります。地方や田舎の中にも新しい建築の可能性がある、社会につながっている実感がより得やすいという側面があると思うんです。伊東さんも近年は地方での活動を活発にされていますよね。

伊東 僕も少し前までは、もう俺なんか東京でやることなくなっちゃったよと思っていました（笑）。東京中で大きな再開発が行われていて、渋谷のような再開発も間近に見ていますが、そういうことにはまったくもう僕は関心がないし、関心があっても僕らのような建築家はまったくお呼びでないということを強く感じていました。

けれども先ほどお話したように、「座・高円寺」のインタビューで都会の中にも田舎があるんだというような声を聞いて、僕もまだ都会でもやることはたくさんあるなと思い始めたのです。今僕はマンションの8階に住んでいるんですけど、そこから見下ろしていると表通りから一歩裏に入ると木造の住宅が立ち並んでいて、犬の散歩をしていると古くから住んでいるおばあちゃんが声をかけてくれる。でもその木造住宅のほとんどがハウスメーカーの家になってきていることでそうしたやりとりをする機会が年ごとに少なくなってきています。まだまだ都会のなかに田舎を作っていくような仕事はやらなくてはならないなと、思い直しました。

――伊東さんの都市のとらえ方がまた変化したんでしょうか。

伊東 変わってきましたね。高層化、再開発が行われるたびに均質化が激しく進んでいる一方で、そうではない部分もあるわけです。下町で頑張っているような人も東京にはたくさんいるから、そういう人たちをサポートしていくようなことをやらなくてはいけないなと思うようになりましたね。

――伊東さんは時代状況や社会にとても鋭敏に反応しながら、建築を考えてきていらっしゃる建築家だと感じます。建築、あるいは住宅建築の批評性という問題に対しても、伊東さんがこれまで一貫して追求してこられたように、今の社会にどのような建築が必要かと問い続けることで、次の時代への糸口を見つけることができるように思います。

〈註〉

(1) 伊東豊雄「設計行為とは歪められてゆく自己の思考過程を追跡する作業にほかならない」『新建築』1971年10月号

(2) 伊東豊雄『伊東豊雄の建築 1 1971−2001』TOTO出版、2013

(3) 伊東豊雄「文脈を求めて」『新建築』1977年6月号

(4) 伊東豊雄「〈俗〉なる世界に投影される〈聖〉」『新建築』1980年6月号

(5) 伊東豊雄「メディアの森のターザンたち」『透層する建築』青土社、2000

(6) 伊東豊雄「切り分けること—連続させること」『GA DETAIL 02：せんだいメディアテーク』ADA Edita Tokyo、2001

(7) 伊東豊雄『伊東豊雄 自選作品集——身体で建築を考える』平凡社、2020

(8) 伊東豊雄（聞き手：奥山信一）「特集 住まいをめぐる言葉 3 批評性——建築『家』への社会意識」『新建築 住宅特集』2006年7月号

(9) 「公共建築はみんなの家である」展（座・高円寺など）、2020年7月〜2023年10月

坂本一成
クリティカル・フォルマリズム

Kazunari Sakamoto: Critical Formalism

坂本一成｜さかもと・かずなり
1943年生まれ。1966年東京工業大学工学部建築学科卒業。同大学大学院博士課程を経て、武蔵野美術大学建築学科専任講師。同大学助教授、東京工業大学教授を歴任。現在、東京工業大学名誉教授、アトリエ・アンド・アイ主宰。日本建築学会賞（作品）、村野藤吾賞、BCS賞など受賞。主な作品＝「水無瀬の町家」「House F」「コモンシティ星田」「東京工業大学蔵前会館」「佐賀県歯科医師会館」など。主な著書＝『建築に内在する言葉』（TOTO出版）など。

混沌とした社会に対する〈閉じた箱〉

——坂本さんは活動の初期に、「社会的な意味の消去」について書かれており（1）、例えば「雲野流山の家」（1973）【01】のような〈閉じた箱〉を、「現代社会の矛盾と混沌とした文化世界に対する砦」（2）として提案されていました。これらには混乱した都市の状況や住環境の悪化への批評を読み取れます。

坂本　戦後日本の復興期では住宅が多く必要とされ、またこの新たな民主主義の時代に対応する住宅像が建築家に求められました。そうしたときに清家清先生が、これにふさわしい新しい住宅像を描くことで高い評価を得たように、住宅が建築の代表となった時代でありました。それが1960年代になると市庁舎といった大型の公共建築、社会的な施設としての建築が建設されるようになったことで、社会性がなければ建築ではないといわれるほど、社会性が重要視されるようになりました。その当時一般的には、実利性、共有性、公共性といったことが社会性だとして考えられていたと思います。つまり市庁舎といった多くの人が使い、かかわる公共性の高い建物は社会性を持っているが、特定の家族のためにしかならないような住宅は社会性がないと、軽んじられたわけです。

　そうした時代に、僕は建築の勉強を始め、東京工業大学の篠原研究室に入りました。当時は社会性がないといわれた住宅設計においては篠原一男先生が建築家として特に頑張っているよ

01

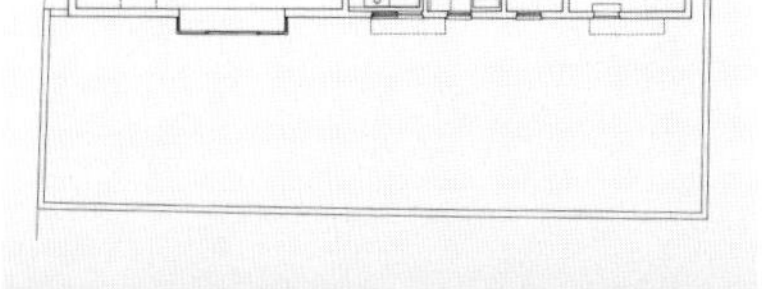

うに思われましたので、住宅に興味があった僕としては篠原研に属したことで救われた感がありました。

設計を始めた当時は、大きな空間の中に生活の場所を作りたいと思っていました。外側はどうであれ、とにかく一つの内部空間としてその場所を作りたかったわけです。それは、当時環境汚染がひどくなっていたことや、伝統的に構成されていた住宅地の中に近代建築的な意匠が入ることなど、地域環境が混乱を起こしていたことも関連していたかもしれません。つまり物理的にも社会的にも混乱した環境に巻き込まれたくない、地域社会の環境から独立した一つの閉じた世界を構築したい、ということだったと思います。それが〈閉じた箱〉(3)というそのころの私の設計の考え方でした。

地域社会の環境から独立した一つの閉じた世界を構築したい、(中略)それが〈閉じた箱〉というそのころの私の設計の考え方でした。

——近代建築的なものというのは、フラットルーフの建物や箱状の建物ということでしょうか。

坂本 そうですね。建物の形態上の問題もありますし、例えば伝統的な土壁や茅葺き、あるいは瓦葺きといった、色も形も均質なもので作られていた民家の集落や街並みの中に、鉄板やトタンといった工業製品が入り込むことによって景観的な混乱も起きていたと思います。つまり、前近代的な秩序のあった環境の中で、それと無関係に付加された近代的なもののあり方が、環境を混乱させたのですが、その当時はそうした環境との連続の中に建築を位置づけることができなかったので、閉じた世界を構築したいと考えていたのだと思います。

――混乱した環境に対して閉じるという態度は当時の建築界でどの程度共有されていたのでしょうか。

坂本 一般的に言えば、清家先生の時代は、開放的で環境と連続した建築ができたいい時代でした。僕もそうした開放的な建築が好きでしたが、社会状況が変わってきたことで閉じざるを得ないと思い始めていました。まさにその当時、篠原先生も内部空間が関心の中心で、ある程度閉じ始めていたんですね。

また僕らの世代では、安藤忠雄さんが都市の砦としての住宅というようなことを言っており、都市に対して閉じるという思いを持っていたと思いますし、伊東豊雄さんもそうした考えだったと思います。結果的に、社会との格闘を求めるような建築家たちはそのころからこうした認識を持っていたと思いますが、そのような建築家はそれほど多くなかったと思います。

――社会に対して閉じることを通して、住宅の社会性について考えていましたか。

坂本 僕も含めて、閉じることで社会性を持たせたいと考えていた人は、当時いなかったと思います。それは社会的な環境とは無関係ではないけれども、自分たちがリアリティのある空間を

作ろうというときに結果的にそうなったのではないでしょうか。つまり、そのことも社会性だったとその後気づくことになります。

事実、当時僕も社会性がないと言われることに対してはかなり落ち込んでいたと思います。そうした思いのなか、住宅の設計をしていたわけです。そうしたなか「代田の町家」（1976）[02]を多木浩二さんに見ていただく機会がありました。僕らはいつも社会性がないと言われて引け目を感じている、というようなことを多木さんに話したら、とんでもない、社会的なことは批評的なことでもあるのだから、あなたの住宅は大変社会的な建築だ、と言われたことが大変印象的で強く記憶に残っています。

建築性と社会性

――多木さんは批評的であることの社会性を坂本さんの作品のどういったところに見出されていたのでしょうか。

坂本 例えば「水無瀬の町家」（1970）[03]では綺麗な木

材を内装に使いながらそれを白ペンキで塗り、またコンクリートの外壁を銀ペンキで塗っています。それは板張りにしたいけれども、一方で木材の持っているソフトなフィーリングを共有したくはないから、またコンクリートの硬さと強さは欲しいけれども、一方で生々しい重さにはしたくなかったからです。それゆえ、素材そのものを残しながら、それを消すという矛盾した扱いをしたわけですが、これらのことはすべて自分にとってリアリティがあるやり方をしていたということだと思います。

　しかし多木さんは、一般的な材料の取り扱いを相対化することは、消費社会が与えているものの意味を操作していることになるのだから、消費社会への批判として成立していることになると。たしかに坂本たちの住宅は公共性という意味での社会性はないけれど、社会性というのは必ずしもプラグマティックなものだけではない。建築が持つ文化的な意味合いとしての批評性は重要な社会性だから、坂本たちの建築は強い社会性を持っている、と言われたのです。先ほどの〈閉じた箱〉についても同様です。多木さんとお話しして初めて、〈閉じた箱〉というコンセプト自体が批評的な建築のあり方を位置づけていたということにも気づかされたわけです。

多木さんは、（中略）社会性というのは必ずしもプラグマティックなものだけではない。（中略）坂本たちの建築は強い社会性を持っている、と言われたのです。

02

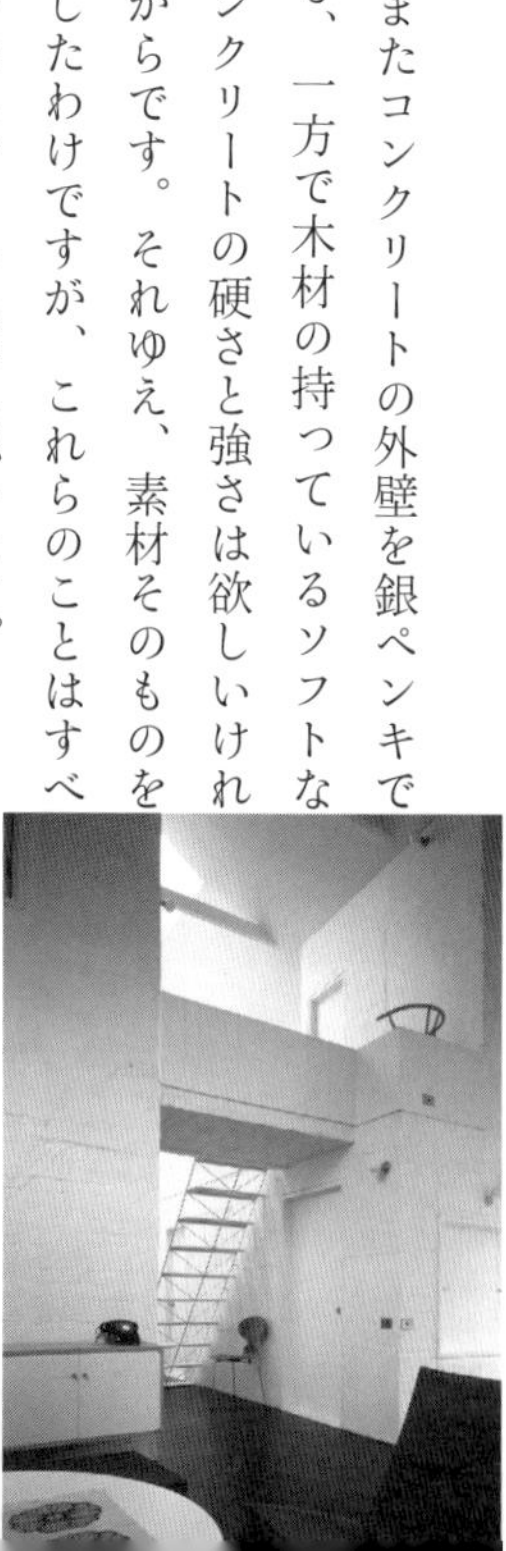
03

――「代田の町家」以降、建築の自律性という問題を意識され、「もし社会が歴史的に成立させた文化、あるいは日常的通念から独立したアプリオリな領域が建築にあるなら、（中略）そのことを〈建築性〉と呼ぼう」（1）と書かれています。その〈建築性〉というのは一体どういうことなのでしょうか。

坂本　住宅は、商品化住宅や集合住宅は別として、一般的には特定のクライアントから依頼を受けて設計するわけですが、その家族の求めだけに合わせると個人的、趣味的なものになる可能性があります。個人の希望に合わせることだけが建築の問題ではない、建築は個人的・趣味的なものを含みながらもそれを超えるものであってほしいと思ったのです。

例えば「代田の町家」では、もちろんそれぞれの部屋は依頼者である家族の使用を想定していることは当然ですが、それらの部屋を全体的な構成からとらえると、大きな部屋があり、それに加えていくぶん小さないくつかの部屋があることになります。そこで、この大きな部屋を中心となる部屋としての「主室」、並列的にある他の部屋を「室」と呼び、さらにそれらの室を動線的につなぐ、いわゆる廊下とかホールなどの室を「間室」と呼び分け、また外部空間も部屋のように囲まれているならば、その外部も「外室」と呼んでとらえます。このように考えると、「室」という単位の隣接

建築は個人的・趣味的なものを含みながらもそれを超えるものであってほしい

関係によってこの建物の構成が成り立っていると位置づけられるわけです。ここで「室」という呼び方をしたのは、使用用途によって部屋のあり方を規定するのではなく、関係的性格によって空間をとらえたいと考えたからです。つまり、用途で建築をビルディングタイプ化するのではなく、「室」の集まりの構成のあり方によって建築を位置づけたい、それがこの建築固有のあり方ではないか。そのことで建築の存在を成り立たせると考えたのだと思いますね。こうした考えがその後、建築構成学に発展していきました。

――それは、建物の用途や規模によらない問題として、建築をとらえたいということでしょうか。

坂本 そうですね。例えば違う家族がそこに住むということでも構わないし、あるいは住宅として使わず他の用途の建物になってもいい。歴史的に見れば、かつての宮殿がその後病院になったり、博物館になったりということはいくらでもありますが、それは建築が室の集合だから成り立つわけです。事実、「代田の町家」は40年近く住んでいた方が高齢のため住まなくなり、売られることになったのですが、そのときにある大学が資料室として使うことを前提に購入を検討されました。結局その後今の住人の方が求められましたから、住宅のまま、また使われているわけですが、もしかすると大学の資料室棟になっていたかもしれないのです。

――建築性は社会性と対立するものとして考えていらっしゃいますか。

坂本 対立するところもあるし、また社会が建築を作っているわけですから連続する部分や並立する部分もあるでしょう。それはさまざまな関係のなかにあるので、そのときの状況によって違ってくると思います。例えば消費社会によって形成されている意味に対して、建築はそれに組み込まれたくないと考える場合、社会性と建築性は対立します。しかし、いずれにしてもわれわれは社会の中にいるわけですから、その消費社会を漂うことのなかに建築の意味が生まれることでもあるわけです。

消費社会における住宅の通俗的なイメージ

——坂本さんは先ほど触れたように「社会的な意味の消去」を追求され、70年代後半には〈家型〉(4)の住宅作品を発表しました。さらに、消費社会に漂う通俗的な住宅の意味を批評的にとらえ、〈イメージの家〉(5)の問題を論じておられます。こうした社会に対する批評的スタンスは、どのように生まれたのでしょうか。

坂本 建物の構成にも、それを形成する材料にも、通俗的と言えそうな社会的意味が投影されているのですが、そうした意味を消去したいと思ってきました。そしてそうした通俗性から独立したところに建築の意味を見出したいということを、建築の固有性や建築性という言葉で説明しました。しかしそれを実現することは、すなわち社会から与えられている意味を零度化することは、できないのではないか、社会はイメージによって建築を位置づけているのではないかと考え始めたわけです。
その意味の構造を探りたいと思い、建築に関するイメージについて考え始めたのですが、建築の意味の問題を考えていくと、結局それは消費社会が与える意味の中に成り立っている、だからそれを操作してもつまらないのではないかと思い始めました。そこでまた建築のフォルマリズム、構成論を前提とするような建築のあり方を考えるようになったのだと思います。

――坂本さんの建築には一貫して通俗的なものに対する批判が込められていると思うのですが、ある時期から消費社会に対する批判をあまり語られなくなったと思います。

坂本 ある種のバランスの中で成り立っているかぎり、資本主義社会や消費社会自体は問題ではないと思っています。それがわれわれの社会を形成しているわけですから、そのなかでの対応で考えるべきではないでしょうか。そんなふうに考えていることが消費社会批判を最近あまりしなくなっているということと関係あるかもしれません。ただ行き過ぎた資本主義社会、極端になり過ぎた消費社会に対しては批判的になっていると思います。

ポストモダニズムと〈家型〉の解体

――70年代以降、ポストモダニズムの流行のなか発表された「今宿の家」（1978）は、『住宅―日常の詩学』（2001）では「マニエリズム化した家型」（6）とされています。しかし、例えばファッショナブルに消費される建築に対して、「形式」が生み出す建築の意味を追求していた（7）ように、ポストモダニズムに対して明確に距離をおいていたように見受けられます。

坂本 僕が建築の勉強を始めたのはモダニズム全盛から少し陰りが出始めていたころで、その後ポストモダニズムという流れになってきたわけです。ポストモダニズムは装飾的、あるいは歴史的なイコンを利用することで、建築の表現の幅を広げようとしたけれども、そのマニエリスティックなやり方、空間のあり方を僕はあまり好きではありませんでした。

あのころ、『新建築』でポストモダニズムに関して多くの建築家による討論会、そして丹下健三さんと篠原一男先生の対談（8）がありました。そのときに丹下さんは「ポストモダニズムには出口がない」というような発言をされていましたが、その後、丹下さんの設計で建てられた東京都庁舎（1991）はまさにポストモダニズムなわけです。そのくらいポストモダニズムは建築界をおおう空気を作っていたという気がします。

――ポストモダニズムの装飾的、操作的なデザインはもともとモダニズムに対する批判であったと思いますが、当時坂本さんもモダニズムに対する批評的な意識はお持ちでしたか。

坂本 モダニズムが類型化、通俗化され、モダニズムの精神みたいなものが消えてきたことに対する批判は持っていました。ポストモダニズムもそういうことだと思いますが、しかしああいったかたちでの批判には賛成ではありませんでした。僕はモダニズムの生き生きとした新たなあり方は評価していたし、当時の建築界にもそういう機運もあったと思います。例えばル・コルビュジエの1920年代の作品に対する評価がとても高くなっていました。

僕はモダニズムも一つの建築のあり方、歴史主義の建築も一つの建築のあり方だととらえていたので、そうしたイズムを意識して実践したことはなかったと思います。だいたいイズムは極端な方向に行くので、僕はそうした極端さを嫌うということかもしれません。

——多木浩二さんとの対談（9）の中で「祖師谷の家」（1981）もマニエリスム的であると触れられていますね。その後の作品では〈家型〉を解体していくような方向になっていきます。〈家型〉を洗練していくという方向性もありえたとは思うのですが、そういう方法を取られませんでした。

坂本 形式がなければ建築にならない、形式が一つの建築の精神を作っているともいえるくらい、形式性というのは重要な概念であるわけです。しかし、一つの形式を繰り返し、ルーティン化していくことによって形骸化していく危険性がある。あの時代、〈家型〉による建築が徐々に形骸化し始めていたと思うのです。そこで、〈家型〉という形式的な問題で建築を位置づけることが妥当なのか、それよりもっと素朴で基本的な空間のあり方について考えるべきではないかということを伊東豊雄さんと議論した記憶があります。それが80年代に入ったころでしょうか。「祖師谷の家」は1981年ですから、最後の〈家型〉ですね。しかしこの住宅でも〈家型〉

04

の解体が始まっています。さらにその解体の仕方が操作的であることへの反省もあったと思います。

『生きられた家』と〈環境としての建築〉

——〈家型〉は多木さんの『生きられた家』(10)から影響を受けていたと思うのですが、その後、「Project KO」(1984)や「House F」(1988)[04]などでは、〈環境としての建築〉(11)をコンセプトに、屋根架構によって空間が規定された、都市と積極的な関係を持つ作品を発表されていますね。

坂本 住宅の文化人類学的なあり方が『生きられた家』の基本的な議論だと思いますので、〈家型〉を考えるうえで『生きられた家』からかなり影響を受けたと思います。しかしその後は、建築の構成的なあり方を〈家型〉という形式のなかにまとめるということではなくて、もっと構築的な空間のあり方こそ建築的だという方向をとり始めました。それは先ほどの〈建築性〉の問題とも関連していると思います。

――それは形の問題、図像といったものではなく、ものや場所の関係性から建築を考えるべきだということでしょうか。

坂本 そうですね。構成材のあり方、それが作り出す場所のあり方、それらのさまざまなレベルでの関係のなかに建築が成り立つのだと考えた結果だと思います。「House F」にそれが一番出ていると思いますね。

――先ほど、〈家型〉という形式に押し込めることにある種の限界を感じたとおっしゃいましたが、それは都市的状況、社会的状況の変化と並行していたのでしょうか。

坂本 都市的状況というよりは、70年代の建築界の状況と関連するかもしれません。僕たちの前に磯崎新さんと篠原一男先生がいますが、当時の若い世代の建築家はこの二人のフォルマリストから強い影響を受けました。もちろん僕や伊東さんもその中に含まれますが、それほどフォルマリストではなかったと思います。70年代の住宅作品は華やかで、極端な形態や形式を表現しているものが多く、それに対して違和感を感じていました。形態や形式ではなく、ある種の関係によって成立している建築、つまり

つまり
オブジェクティブな
あり方ではなく
もっと環境的なあり方が
あり得るのではないかと
考えていました。

オブジェクティブなあり方ではなくもっと環境的なあり方があり得るのではないかと考えていました。

都市へと開く

――集合住宅を手がけられた90年代、特にバブル崩壊以降、資本主義社会や公営住宅の共同性といった現代社会の問題への実践的な提案をされています。「熊本市営託麻団地」(1994)や「幕張ベイタウン・パティオス4番街」(1995)などを設計されている時期に、日常生活に自由をもたらす〈建築の形式〉を論じられるようになりますが、当時の都市や社会への状況認識は、〈閉じた箱〉などで批評の対象であった70年代の状況からどのように変化してきたのでしょうか。

坂本 建築を始めたときに、閉じた世界でこそ建築が成立する、われわれの空間が成り立つんだと思っていたわけですが、結局その閉鎖性自体に息苦しさを感じ始めるわけです。自己完結したものを開くことによってより豊かな空間になるはずだという思いが生じ、ある意味ではその後の活動はこの〈閉じた箱〉をいかに開いていくかということの連続となったと思います。それは空間の物理的な開放ということだけではなく、文化的、意味的なものの解放ということでもあります。「代田の町家」は空間を、建築を開き始めた最初の作品に当たりますね。

その後、90年代に集合住宅にかかわるようになりますが、そのころまでの集合住宅に対する建築家の多くの関心は、いかにコモンスペースを作るかということでした。しかし、そのあり方は閉鎖的で息苦しいのではないかと僕は思ったのです。そこで、できるだけコモンスペースを排除し、あるいはコモンスペースを外に出すことによって、個々の住戸というプライベートなスペースと都市というパブリックなスペースが直接向かい合うような開いた集合住宅のあり方を主張しました。それは、戦後のわれわれの社会が求めてきた地域社会の共有性を、いかに相対化するかということだったのではないかと思います。

――建築家の提案するコモンスペースが共同性を確保するアリバイに過ぎないとして批判されることがありますが、坂本さんはそうした批判を先取りしているように感じました。一方で、近年ではシェアハウスのように積極的に共同性を作り出すような暮らしを提案する建築家も多くいますよね。

坂本 そうですね、この10年来、いかにコモンを作り出すかということがまた社会的なテーマになっていますが、僕はやはり行き過ぎだと思うのです。そういった共有的な部分はある種の秩序を作るという意味はありますが、それに集中し過ぎると過剰で極端な方向に行ってしまいます。特に東日本大震災以降、批評性という問題よりも社会性ということが強く言

この10年来、いかにコモンを作り出すかということがまた社会的なテーマになっていますが、僕はやはり行き過ぎだと思うのです。

われるようになっているわけですね。社会性は必要だと思ってきましたが、それが行き過ぎると、おかしなことになってくる。建築がますます用途主義になっていく。それに対する批判的な意識が僕の中にあるのだと思います。つまり、われわれの社会を形成するあり方のなかである種の秩序を空間として提出したいということだと思います。

建築のスケールとヒューマンスケール

――「House F」以降、「House SA」(1999)[05]や「Hut T」(2001)などを発表され、身体のイメージに対してより批評的になったように見受けられます。例えば「厳格で強固な、そして意味の濃い空間に対応できるほど今日の私達の心身は強固ではない」(12)と書かれており、それとともにスケールや形式が設計のテーマとして現れてきます。

坂本 建築には架構のスケールと人間の身体や活動のスケールがあり、それらは必ずしも一致するものではありません。架構の理論によって人間的なスケールから乖離してしまうことに対して違和感があり、逆に、架構のあり方に関心がなく、人間の活動や身体スケールが特に意識されている建築に対しては息苦しくて面白くないと思います。建築の面白さはそれら二つのスケールのずれをどのように調整していくかというところにあると思うのです。その複合として、建築としての環境、場所ができると考えていたことからそういった発言をしたのだと思いますが、

05

06

身体の問題自体を自律的に意識したことはないと思います。

――身体性ではなく、スケールが問題なのですね。以前「水無瀬の町家」[06]の外観を拝見したときに、2階建てとも平屋とも言えないような不思議なスケール感を持っていることに驚かされました。それは軒の高さや窓の配置から生まれているのだと思っていましたが、それは、架構のスケールと身体のスケールの間のずれを操作しているということなのでしょうか。

坂本 そうかもしれませんね。スケールの操作が私にとっては表現になりやすいという気がします。それは直接的な表現という意味ではありません。少し前から感じていたんですが、僕は極端なことや行き過ぎることはなかなか受け入れられません。それは他の建築家の作品を評価するときだけでなく、自分の建物の作り方の中にも大きな問題としてあると思います。「水無瀬」をご覧になって、その軒などの扱いが一般的な高さと異なるということを感じられたようですが、それはプロポーションやスケールの扱いによって建築のあり方をずらすことになるということだと思います。

例えば、これは二階建て、これは平屋といったように、スケールは建築のある種の類型を位置づけるわけですが、僕にはそのような類型化を避けたいという思いがあります。それは、意味がそこで閉じてしまうことを解放したいということでもあります。

「House SA」にしても「Hut T」にしても、スケールによるところが大きいと思いますが、建築の構成のあり方を曖昧化させ、両極に行くことを避けることで、両方の方向をあわせ持ちたいと思うからです。このように、世界のあり方を相対化するということは、批評性になり得るのではないかと思います。

アンチクライマックスの建築

——坂本さんの師である篠原さんは、住宅設計は文明批評であると述べ(13)、人間の精神に働きかけるような建築を目指されていたと思います。篠原さんの建築の批評性はどういったところにあるとお考えですか。

坂本 われわれの生活している社会、現実のあり方をいかに超えられるか。つまり、日常の中に非日常性をいかに獲得できるかということが篠原先生の大きな願いだったのではないかと思います。現実のなかに非日常的な世界を獲得することができるということを示すという意味では批評的であったかもしれません。それはやはりスケールに一番極端に現れていると思います。篠原先生の空間は、初期の住宅ではインティメイトな印象を持っていますが、後期になればなるほど大きなスケールによってできているので、身体的な人間のスケールとのずれが大きくなるわけです。僕はそうしたことへの憧れと違和感を感じていました。

——そうした非日常性に対して、坂本さんは日常的なものの取り扱いのなかにもそれを相対化するようなやり方があり得るのではないかという、日常の詩学というテーマにつながるわけですね。

坂本 篠原先生はある時代から、大きな空間を作ることによって日常的なレベルを超えようとされていました。僕がちょうど建築の勉強をし始めたのもそのころで、そうした大きな空間に憧れていましたので、僕の最初の「散田の家」(1969)という住宅では、天井高も高い大きなワンルームのヴォイド空間を作ってその中に人が住まう場所のあり方を提案したいと考えました。しかし、現実条件によっては必ずしもそうすることができるわけではないわけです。そこで「水無瀬の町家」ではかなりスケールを落として、小さなスケールの中でできる可能性を追求したと言えますが、それは日常性の内での拡張のなかで空間をとらえようとしたのだと思います。それで多木さんが、篠原一男の建築はクライマックスな空間であるのに対し、坂本の建築はアンチクライマックスな空間だという言い方をされましたが(14)、それでも、どちらも建築の精神性みたいなものを見出したいということは共通していると言っていたんですね。

篠原先生は幾何学性を好みました。僕は直接的な幾何学的形態を受け入れることはできませんでした。かといってアモルフな形がいいというわけでもないので、やはりどんなものでも行き過ぎた方向への批判が自分の中にあるような気がしますね。

研究活動の批評性

――坂本さんは「建築における図像性」(15)から『建築構成学』(16)など、数多くの研究をされ、そこには〈イメージの家〉や〈建築の形式〉といった、設計のコンセプトにつながるような題材が見られます。批評性という観点において、設計という実践活動と大学での研究活動の関係をどのように考えていましたか。

坂本 研究活動自体が批評的であることは直接的には意識していませんでしたが、結果的には批評的でありえたかもしれません。建築をどのようにとらえるか、あるいはいかに相対化してとらえることができるか、つまり建築の認識論的な問題について研究を通して当時の学生たちと一緒に考えていた結果だと思います。あるときは家や建築の形に関してのイメージ研究を行い、あるときは構成学と称して、建築の構成的なあり方を問題にしたのですが、それらは建築が社会に現象するあり方や、建築を作り出す方法に対応していたのだと思います。

――それは、研究において建築や社会と建築の関係をとらえる視点が、ひいては建築の創作にもつながるということでしょうか。

坂本 なんらかのかたちで建築は社会性を持たないと、自己流になってしまったり、趣味的になってしまったり、まさにお遊びになってしまうわけです。そこでいかに社会性を成立させるか、社会との接点がどこに求められるかということが問題になるわけですが、僕らは直接公共の役に立っているわけではないし、プラグマティックなわけではないですから、やはり批評的であることが私たちのリアリティを、社会との関係を作っているのではないでしょうか。批評性がベースになっているからわれわれは設計という仕事ができるのかもしれません。

そういう意味では、篠原先生は本を出版することや雑誌に発表することによって建築を社会化することを強く求められたわけですけれど、必ずしもそうした方法でなくてもよいのです。自分たちがものを作ることのリアリティを獲得できるかどうかが、批評性の大きな前提になっているのではないかと思います。

批評性がベースになっているからわれわれは設計という仕事ができるのかもしれません。

3・11以降の行き過ぎた社会性

――先ほど行き過ぎた社会性、行き過ぎた消費主義というお話がありましたが、東日本大震災以降、建築を社会に接続する方法がリテラルに考えられている状況に対して、どのように考えていますか。

坂本 現代社会がそういう方向になっているということは事実だと思いますし、社会活動それ自体がわれわれの生存のあり方の一つだろうと思いますから、そのような社会との連携は意味あることと考えます。ただ、建築の意味の問題として、建築論としてそれを位置づけることは限定的なことではないかと思います。

——篠原さん、伊東豊雄さんとの鼎談（17）の中で、住宅建築に批評性を求めづらくなってきているという議論をされていますが、今の状況もその延長線上にあり、建築家が批評性について議論する土壌が失われてきているということを感じています。

坂本 たしかに、声高に評論をすることや批評することがなかなか困難な時代になってきているとは思われますね。しかし批評性をともなわないと、文化的な価値を獲得できなくなるのではないでしょうか。批評性がないものを作ったとしても、結局皆ゴミになってしまうのではないかと思ってしまいますね。いや、現代においてはゴミも文化になるかもしれませんが（笑）。

形式性と社会性のバランス

——坂本さんは行き過ぎた社会性や行き過ぎた資本主義について言及するとともに、〈クリティカル・フォルマリズム〉という言葉をたびたび使われていますね。

坂本 みなさんと比べて僕は少し長い時間生きているからわかるような気がするのですが、われわれの社会はあるときはある方向に引っ張られ、あるときは別の方向に行くというように、常に動いているんですね。建築も社会的な産物ですから、常に動いているわけです。例えば60年代は社会性が強く主張されましたが、その後70年代ごろから形式や形の優位性、つまり建築のフォルマリズムが強く表れてきた時代があり、それがしばらく続きました。そして近年、特に2010年代以降、また社会性が強く主張される時代になってきていると思います。

建築というのは形式がないと成立しませんから、フォルマリズムが必要なんですね。一方で、なんらかのかたちで社会との関係を結ばなければ建築の存在意義はなくなりますから、社会性もまた必要なわけです。このように考えれば、その両方のなかにわれわれは浮遊しているのではないでしょうか。僕自身も、建築の形式がなければ建築にはならないと言っているわけですから、ある部分ではフォルマリストであるわけです。しかし、フォルマリズムを推し進めるつもりはありませんし、むしろフォルマリズムを相対化することによって新たな建築のあり方を求めることができるのではないかと思うのです。かつてのフォルマリズムを相対化させる、批評することによって自分の立場を見出していけるのではないか、そのようなことから〈クリティカル・フォルマリズム〉という言葉を最近使っているのですが、それは〈クリティカル・ソーシャリズム〉でもいいわけです（笑）。つまり、極端な方向に行かずに、それを相対化するような建築が、自分がよしとする建築のあり方だと今、思っています。そこで結果的に批評性を獲得できればいいと思いますが、それは批

フォルマリズムを相対化することによって新たな建築のあり方を求めることができるのではないか

評性を獲得するために建築を作るということではありません。ですから、あまりにも声高に批評性を前面に出すことに対しても、いかがなものかなと思いますね。

――つまり〈クリティカル・フォルマリズム〉は、坂本さんが建築家としてのキャリアを通して求めている建築のあり方を表す概念なのですね。これからの建築家は住宅建築における批評性についてどのように考えるべきか、このインタビューの総括としてお話しいただけますか。

坂本 しんどいテーマですね（笑）。いろんな意味で大変な時代になってきたなという気がしています。今回のテーマである批評性は建築の意味を成り立たせている重要な事柄の一つですから、僕はやはりそのなかで建築を成立させたいと思います。これだけ戸建て住宅を建築家がかかわって作る国は少ないわけですから。住宅という建物はもっと素朴なもので、批評性なんて関係ないという考えが、グローバルな世界では当たり前だと思うんですね。そういった意味で批評性というのは日本の建築家たちの特異性かもしれませんが、もしかしたらグローバルな世界においても建築の大きなテーマであるかもしれませんね。

みなさん大変だろうなと思いますが、ある種の主義主張のために建築を考えても意味がありませんから、とにかくリアリティが持てること、自分たちの感性を大事にされたらいいと思います。バシュラールの言葉に「認識論的障害」というのがありますが、これは何かをやって求めていくとその結果、極端になり過ぎる、自分が専門的になればなるほどその他のことが見えなくなるということがあるということです。もちろん極端にやらなければできないこともあるけれど、他が見えなくなってしまうことには気をつけていただく必要があるかもしれません。他人のことだけではなくて自分もそうだと思いますけれどね（笑）。

——坂本さんは建築の意味を非常に論理的に考えてこられた建築家の一人だと思いますが、その一方で生身の人間として、もののあり方に対する感覚を非常に大事にされていらっしゃいますね。今回のインタビューを通して、坂本さんが感じたことが事後的に論理化されていき、また論理化されることで新たな実感を生んでいくという、感性と論理のバランスのなかに坂本さんの建築の批評性が成立しているのだと改めて思いました。

〈註〉
(1) 坂本一成「住宅における建築性」『新建築 11月臨時増刊 昭和住宅史』1976
(2) 坂本一成「〈閉じた箱〉〈記号的表現〉そして〈即物性〉」『現代日本建築家全集 24』三一書房、1973
(3) 坂本一成「散田の家」『新建築』1970年2月号
(4) 70年代後半に切妻のファサードをもつ作品群を発表し、住宅において人が住まう場の概念をトートロジー的に表象することで、住宅という機能だけを意味することができるような「記号性機能体」としての〈家型〉

というコンセプトを提示した。

(5)「所有対象としての住宅を超えて――〈イメージの家〉から〈家のイメージ〉へ」(『新建築』1981年4月号)の中で、「現在の所有としての住宅は住むべきものというイメージ、それ自体が住む家となってしまった。(中略)そのことの端的な例は、いわゆる建売住宅、商品化住宅というものを見ればよいであろう。それらの住宅の滑稽さのひとつの理由は、それが現実の住宅ではなく、〈イメージとしての家〉が現実化されていることにある」と述べ、消費主義社会において住宅が商品化し、所有対象としてのキッチュな〈イメージの家〉へと変化していると論じた。

(6)坂本一成『住宅――日常の詩学』TOTO出版、2001

(7)坂本一成「建築の形式の発見」『新建築 7月臨時増刊 2001年の様式』1985年7月号

(8)『新建築』誌で〈近代建築をどうとらえるか〉と題した連続シンポジウムが行われ(『新建築』1983年1・5月号)、それに続くかたちで丹下健三と篠原一男による対談「ポスト・モダニズムに出口はあるか」(『新建築』1983年9月号)が行われた。

(9)坂本一成・多木浩二『住まい学体系074 対話・建築の思考』住まいの図書館出版局、1996

(10)多木浩二『生きられた家』田端書店、1976(のちに改稿、『生きられた家――経験と象徴』青土社、1984)

(11)坂本一成「〈かたちとしての建築〉から〈環境としての建築〉へ」『建築文化』1986年6月号

(12)坂本一成「構成の形式としての建築」『小さい建築に大きい夢を――世紀末を突きぬける言葉と形』アーキテクチュア・オブ・ザ・イヤー展実行委員会、1994

(13) 篠原一男「住宅は芸術である――建築生産と対決する住宅設計」『新建築』1962年5月号

(14)「先ほど篠原さんはロマン主義者だと言いましたが、それは精神的なクライマックスに達する状態を建築にすることなんです。けれども、私が坂本さんに見いだすのは、アンチクライマックスなんです。あるいは脱クライマックスなんです」前掲(9)

(15) 坂本一成「建築における図像性―建築のかたちの意味 I〜V」『建築文化』1985年7〜9・11月号、1986年2月号

(16) 坂本一成・塚本由晴・岩岡竜夫・小川次郎・中井邦夫・足立真・寺内美紀子・美濃部幸郎・安森亮雄『建築構成学』実教出版、2012

(17) 伊東豊雄・坂本一成・篠原一男「鼎談 世紀の変わり目の建築会議 第2回 建築の問題は〃コンビニ〃から生まれる?」『建築技術』1997年2月号

Interview

隈 研吾
商品としての建築を超えて

Kengo Kuma:

Beyond Architecture as a Product

隈 研吾─くま・けんご
1954年生まれ。1979年東京大学大学院修士課程修了。コロンビア大学研究員などを経て、1990年隈研吾建築都市設計事務所を設立。慶應義塾大学教授、東京大学教授を歴任。現在、東京大学名誉教授。村野藤吾賞、日本建築学会賞（作品、教育賞）など受賞。紫綬褒章など受章。主な作品＝「水／ガラス」「那珂川町馬頭広重美術館」「根津美術館」「浅草文化観光センター」「国立競技場」など。主な著書＝『負ける建築』『自然な建築』『点・線・面』（以上、岩波書店）など。

大衆の欲望としての住宅

──隈さんは1980年代後半から90年代前半にかけてキャリアを開始されました。当初から建築界に向けた批評活動を積極的に行っておられ、篠原一男さんの『住宅論』（1）のパロディとして『10宅論』（1986）（2）を書かれましたが、当時の社会情勢や建築事情についてお話しいただけますか。

隈 『10宅論』は、私がニューヨークのコロンビア大学に客員研究員として滞在していたときに書いたものです。当時、日本の建築シーンでは篠原一男さんや安藤忠雄さんが、若い建築家たちに大きな影響を与え、中心的な存在でした。例えば、1976年に建てられた安藤さんの「住吉の長屋」は、コンクリート打放しの仕上げが特徴的で、若い建築家たちがこぞって真似をしましたが、そのような状況を批評したかったのです。

またこの本は、個人が自分の家を買うことへの欲望に対する批評意識から出発したものでした。これは、私が出版したのとほぼ同時期の、上野千鶴子さんによる『家父長制と資本制』（1990）と同じような理論的基盤を持っていますが、郊外に家を持ちたいというような大衆的な欲望を批判したんですね。

20世紀のアメリカでは住宅ローンという制度が、国民に自分の住宅を私有するように働きかけるようにして、住宅私有の欲望が具現化されました。その政策は20世紀の経済活動の基礎となっていたんです。人びとは自分の家を持ちたいと願い、そして建設会社はその家を建てることで収入を得ることができる。また、住宅ローン制度は人びとを非常に保守的にしました。社会が安定した状態でなければ、自分の家を持つことはできません。家を持つことによって、人びとはより保守的になったといえます。上野さんは、マルクス主義フェミニズムの立場をとっていますし、フリードリッヒ・エンゲルスが『住宅問題』（1872）で論じたことがこの議論のベースになっているんです。上野さんの本からはいろいろなことを学びました。

建築家による小さな戸建て住宅は、一見とても批評的に見えるのですが、住宅私有の欲望にもとづいている点で、実はとても20世紀的な商品なんです

――戦後の日本が住宅需要の問題を解決する過程で、アメリカ由来の持ち家政策が定着したことを論じられています。『建築的欲望の終焉』（1994）では、「住宅の私有を試みる労働者はローンの支払いに追われ、かつての農奴と同様に、土地に縛られ、労働を強制されるのである」（3）と書かれ、持ち家政策によって人びとが保守化したことも指摘されていますね。

隈 そうですね。篠原さんと安藤さんは、実は20世紀の経済システムと結託して、そうした制度を支えていたともいえるんです。建築家による小さな戸建て住宅は、一見とても批評的に見えるのですが、住宅私有の欲望にもとづいている点で、実はとても20世紀的な商品なんです。

01

カジュアルな住まいとしての小屋

――先駆的な建築家への批評からキャリアをスタートさせるというのはユニークですね。そうした批評は隈さんの建築にも表れているように思います。住宅を批評しながらも、最初のプロジェクトとして「伊豆の風呂小屋」（1988）[01]という小さな住宅を手がけられました。「日本の家」展（2017）では、「整地されていない斜面にひっかかったような建ち方、形の衝突、板金、ガラス、木、竹材料のコラージュは、形式としての完結性を弱め、よくある権威付けから建築を解放しようとする修辞である」（4）と評されていますが、この住宅の批評性をどのようにお考えでしょうか。

隈　まず、「風呂小屋」という作品名が、篠原さんや安藤さんの住宅作品への批評だったんです。というのも、私は「住宅」という名称を使っていません。篠原さんたちにとって「住宅」とい

うのは特別で神聖な、素晴らしいものを意味していたんですね。「風呂小屋」というのは逆に、そこに住んで風呂に入るだけという非常にカジュアルな場所です。当時の住宅作品に対する批評を作品名に込めたんですね。

二つ目のポイントは材料で、コンクリートの表現とはまったく逆の、安っぽい素材でできています。彼らにとって打放しのコンクリートは、住宅を特別な、モニュメントとしてのお城や教会のようなものとして演出するための材料だった。一方、私が使った素材は、波板と近くの森から切り出した竹を組み合わせたもので、打放しコンクリートの表現とは対極に位置します。

建築を消す

――その後、マニフェスト的な書籍『反オブジェクト』（2000）では、20世紀のモダニズムやポストモダニズムといった建築の枠組みを、巨大で環境から切り離され、時空間のとらえ方が貧弱な「オブジェクト」であると批評され、それに対する自分の建築を明確に位置づけていました。こうした批評的スタンスは、どのように生まれてきたのでしょうか。

隈 80年代は、ポストモダニズムがさかんな時代でした。私はポストモダニズムに対して、良い面と逆の面それぞれの評価をしています。モダニズムは歴史を無視した工業化時代のデザインの思想でしたが、ポストモダニズムは歴史の重要性を再認識し、建築を歴史につなげようとする思想でした。私はそうしたポストモダニズムの姿勢にとても影響を受けました。
ただ、ポストモダニズムにはもう一つ、アメリカのナショナリズムとしての側面があります。その意味ではポストモダニズムの建築は、ギリシャ・ローマ建築のコピーに過ぎない、いかにもアメリカ的な建築です。私はそのような態度はまったく受け入れられませんでした。私は日本人ですから、例えば『10宅論』で分類した「清里ペンション派」のような、アメリカのナショナリズムを再生産したような安っぽいクラシック建築のファッションよりは、日本の歴史や伝統に接続したほうがいいと思ったのです。『10宅論』では、そうしたポストモダニズムのある側面を批評し、そこに表れている矛盾について書いていたんです。

――『反オブジェクト』では、「水／ガラス」（1995）[02]や「亀老山展望台」（1994）といったプロジェクトが、そうした「オブジェクト」的な建築に対立するあり方として述べられていますね。

隈 当時、私はモダニズムやポストモダニズムとともに、篠原・安藤派の建築を批評しようとしていたのですが、それは彼らの建築が独立したモニュメントを作るという、同じ思想にもとづいているという印象からでした。これはとてもアメリカ的だと思います（笑）。

02

それに対して、私は建築を消したいと考えたのです。「亀老山展望台」の設計には、新しいタイプの環境、つまり、本来の環境から切り離されない連続的な環境を作りたいという思いが背景としてありました。「水／ガラス」も同様に、環境との連続を作るための試みです。外から見ると強い表情のファサードがありませんが、中に入ると太平洋の海との関係を感じることができるというものです。

――隈さんは言説を通じて、完結し、閉じていて独立した「オブジェクト」を批評されていますが、環境と建築を連続させることは、ある種の新たな全体性を獲得することにつながるのではないでしょうか。

隈 建築と環境とを連続させることと、建築が建築としての全体性を持つことは矛盾しません。建築の全体性を、僕はいつも大事にしています。

モダニズムとポストモダニズムにおける物質性

――『反オブジェクト』のもう一つ重要な批評の対象として、物質性があげられます。ル・コルビュジエへの批判からブルーノ・タウトの素材に対する意識の違いに言及され、「ひとつひとつ物質を選択し、寸法を与えディテールを決定する作業を繰り返せばよかったのである。本当に新しい建築を作る時、人はそのようにして作業をする」(5) と書かれています。ご自身の人間と素材の関係に注目した実践は、「くま

03

のもの」展（6）にまとめられ、空間に偏重して素材を軽視したモダニズム建築、またモダニズム建築における人間の主体性の不在に対する批評を読み取れます。住宅作品では、例えば「プラスチックハウス」（2002）[03]や「鉄の家」（2007）で、一般的な建材を使わず、独特なディテールを用いていますが、どのような社会状況が背景としてあったのでしょうか。

隈　90年代初頭、バブル経済が崩壊しました。東京のプロジェクトはすべてキャンセルになりましたが、私は地方のプロジェクトで新しいテーマを見つけることができました。地方で仕事をすることで、建築の素材というテーマで、新しい局面を迎えることができるようなヒントをたくさん得たのです。しかし、地産のものや伝統的な素材を使うことで、ノスタルジーに浸ることはしたくない。むしろ、ポストモダニズムにあったようなノスタルジーを批判したいと思っていたんですね。でも、モダニズムのコンクリートや鉄を超えたいという思いは変わらない。「プラスチックハウス」と「鉄の家」

では、新しい素材を使いながら、そういう二重の縛りをかけた結果なんです、いわば股裂き状態ですね。

工業化社会における場所性

——隈さんは2000年代後半以降、特に2011年の震災からはより社会的なテーマと関係するようになりますね。初期の批評の対象は、建築家や大衆的な消費社会に向けられていた印象がありますが、例えば『場所原論』（2012）（7）の中では、工業化社会によって建築が場所から切り離されたことを指摘され、建築の物質や場所に着目することの重要性を論じられています。

隈 私は横浜で生まれましたし、基本的には東京を拠点に活動しています。バブルが崩壊して地方で仕事をしていたころ、特に高知県梼原《ゆすはら》町で、地方と初めて出会ったといえます。大工さんや左官さん、竹細工の職人さんなどと一緒に仕事をしましたが、すべてが新鮮でした。材料やものづくりの新しい体験が、自分を変えていったと言えます。その田舎体験のなかで、ポストモダニズムを超えるヒントが見えてきたんですね。

ポストモダニズムの建築は、アメリカあるいは日本という国家の

> 材料やものづくりの新しい体験が、自分を変えていった（中略）ポストモダニズムを超えるヒントが見えてきたんですね。

アイデンティティにもとづいたものでした。しかし、地方の小さな村では、人びとはとても限られた世界の中で生活しているので、国のアイデンティティにとらわれることなく、場所と自分を結び付けているのです。彼らの暮らし方には、本当に感心させられます。それをデザインに置き換えることができれば、ポストモダンを超え、さらにはモダニズムを超えたものになると考えました。それが梼原の一連のプロジェクトで試みていったことです。

――今や「和の大家」とも呼ばれる隈さんですが、さきほどおっしゃられたように国家ではなく場所に隠された特徴を引き出そうとされています。場所の問題を産業化社会における国家の弱体化と関連づけられていますが、「新国立競技場」（2019）[04]など国家的プロジェクトを手がけられた隈さんの、国家という枠組みについてのお考えをお聞かせください。

隈 国家を建築で表徴することは、もはや不可能であるし、必要ないと僕は考えています。国立競技場に携わって、さらにその思いを強くしました。

新たな時代の自然な建築

――2011年以降、「自然な建築」を中心的なコンセプトに掲げられていますね。近年のあるインタビューでは、モダニズム建築と自然との関係を改めて批判され、「このような典型的なモダニズムのスタイ

04

05

ルに倣うべきではありません。新しい時代、新しい自然の時代のデザインの象徴となるような建物を作るべきだ」（邦訳引用者）（8）と述べておられます。例えば「Glass/Wood」（2010）[05]では、自然と建築、そして社会との間にどのような批評的関係があるのでしょうか。

隈「亀老山展望台」や梼原でのプロジェクトで、自然という新しいテーマに出会いました。ミース・ファン・デル・ローエやル・コルビュジエが自然の中にぽつんと建つ別荘を設計し、自然は一つの大きなテーマとして語られることがありますが、彼らの戦略は、自然とは対比的な建築を作ることでした。自然の中にガラスの箱、あるいはコンクリートの硬い箱など、非常に硬い幾何学的なものを意図的に作っています。それらは非常に工業的な材料で成り立っているんですね。

　私は、幾何学や材料で自然を対比的に扱うというより、調和を生み出したいと思っています。厳密で独立した幾何学ではなく、ソフトな形状、ときにはT字形やL字形のような形状を試みています。私はジグザグで角がたくさんある雁行プランをよく使いますが、これは自然と建物とが一体となるような形なんです。これは日本的な発想で、日本人の自然に対する考え方はコントラストを作らず、つなげるということです。

「Glass/Wood」は、50年代に建てられた住宅への増築ですが、敷地はフィリップ・ジョンソンの「ガラスの家」(1949)のすぐ近くなんです。「ガラスの家」は正方形で完結していますが、私の建物はL字形です。私は、できるだけ長い縁側空間を作りたかったのです。素材も自然にある木を使っていて、自然をどう取り込むか、それがこの作品のテーマです。フィリップ・ジョンソンの家とは対照的です。

――建築における自然というテーマは非常に興味深いですが、その実現が困難な場合もありますね。近年、多くの建築家が自然を模倣した有機的なかたちをデザインすることで、イメージとしての自然をコピーしているように感じます。

隈 自然の模倣は、70年代にはよくあるやり方でした。例えば黒川紀章さんは、自然との関係を考えたパイオニアです。メタボリズムのとき、彼は自然の論理やシステムを建築のデザインに持ち込もうとしました(9)。でも結局、彼のメタボリズムにおける自然のシステムは、本当の自然ではなく、建築に適用された機械的なシステムに過ぎなかったんです。黒川さんは、円錐形のデザインを取り入れるなど、自然を建築の形態で表現することもありました。しかし彼の自然の定義は初歩的で、やはり建築の作り方として自然の形態を単純に模倣しているだけなんですね。黒川さんの考えには、ヒントもたくさんありましたが、私にとっての自然は、形ではなく関係性の中にあるものなんです。黒川さんは私の反面教師ですね。

——「亀老山展望台」について、あるインタビューで「自然というもの自身を**人間が作り出したフィクション**だと考えているんです」(10)とおっしゃっていて、自然を模倣した形態をデザインするような建築家とは自然の概念が違うように感じます。

隈 そうですね、自然というテーマを使うときには絶えず、自分たちのやっているのは自然とはいってもやっぱり本当のピュアな自然じゃなくてある種のフィクションだ、という自己批判を忘れちゃいけないと思っているんです。黒川さんは逆に、自己批判が感じられないようなやり方で、自然ってすごいだろう、山の形をしていてすごいだろうというような作り方をされていたので僕は反発を感じました。

僕にとっては、僕が打ち出している自然も一種のフィクションであって、自分の自然に対する愛情さえも、やはりフィクションである可能性があるということを忘れてはいけないと考えている。僕は、こうした自己批判、あるいは自分に対する破壊のようなことを絶えずし続けているんだと思いますね。

「住宅」批評

――隈さんは設計活動と言説において、住宅建築あるいはより広く建築のあり方を、経済的な制度や建築が成立している社会の状況との関係のなかで考えていらっしゃいます。『10宅論』もその一例かと思いますが、隈さんは住宅という建築をどのようにとらえておられますか。

隈 近代的な作品主義は、すごくかっこいいけれど、要するに商品なんですよ。商品として完結したものを作って売っているに過ぎない。篠原・安藤派の住宅は、基本的には商品のかたちをちょっとアーティスティックに変えただけで、値段もそれで何倍にも跳ね上がっているわけだけど、結局洗練させただけの商品なんですね。逆に僕は、人間の生活に建築家がなんらかの貢献ができるとしたら、商品を作ることではなくて、流れ続ける場を用意することではないかと思ったんです。

日本の都市が失ったのは、大工さんが作り続け、改修し続けていく家のように、今のコンクリートのスクラップアンドビルドの都市とは違う、流れ続けていくような都市だったわけですよ。日本の家というものは、昔は「普請道楽」と言って、絶えず大工さんが入ってちょっとずつ直していって、間取りもどんどん変わっていくというような、流れ続けるシステムだったんですが、工業化住宅というのはまさに商品として、例えば一戸3000万円で買う完結した商品になってしまっているんです。それも、少し古びてきたら取り壊して、また新しいものを買うみたいなサイクルですよね。商品としてものを販売するという資本主義のシステムのなかで、少しかたちを変えたのが今の住宅という商品なんですね。

――資本主義社会に組み込まれていることにナイーブな建築家、また大衆的な欲望を持った消費者と建築家の共犯関係のようなものへの批評意識から、オルタナティブを追求されてきたのですね。

2005年に行われた塚本由晴さんとの対談のなかで、「批評性とは、簡単に言ってしまえば、ブルジョワ的な悪趣味に対していかに批評性をもち得るかという基準です。要するに、昔の金持ちとオレは違うんだということを何とか説明したい。その手の批評性では結局、ある程度貯まったお金で家を建てる、つまり得たものをかたちにするというリプレゼンテーションという行為を抜け出せなかった。(中略)見せるための住宅ではなく、つくるための住宅、生きることがイコールつくることみたいな住宅にならないとおもしろくない」(11)とおっしゃっています。現在、隈さんは住宅における批評性という問題をどのように考えていらっしゃるのでしょうか。

隈 僕は形態や材料によって、篠原・安藤派のコンクリート打放し住宅のアンチテーゼをやろうとしたわけですが、それでも結局はある種の商品を作って、完結したデザインをしていることは変わらない。でも実際に建ててみると、さらに時間という要素が入ってくるんです。そこで、未完結のものを住宅として用意して、それがどんどん変化していくような住宅のあり方が可能ならば、批評性というものがさらに次の段階に行けるんじゃないか。

一方コンクリート打放しは時間を止める、固定化するみたいな側面がすごく強いわけです。完結した形態として、そこで時間が完全に凍ってしまう、永遠の時みたいな感じがする材料ですよね。僕は逆に、どんどん色が変わってくる木とか、劣化していくものとか、永遠の時を感じさせないような材料に興味があって、同時に建築のあり方もどんどん変わっていくような建築を作りたいと思っているんです。

シェアハウスを僕自身で運営しているのも、その一環としてやっているんですね(12)、シェアハウスはフレームだけを用意して、あとはみんなで作っていくみたいなものですから。住人もどんどん替わるし、それとともにまたインテリアも変わる。時間が凍ってしまったようなものではなくて、流れ続けるみたいな状態をデザインすることが、住宅や建築にとって一番面白いことじゃないかなって思い始めています。

どんどん変化していくような住宅のあり方が可能ならば、批評性というものがさらに次の段階にいけるんじゃないか。

――篠原一男さんのように、住宅の設計において社会や通俗的な文化を批評するような建築家の言説、作品というあり方も、戦後日本の住宅建築の批評性という問題にはあったと思いますが、隈さんは社会に対する批評というよりも、建築家、建築界への批評をされているように感じます。

隈 篠原一男や安藤忠雄に代表される「社会批判」が、基本的には住宅私有をエンジンとする20世紀システムに貢献しているだけだということを、僕は言い続けています。それは建築家批判を通じての20世紀批判なわけです。モダニズムの建築家は20世紀システムに完全に取り込まれていたくせに、自分だけは「正義のゲリラ」だと思い込んでいたわけです。批判性を持つ住宅を作るには「近代家族のための住宅」という枠組みをまず批判しなくてはダメです。

今日の批評性は明日の保守性

――今おっしゃられたことは、ある種の完成品として作品を作ってきた近代的な作品主義の建築に対する批判として、「負ける建築」や「反オブジェクト」といったキーワードにつながっていると思います。隈さんは大学院生時代から数多くの論考を書かれて、対談なども頻繁にされていますよね。こうした言葉による表現が、建築設計だけではない建築家としての隈さんの活動のなかで重要だと感じます。ご自身の建築活動のなかで、出版や執筆をどのように位置づけていらっしゃるのでしょうか。

隈 それはすごく大事ですね。自分のやっていることは三輪車だ、っていうことを最近思いついたんです。

まず、小さいパビリオンやプロダクトデザインでやっているような設計活動と、規模の大きな建築の設計活動を両方やっているという意味で二輪車になっている。それは、村上春樹さんが短編小説と長編小説を両方書いていることと同じで、長編でしかカバーできない大きな社会的問題もあるし、逆に短編小説だからこそ実験できるようなこともある。僕は建築設計で、小さいものと大きいものの二輪車を動かしているわけですが、実はそれ以上に重要なもう一個の車輪が付いていて、それは自分がやっていることはなんなんだろう、ということを文書で確認することなんですね。

06

例えば、なんで「亀老山展望台」[06]は、展望台なのに全部緑の中に埋めたかったんだろうって考えるわけです。設計しているときは、黒川さんみたいに山の形を模したようなモニュメンタルなものを作るのは恥ずかしいから山自体を作っちゃおうみたいな嫌悪感から出たものですから、ある意味ではすごく直感的ですけれど、文章を書くときに、なんで「亀老山展望台」で自分が展望台を埋めたくなったのかなと、改めて考えるわけです。あるいは、「伊豆の風呂小屋」ではなんでコンクリートを使いたくなかったのか、というように自分のことを分析すると、そのベースにあるのはやはりエンゲルスが言ったように、住宅を私有したいという欲望は、要するに資本主義システムにうまく組み入れられてしまっているということで、そういうことを否定したくて「伊豆の風呂小屋」を作ったんだというふうに、あとから自分の考えがわかってくる。さらにそこで発見したことが、次の作品につながっていくんですよね。

――先ほども自分自身への反省をし続けているとおっしゃっていましたが、『反オブジェクト』や『点・線・面』などの著作で、過去の作品を何度も振り返っておられます。例えばコルビュジエや磯崎新さんにとっても本を出版すること、文章を発表することが重要な意味を持っていると思いますが、建築家の出版活動をどのようにお考えでしょうか。

隈　コルビュジエも磯崎さんも文章を書き続けた人ですが、彼らの文章は、事後的というよりは事前的なプロパガンダで、世界を相手にして宣伝するような感じがします（笑）。

それに比べて僕にとっての文章は、自分を振り返る、自己分析のような意味合いが強い。自分のやっていることの意味を事後的に発見してそれをあとにつなげていくための活動なんですよね。それは実は事後的なんですけど、そこで発見したことが次の作品につながっていくという意味では、事前的でもある。そういう三輪を持っていることが自分にとって重要な気がしています。

――活動の初期から建築界への批評、評論活動を展開されてきた隈さんにとって、若い建築家があまり批評性を語らなくなっているという状況について、どのように考えていらっしゃいますか。

隈　とてもさみしく感じます。僕は大学院時代に徹底的に考え、書きまくり、それがのちの僕を作りました。今日では批評性がスポーツ新聞的なものに堕落してしまった。

――「『批評性』とは何だったのか」(32頁)では、批評性をモダニズムのなかで増幅された「権力闘争」であり、今日の建築が閉じた批評性から解放されつつあると述べています。一方で、「もっとも恐れるに値することは、批評性が一種の様式として凍結され、その凍結されたかたちのままに、生きながらえてしまうことである」とも述べていて、「批評性」を批判しながらも、出版活動や実験的なパビリオンなども含み、やはり隈さんの活動には批評性があると思うのです。それは、隈さんの建築の基盤となっている、ある種の文化的な意味につながっているかもしれません。

隈　ある時期の批評性はその次の時代になったら、それは形式的な保守主義になってしまう危険があることを、忘れてはいけません。例えば篠原さんは典型的な例だと思っていて、篠原さんの住宅が最初のころに持っていた、建築界に対する批評性は強烈なものだった。でも、それがある形式として受容されてしまうと、今度は逆に、その形式を守らないものは非倫理的だというふうな、硬直化した保守主義になってしまう。モダニズムでも、コルビュジエたちは19世紀の建築に対してすごい批評性を持っていたわけですが、やはりそれが固定化され、形式として倫理的な規範になってしまって世の中を縛っていくと、逆に非常に退屈なものになってしまうんです。

だから、今日の批評性は明日の保守性です。それを自分で壊し続けることができるかどうか、というのが一番大事だと思います。若い人にもそのことを一番言いたいですね。今の世の中はものすごいスピードで変わっているわけですから、自分を壊し続けるということが大事です。

人間は若いとき、特に思春期の影響をすごくあとまで引きずってしまうんですよ。例えば、思春期に一番かっこよかったファッションのことを一生かっこいいと思ってしまう。あるいは政治でも、思春期に元気のある政党に一生影響されるらしいんですよね。

それを「思春期仮説」というんですが、建築家もそれがある。建築を学んでいた大学のころに活躍していた建築家や、当時の雑誌で持て囃されていた作品であるとか、そのころを引きずってしまう。大学のときコンクリート打放しがかっこいいなって思ったら、組織に入ってからもずっとコンクリート打放し、管理職になっても若い部下にコンクリート打放しを押し付けるようなことがある。人間ってどうしても思春期の時の感性に縛られてしまうから、それに対してどのように自分を壊し続けるかという姿勢が、建築家に必要だと僕は思う。それが批評性の基本です。

今日の批評性は明日の保守性です。それを自分で壊し続けることができるかどうか、というのが一番大事だと思います。

〈註〉

（1）篠原一男『住宅論』鹿島出版会、1970

（2）隈研吾『10宅論——10種類の日本人が住む10種類の住宅』トーソー出版、1986

（3）隈研吾「『住宅私有本位制』資本主義の崩壊」『建築的欲望の終焉』新曜社、1994

（4）保坂健二朗・塚本由晴監修『日本の家』新建築住宅特集2017年8月号別冊

（5）隈研吾『反オブジェクト』筑摩書房、2000

（6）「特集：Kengo Kuma: a LAB for materials」『JA』2018年春号

（7）隈研吾『場所原論——建築はいかにして場所と接続するか』市ケ谷出版社、2012

（8）Daniel Milroy Maher, "We should create a building that's a symbol of a new age": Kengo Kuma in conversation with It's Nice That, *It's Nice That*, 17 June 2019

（9）黒川は「山形ハワイドリームランド」（1966）や「寒河江市庁舎」（1967）をはじめとして、中庭やトップライトによって建築の内側に自然を取り込むデザインを、「自然の胎内化」と呼んだ（黒川紀章『道の建築——中間領域へ』丸善、1983）。

（10）「EDIFICARE OPEN SEMINAR 3 KENGO KUMA」『EDIFICARE RETURNS』トランスアート、2003（初出：『エディフィカーレ』5号、1993）

（11）隈研吾・塚本由晴「パドックの行方」『日本の現代住宅1985—2005』TOTO出版、2005

（12）隈氏はシェアハウス（「SHAREyaraicho」〈設計：篠原聡子・内村綾乃〉ほか）の運営に携わっている。

Interview

塚本由晴
空間から暮らしのエコロジーへ。
レトリック批評軸の転換

Yoshiharu Tsukamoto:

Turn of Critical Axis on Rhetoric, from Space into Ecology of Livelihood

塚本由晴―つかもと・よしはる
1965年生まれ。1992年貝島桃代とアトリエ・ワンを設立。1994年東京工業大学大学院博士課程修了。現在、同大学教授。東京建築士会住宅建築賞金賞、吉岡賞、ウルフ賞など受賞。主な作品=「アニ・ハウス」「ノラ・ハウス」「だんだんまちや」「恋する豚研究所」「ものうらビレッジ」「ハハ・ハウス」など。主な著書=『メイド・イン・トーキョー』(鹿島出版会)、『Behaviorology』(Rizzoli)、『コモナリティーズ』(LIXIL出版)など。

バブル期の都市から生まれた批評意識

——塚本さんは建築における「ふるまい学」を提唱され、建築を単体としてとらえるのでなく、周辺環境との根源的なつながりから建築を位置づける姿勢は、貝島桃代さんとアトリエ・ワンを設立された当初から一貫しています。活動を開始されたのが1992年、バブル崩壊と同時期ですね。

塚本 バブル期は土地の値段が高騰したのに比べ、相対的に建設費が安く感じられたから、建築家が非常に多くの機会を得た時代でした。クライアントが寛大に、何か目新しいものを求めて建築家に仕事を頼んでいて、私も修士2年生のときに、友人から週末住宅の設計を依頼されました(1)。つまりバブルは、建築家のアイデアを実現できる機会を増やしたんですね。ただ私は、バブルのときに作られた建築に対して批判的でした。それは自由なようでいて、実は思慮が浅く気まぐれな建築に思えました。建築家も、ある時期からは自信を失っていたように思います。

当時は女子大生ブームなど、素人っぽさがメディアにあふれ始めた時代でしたが、女性の感性や価値観が建築でも表現され始めた時代でもありました。伊東豊雄さんはそうした若者、特に女性の感性に触れることで、自分を変えようとしていたと思います。建築のコミュニティは男性中心的でしたから、ジェンダーバランスの見直しのような、その後の展開を予見していましたね。

――このころ、塚本さんは東京の街をリサーチされ、『ペット・アーキテクチャー・ガイドブック』（2001）や『メイド・イン・トーキョー』（2001）といった本で、日本の都市に特徴的な小さな建築や「ダメ」建築に注目されていますね。

塚本 バブルのころには赤坂、原宿、渋谷などに建築家のデザインした変わった建築が多く建てられました。そうした建築を紹介する『建築MAP東京』(2)という建築のガイドブックもよく売れていました。でもそこに紹介されている建築より、街中にある無名な建物のほうが東京をよく語っていると感じ、東京の建築ガイドブックのオルタナティブを作ったわけです。

また、バブル期の日本の建築界は、海外から輸入したアイデアを実現する機会にあふれていました。建築の出版も活発だったこともあり、ポストモダニズムやデコンストラクティヴィズムなど、欧米の潮流を取り込んだ建築作品が誌面を賑わせましたが、日本発、東京発の都市と建築の理論がないのが正直不満でした。

建築の構成論から環境ユニットへ

――塚本さんは修士課程の時に1年間パリに留学されていますね。東京という都市を批評的にとらえる視点は、フランスでの経験が影響しているのでしょうか。

塚本 パリに行く前から、東京はわかりにくいと思っていましたが、パリに1年滞在したことで、その思いは強まりました。パリで学んだことの一つは、建築の言説が都市の形態と歴史の理解の上に構築されているということ。建物のデザインを作家のオリジナリティによって語るだけでは、一般の人が建築の議論についてこられなくなります。

——その後の博士論文では、住宅建築の構成的修辞について研究されていましたが、のちに構成論も都市を対象とするようになりますね(3)。

塚本 私が博士論文でテーマにした建築の構成的修辞というものは、純粋に建築の問題でした。建築において構成論といえば、古典主義のシンメトリーや軸性、立面の3層構成による全体の統合などが典型でしたが、それは階級社会で人びとの暮らしにそこまでの多様性がなかった時代のものです。産業革命以降、量的、質的に爆発した人間活動の多様性は、そうした構成法には収まらず、古典主義的な秩序に押し込めることはできなくなっていきました。

私が対象にした戦後の住宅作品では新しい生活様式や家族関係に対応して、多様な分節が試みられていました。分節次第で取り得る統合の関係性も変わるため、そこにある種のゲーム性が生じます。その部分を修辞と考えたわけです。

パリで学んだことの一つは、建築の言説が都市の形態と歴史の理解の上に構築されているということ。

構成論では、床、壁、天井や、屋根、柱、梁や、室など建築の純正要素を部分とし、その組み合わせによる全体を論じます。でも、隣にある樹木や斜面、道路や構築物はどうなんだ?と。そこから、構成論が最初に措定してしまう全体に疑問を感じるようになり、『メイド・イン・トーキョー』で観察したような、どこまでが全体かわからないような都市創作物に興味を持ったのです。そこから「環境ユニット」として都市環境をとらえ始めました。

——「環境ユニット」という言葉は「草千里トイレ」(1998)や「ミニ・ハウス」(1999)の発表時(4)に使われ、「住宅の『建ち方』について」(『新建築 住宅特集』1998年2月号)からも都市住宅の前提を問う批評的な姿勢を感じます。こうした都市のとらえ方は「アニ・ハウス」(1998)や「ガエ・ハウス」(2003)など一連の都市住宅に反映されていますね。

塚本 ヨーロッパではコンテクスチュアリズムがさかんに議論されていたのに対して、1980年代の東京では都市のコンテクストから建築を考えることは半ば諦められていました。第二次世界大戦の戦災により古い街並みは失われ、かつ復興は急を要したものですから、都市を計画的に作り、かつ建物の様式や形式に一貫性を持たせることは難しかった。むしろ、その結果現れたランダムさを自由と解釈する向きもありました。これと1敷地1建物の原則が合わさって、建築家の責任と創造力の範囲は「敷地」や「作品」に籠りがちになりました。でも、それでは占有の概念に牛耳られることになる。これに対して敷地を超え、幾何学的秩序も超える「環境ユニット」は、構成論を批判的に解放しつつ、タイポロジーや、都市の形態学など、占有ではとらえられない共有性、コモナリティに私たちを導いていきました。

人間中心主義批判としてのふるまい学

——『Behaviorology』（2010）で、「近代化が家族のためだけに作られた『ピュアな』住宅を推し進めた事実を直視し、それを克服することが重要」であり、ふるまい学とは人間中心的なモダニズムに対する「エコロジカルなアプローチ」（邦訳引用者）（5）であると述べていますね。

塚本 ヒューマニズムは大切ですが、人間以外のさまざまなアクターとの対話を通じて、建築設計をエコロジカルに転回したいと思ったのです。ふるまいというのは、誰かが占有したり、勝手に変えたりできないと同時に、文化的基層において共有しているものです。建築や都市を議論するときの無意識の想定が占有に支配されているのを、共有へシフトさせたかったのです。

——こうした考えは、例えば「ノラ・ハウス」（2006）**[01]** ではどのように表現されているのでしょうか？

ヒューマニズムは大切ですが、人間以外のさまざまなアクターとの対話を通じて、建築設計をエコロジカルに転回したい

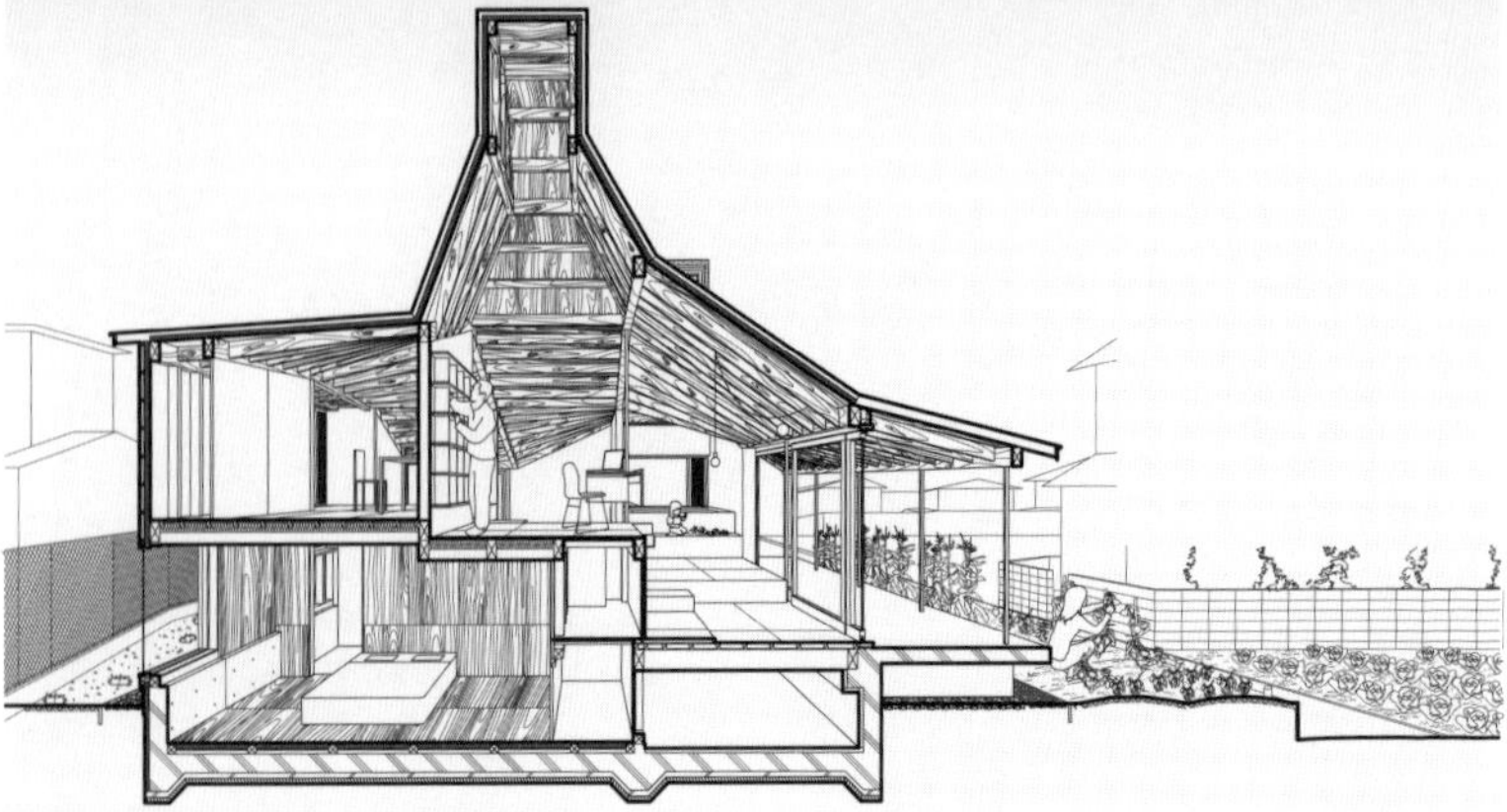

01

塚本 クライアント夫婦に子どもが生まれ、一戸建ての家で子育てをしたいということでした。仙台郊外の土地は、目の前に住んでいるお母様が、娘のために買っておいたもので、近所の人たちと一緒に野菜などを作り、分け合っていました。70年代から農地から宅地に変更され、道がひかれたものの家はまばらで、空き地は畑に使われていました。これからますます高齢化社会になっていくでしょうから、住宅で埋め尽くされることもないだろうと思いました。

そこで、住宅と農地が適度に混じり合った状態を見すえて、それにふさわしく、農を含んだ家にしたいと考えました。「ノラ・ハウス」の「ノラ（野良）」とは田畑のことです。道路と家の間に家庭菜園を残し、それに面してロッジアを設け、近所の人たちと交流しやすくしています。外周の軒を低くすることで、1・5階建ぐらいの高さに抑えました。内部は半地下の寝室を除いて、仕切りのないワンルームになっています。スキップフロアに沿って上下し、ライトチムニーへとつりあがった屋根は、有機的に捻じれています。農に親しむ人のふるまいと、それを応援する建物のふるまいを重ね、この地域の暮らしの可能性を示しました。

都市のすきまを再定義するヴォイド・メタボリズム

――塚本さんの造語である「ヴォイド・メタボリズム」は、メタボリストの目指した都市や建築と比べ、東京の都市構成へのポジティブな批評になっていると思います。

塚本 考え始めたのは、「アニ・ハウス」「ミニ・ハウス」[02]、そして特に「ガエ・ハウス」[03]を完成させたときです。町家やタウンハウスは隣と壁を接するのに対して、これら戸建て住宅は敷地内で独立しています。建築史的には、これはヴィラというタイプにあたります。パラーディオのヴィラは金持ちの商人や貴族階級のための邸宅でしたが、東京のヴィラは中産階級の小さいものです。規模も背景も違いますが、自立した構えを持つことができる点で共通しています。本来のヴィラが壮大で開けた場所に建ち、どの立面も同じようにデザインされているのに対し、日本の戸建て住宅は敷地の南側に確保した庭側を表として開放的に作られ、隣地に近接する残り3面は裏として閉鎖的になりがちです。しかし敷地の中での表や裏の定義は、実は建物の配置と開口部のデザインによって相対的に決められているに過ぎない。それが反復されるので、住宅地の都市空間としての質が一定の方向に再生産され、事実化してしまっている。ならば、どの面も等しく隣地から引きを取り、同じようにデザ

02

03

インされたものが反復すれば、住宅地の雰囲気はまったく変わるのではないか。建て詰まった状況だけを見ると、ヴィラとは思えない日本の住宅ですが、あえてヴィラと呼ぶことでそのタイポロジーに備わった事物の関係性を原理に据えて、住宅地を批判的に再編することはできると思います。「アニ・ハウス」の完成から23年後の2021年、隣の敷地に同じ原理で「ハハ・ハウス」[04]を建てることができました。

――タイポロジーの議論はその後、東京の住宅地の年代記的な議論に展開していきますね。

塚本 私たちの考えを理解してくれるクライアントのための住宅設計は楽しいです。それぞれの家族にそれぞれの背景があり、敷地にもそれぞれの条件があるため、それらを統合しようとすることで先鋭化する問題や負荷が、建築の思いがけない姿を開発するからです。その結果生まれた東京の小さな家を、外国の評論家やメディアはオーダーメイドのジュエリーデザインのように鑑賞しますよね。

それはそれで面白いのですが、キリがないように感じました。所有物としての希少価値を競うことになりかねないことにも疑問を覚え、東京の新陳代謝という大きなフレームの中に、住宅設計の位置づけをシフトさせることを意識し始めました。まず住宅地の歴史を考えてみたんです。私たちが設計してきた住宅のほとんどは、建て替えか、大きな敷地に建っていた家を潰して分割された敷地に建てられています。つまり、同じ敷地の2代目、3代目の家なんですね。

04

また郊外化は都市部の外に拡張を続け、90年代になると、若い世代に手が届く価格帯の住宅地は1時間半かけて都心に通うような遠方になってしまいました。それに対して、庭なしでも都市部の小さな家のほうがよいという人たち、いわゆる都心回帰を実践する若い世代が現れた。こうした小さな家の反復が、東京の住宅地、はたまた東京の都市空間の基本原理だと考えることで、小さな家の設計は、集合的には東京の新陳代謝に取り組んでいると実感できたのです。であるなら、60年代のメタボリズムと対比できる。60年代の動きが、コアの周りにカプセルの新陳代謝を想定したコア・メタボリズムなら、現実の東京の住宅地の新陳代謝は隣とのすきま（ヴォイド）周りに発生するヴォイド・メタボリズムだと指摘しました。

小さな家の設計は、集合的には東京の新陳代謝に取り組んでいると実感できたのです。

――東京の住宅地がどのように発展してきたかという物語を語ることで、個々の住宅作品を批評として位置づけることができるということでしょうか。

塚本 私は歴史家ではありませんが、叙事詩のように建築を語るようになってきました。叙事詩が、私たちが生きる場所の物語を構成する要素とその関係の把握を助けてくれるので、次の一歩をどちらに踏み出せばよいか仮説を立てやすくなるのです。

『TOKYO METABOLIZING』（2010）では、都市がいかに卓越するかということを書きました。

歴史を振り返ると、18世紀のパリや19世紀初頭のニューヨークのように、政治や経済が飛躍的に発展したときに都市空間が卓越する瞬間があるのです。アパルトマンの反復が中庭のあるブロックを形成するパリの都市形態や、グリッドに超高層ビルが建つマンハッタンの都市形態は卓越しているので、不変の参照点になっています。都市のアイデンティティを組み立てる形式として、世界中が真似していくわけです。卓越した都市形態は、ある社会の政治、経済の繁栄を、蓄えておくものなんです。

西欧的視点から見れば、スクラップアンドビルドを繰り返す日本の現代都市は、その蓄え方をまだ知らないということになるでしょう。短期的な経済成長に動員された建築と都市の間には有機的で形態学的な関係が成立しなかったのです。これに対し、むしろその事実を、戦後の経済成長によって達成された東京の卓越であると説明する試みがヴォイド・メタボリズムです。卓越できなかった日本の都市を嘆くのではなく、見方を変えればこれはこれで卓越なんじゃないかとうそぶくわけです。それで「アーバンヴィレッジ」「コマージデンス」「サブディバーバン」の三つの都市現象を、東京でないとできない卓越ではないかとレトリカルに書いたわけです(6)。信じたくなるでしょう?(笑)

——信じたくなってしまいますね(笑)。同書では第4世代の住宅の例として説明されている「ハウス&アトリエ・ワン」(2005)[05]には、その批評的な姿勢がよく表れていますが、第4世代の住宅設計もキリがない営みになり得るのでしょうか。

塚本 日本の住宅の平均寿命は30年と、諸外国に比べて著しく短い。これは震災や空襲など、破壊と再生が繰り返されてきたからです。一方、東京の郊外住宅地開発は１９２０年代に田園調布で始まります。そこに建てられる住宅のタイポロジーが庭付きの戸建て住宅でした。これはＥ・ハワードの田園都市を下敷にしていましたが、ハワードのレッチワースが仕事場を含んだ田園の中の住宅地を賃貸方式で運営するモデルだったのに対し、田園調布のそれは居住に特化し、分譲方式で開発にかけた資金を早急に回収するモデルでした。これがその後の戸建て住宅と、郊外住宅地開発の方向を決めたのです。戸建て住宅の第1世代が20年代で、30年周期で更新がされるということは、50年代以降は第2世代、80年代以降は第3世代、とざっくり言えます。世代を追うごとに敷地は小さくなり、庭がなくなってデッドスペースのすきまになり、縁側がなくなり、窓が小さくなり、居候がいなくなり、客間がなくなり、核家族に特化したものになっていきました。住宅が寛容さを失っていったわけです。そこで２０１０年以降の第4世代の住宅を再び寛容なものにする三つの前提を考えました。建てると必ず発生するすきまを再定義すること、屋外で時間を過ごす機会を作ること、家族以外のメンバーがいてもおかしくないこと、です。こういう系譜学的位置づけがあれば、プロジェクトの個別の違いを尊重してどれほど多様になっても、キリがないということにはならないと思います。

05

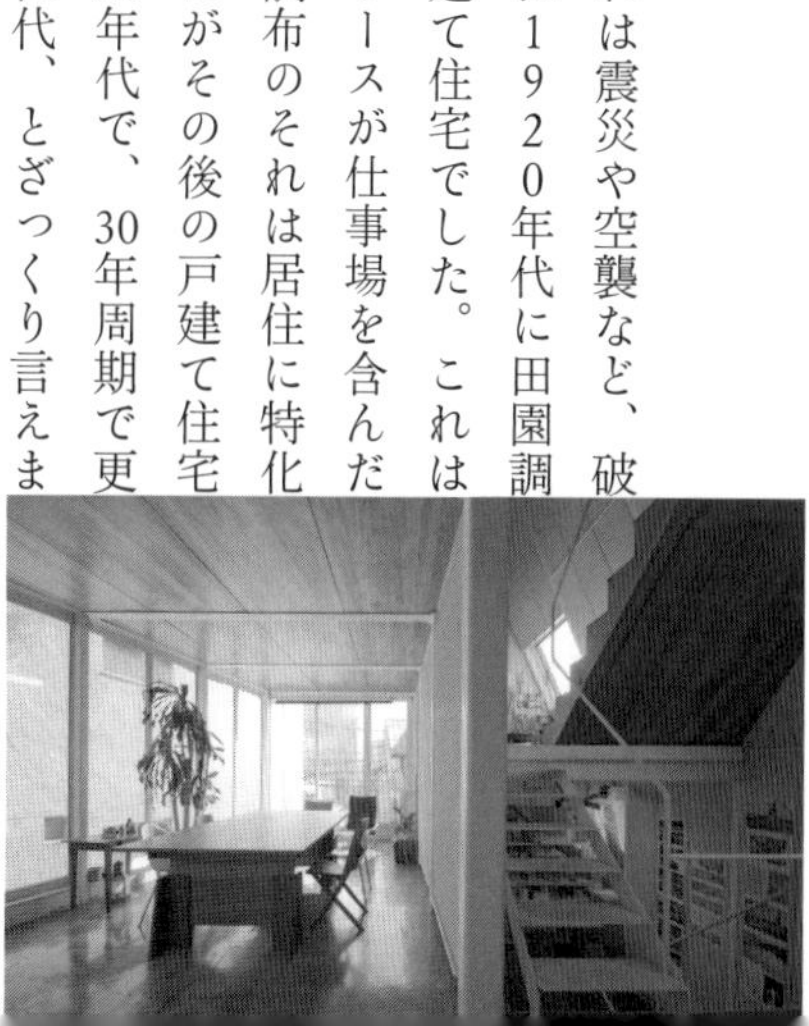

建築はWasteful（浪費的）であった

——2011年の震災以降、新たな社会意識が現れているように感じます。『コモナリティーズ——ふるまいの生産』（2014）では、さまざまな領域における産業化によって人びとが「『個』へとばらばらにされ、『公』やマーケットが認めるシステムに依存することになる」（7）と述べています。資源へのアクセスを阻害している制度や近代産業システムに対する批評は、建築作品にどのように反映されているのでしょうか。

塚本　タイポロジーは、建築のコモナリティの一側面です。なかでも町家のタイポロジーは大変洗練されているにもかかわらず、近代化以降は過小評価されてきました。近代以降ゾーニングによって仕事する場所と住む場所が分離され、住む場所ではプライバシーの確保が意識されるようになりました。内部空間の明るさが均質であることや、駐車場の確保が求められるようになりました。でも町家の型式が確立した江戸初期には仕事場と住まいが一体化していましたし、電気も自動車もありませんでした。存在しなかったものへの対応が

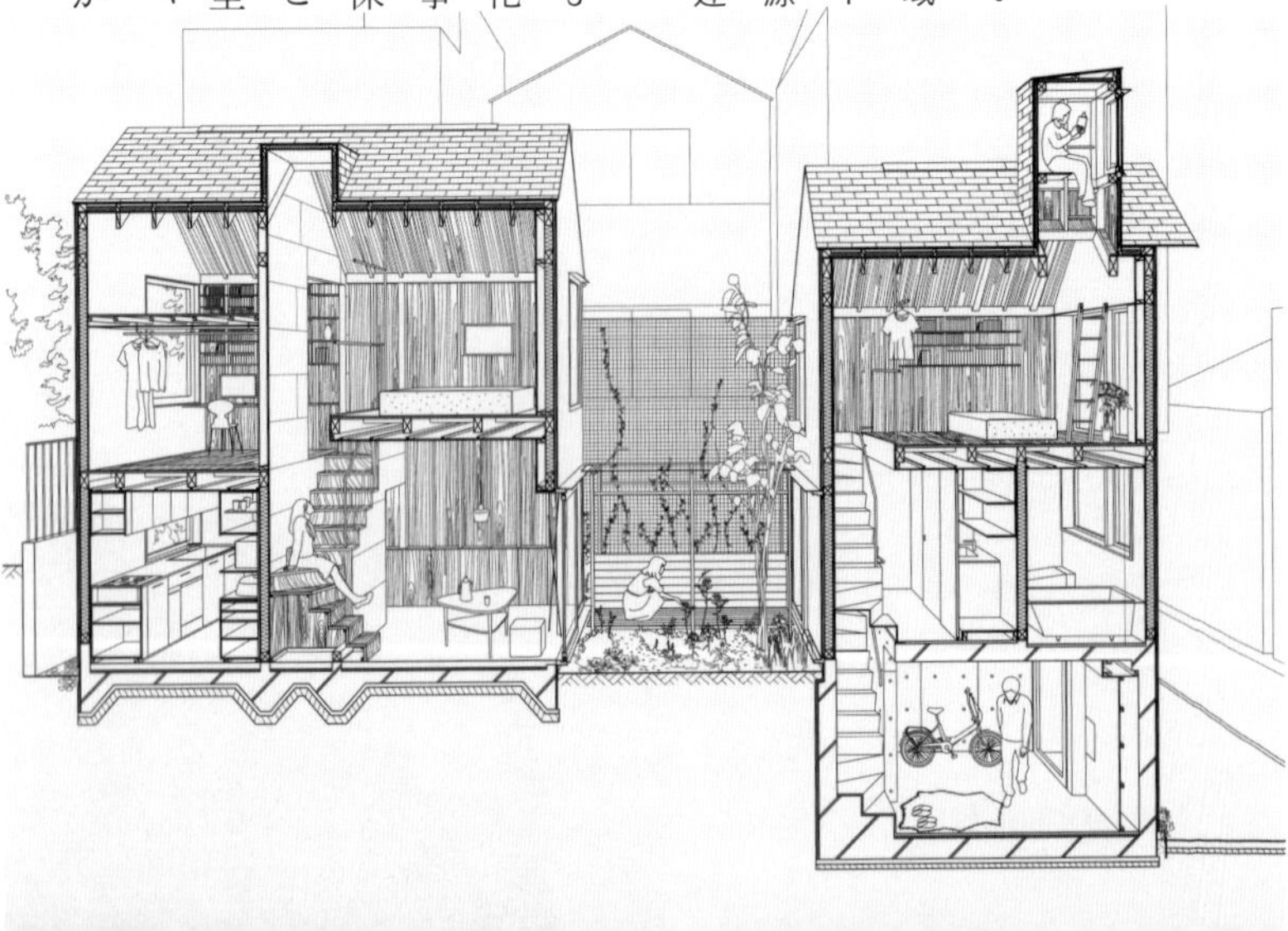

ないことを批判するのは、想像力を欠いた視点です。町家が位置づいていた事物連関を理解することによって、今当たり前になっているゾーニング、自動車、電気、照明、エアコン、ガス、断熱材などが、本当に正解なのか逆に疑うほうが、想像力が働き出して面白いと思うんです。

都市部の細分化されてきている住宅の敷地に、町家から学んだ原理を批判的に応用して「タワーまちや」（2010）、「スプリットまちや」（2010）[06]のような戸建て住宅や、「まちや・アパートメント」（2016）[07]、神社が運営するコミュニティスペース「杜のまちや」（2017）、京都の町家ホテル「宮川筋のまちや」（2019）を設計してきました。町家がまとっていた事物連関のうち、いくつかの事物は別物に置き換えられ、いくつかの連関は失われていますから、プロジェクトの条件のなかで、新しい事物を導入し、連関の再縫合を試みています。タイポロジーを空間の形式としてだけでなく、事物連関の結節点ととらえれば、そこに集められ結び付けられ得るものが見えてきます。

——地方や伝統的な景観が残る地域では、伝統的なタイポロジーがよく保存されていると思いますが、そうした地域では建築家の役割は限定的になるのではないでしょうか。

塚本 金沢や京都は震災や第二次世界大戦の戦災によるダメージが小さく、比較的よく町家の街

07

並みが残っていますが、それでも戦後の経済発展のなかで失われてきました。

震災復興にかかわった牡鹿半島では漁師さんたちから、「自分たちの建築がどんなものか知っているから、先生はやることないよ」と言われました。漁師住宅のタイポロジーがあるのです。しかし高台移転地に建てられた新しい家は、必ずしもタイポロジーを踏襲できていません。漁師住宅が位置づいていた、森、木材、大工、漁師の仕事など地域の事物連関も弱くなっていたところに被災したので、復興の過程では住宅メーカーなどが多く参入しました。たしかに数の復興はできましたが、地域的事物連関は壊れたまま、産業社会的事物連関に置き換えられてしまった。本当は事物連関の質を問題にし、再構築する想像力を備えた建築家が必要だったのにです。

――近年の塚本さんの関心は都市から農村にフィールドを移している印象があります。例えば「都市部から地方への移住者が仲間たちとつくり上げた住宅」が「現代の建築とそれを支える産業や経済の仕組みに対する、シャープな批評になっていると私には思えました」(8)と述べていますね。釜沼「小さな地球」プロジェクト[08]に代表されるように、DIYによるリノベーションもされています。ある動画で、「建築はwasteful(浪費的)であった」とおっしゃっていたのが印象的です(9)。

塚本 都市に住む場合、資源にアクセスするために、常にお金を払わなければいけません。移住者たちは、産業システムに支配され、資源の流れがブラックボックスになっている状況に違和

08

感を感じ、食糧やエネルギーや住まいなど、必要な資源は自分たちで調達したいと考えています。家も移住者ネットワークを駆使して自分たちで作られたものが多く、田んぼや畑で食料を生産し、山林を整備し薪や炭を作ります。つまりこれはエ（エネルギー）・食・住の独自の組み立てを通して、産業化された暮らしと生業への批評になっているのです。

釜沼という千葉県鴨川市の里山再生で試みているのはゴミを出さない建築です。古民家を改修して、地域のネットワークを活かしたコミュニティキッチンと宿泊施設に変身させました。その際解体した既存部分の建材は捨てずに、釘を抜き、洗浄、分類して保管することで、再利用できるようにしています。

事物連関と「空間」批評

——『空間の響き／響きの空間』（2009）、人的資源に対する「資源的人」（10）など、新しいユニークな言葉を生み出されていることが塚本さんの特徴だと思います。

塚本 言葉も建築活動の重要な一部だと思います。建築はやたらコストがかかるけれど、言葉はコストから自由です。面白い言葉があると、それが何なのかを一緒に考えることができます。遊び場を作るのが好きなんでしょうね。言葉を投げかけた先に、みんなでバーッと走って行って遊べるのがいいと思うんです。

何かを叩いた反応で、その中の状態を調べるサウンディングという方法がありますよね。それと同じように、何か思いついたら口に出して周りの反応を見る、ということを若いころから繰り返してきました。ブルーノ・ラトゥールのANT（アクターネットワークセオリー）(11)や内山節の事物連関については、研究室で助教をしてくれていた能作文徳さんと2人で議論していたわけですが、いろんなところでそれらを建築と接続する話をしてみると、反論をする人はだいたい「空間」を信じている空間派だなと思いました（笑）。その反応を通して、「空間」というのは事物連関からの解放が得意で、つなぎ込みは一切説明しない無責任さがあることに気づきました。

――サウンディングは批評の対象や批評性の強さを測る方法なのですね。以前お話ししたとき、「モダニズムと空間のマリアージュ（婚姻）を、ネットワークを用いてディボース（離婚）させようとしている」とおっしゃっていて、これは「空間」という概念を批判されているのでしょうか。

塚本 構成論がそうであったのと同様に、空間という概念で建築を語ることが無意識に建物の全体像を措定することにつながっているからです。例えば「上に向かって開いた空間」と言ったとき、材料はどこから来て、どこの工場で誰が加工したのか、どうやって運ばれてきたのかは問題にしなくてよくなっています。でもそうやって建物を取り巻く事物の連関をたどっていくとネットワークは地球規模になっていて、全体をつかみきることは難しいのが現実です。ANTに興味があるのも、全体をとらえきれないことを受け入れているのと、大きさがあまり問題にならなくなるからです。

――建築をめぐる事物の連関を描くことは、無意識のうちに規定されていた全体性の背後に隠されていた、建築の物語性を明らかにするということなのでしょうか。

塚本 ネットワークを描くからにはやはり面白くしたいので、「東京第4世代の住宅」みたいな叙事詩を考えるんです。それはレトリックではありますが、そのなかには不変の連関もあります。例えば里山で稲を育てるには水が必要で、その水は山から、山の水は空から降ってくるわけで、その不変の連関がコモナリティの基礎になっている。自然の事物の粛々とした関係性に人間が介在し、反復しても崩れないバランスを探るのがコモナリティの構築につながります。ある要素を別のものに置き換えることができるのも、不変の連関があるからなんです。

> ネットワークを描くからにはやはり面白くしたいので、「東京第4世代の住宅」みたいな叙事詩を考える

今日の社会に対抗するレトリック

――塚本さんはよくレトリックという言葉を使われていますよね。近年でも「『建ち方』が問う住宅地のレトリック」(12)を書かれています。

塚本　住宅地のレトリックと言ったのは、震災復興のアーキエイドで現地に行っていろんなことが起こるのを見ていくなかで、やはり復興にもレトリックがあると思ったからです。

津波被害の大きかった地域では、海底地形の50メートルメッシュデータをもとに100年に一度の津波のシミュレーションをして防潮堤の規模が決められ、それにもとづいて住宅地やインフラが計画されています。しかし、小さな浜が多いので、50メートルのメッシュでは粗い。にもかかわらず、予算がついて計画が進んでいったらもうそのモデルの妥当性にさかのぼって再検討されることはありません。これはまさにラトゥールがいうところのハイブリッドモンスターです。地質学、地理学、津波をシミュレーションする流体力学、それに耐えるための建築や土木、経済や政治、防潮堤の底地を確保する不動産業など、違う分野のことが段階を踏んで組み合わさっていくと、一つ前二つ前の決定は事実化されて疑うことすら難しくなってしまうのです。

つまり不確定な将来に向けて今ある情報で仮説を組み立てる際、もうこれ以上問わないことにしようという判断がどうしても入ってしまう。さかのぼれないプロセスを含む以上、いろいろな意思決定が隠されたままになるという意味で政府の言う「安心安全」はレトリックです。50年後に海水面が上昇すれば想定よりももっと大きな津波が来るかもしれないですよね。ならば、私たちも違うレトリックで対抗するしかない。同様に建築も、不確定な未来に対する意思決定の連続ですからレトリックの塊になります。だから世の中で出回っているレトリックに対して、私たちも建築をぶつけたほうがいいと思います。

一方で、建築には構造や環境など自然を相手にする側面、例えば重力への抵抗や、雨仕舞いといった点においては、嘘のない事実性がありますから、不確定部分もそれらとの連関に位置づけられることにより確からしさが増し、徐々に信じられるものになるわけです。そうやって説得性を生み出していくところが建築設計の面白いところです。建築を効率性や生産性で説明するのもレトリックですが、それに対して建築の事実性と叙事詩的歴史観を組み合わせて説得性を上げていくというのもオルタナティブなレトリックです。

――坂本さんや磯崎新さんもレトリックという言葉を使われますが、彼らは建築の中のレトリックに着目しているのに対し、塚本さんはレトリックを建築の外に広げていく印象があります。

塚本 そうでしょうか? 坂本さんは建築の中だけで閉じたレトリックを語っているのではなく、それを社会的な問題としてとらえています。例えば「坂田山附の家」(1978)や「南湖の家」(1978)といった、倉庫のようにしか見えない建築をどうしても作ってしまうわけですけれど、それを記憶の中の家だと言うわけです。住宅メーカーは消費のためのレトリックを住宅にたくさん貼り付けているけれども、それを漂白しつつそれでも家であるということにこだわり続けたものが坂本さんの住宅なんです。

磯崎さんについても同じです。高度経済成長期に建築が体制と結び付いていくなかで、メタボリズムの建築家たちも大規模な建築を大量に作っていく方向へシフトしていきました。そういう状況に幻滅し、それに対して文化としての建築をやろうとして、建築の修辞を言い始めるわけです。磯崎さんは、丹下健三のモジュールを批判しています。丹下さんはモダニズムの生産主義と日本の建設文化のジンテーゼとして、日本建築での木造のプロポーションをコンクリートの建築に適用していきますよね。磯崎さんはそれに対して、柱も梁も全部同じ断面にしてしまうんですよ。日本的な素材が持っている自然なプロポーションとは離れてプライマリーな形態を標榜するのもレトリックです。それは、丹下さん以降の近代建築が伝統を継承しつつ経済発展するという50年代から60年代の日本のアジェンダを体現していて、それがテクノクラシーに無批判に接続し始めていたことに対する批判でもあるわけです。

——磯崎さんは、歴史を参照するので、建築の中でのレトリックだと感じていたのですが。

塚本 やはり毎回丹下さんの話を持ち出すわけにはいかないし、師匠の話を出したら負けみたいなところもありますよね（笑）。それをはぐらかすために使うレファレンスがヨーロッパの歴史なのではないでしょうか。それに対して伊東さんと坂本さんの世代は、上の世代に回収されないように、日本や西洋を語らなくてよいところから考えようとしたと思います。例えば、建築を作れば結果的に必ず発生する「内と外」の区別をむしろ建築の原理として取り出し、その関係性として建築を創作してくような転倒をレトリカルにやりました。

文明批評を日常性批判へと拡張する

——実は、塚本さんがチーフ・アドバイザーを務めた「日本の家」展（2017）がこの本の重要なレファレンスになっています。日本の現代住宅建築における「批評空間」という言葉を使われていますね（13）。

塚本 住宅は基本的に個人の所有物で、一般の人はそこにアクセスできないので、メディアでの作品発表を前提にしないと社会と接続できません。そこで篠原一男さんは、住宅が文明批評になっていないと建築にはならない、文明批評であるからこそ小さな住宅も、公共建築と十分張り合えると考えていました。住宅建築の批評性を考えるうえでは、やはり私にとっても篠原さんの言説が中心にあります。しかし私の場合、文明批評というよりは、ルフェーブル的な日常性批判のほうが近いかもしれないですね。

私は、学び始めは建築よりも都市に興味がありました。例えば横浜の中華街にはテーマがあって整っている。それに比べて自分たちが住んでいるまちはずいぶん適当で散漫だな、一貫性のあるものを作ったほうが綺麗じゃないかなと、中学生のころから思っていました。一人ではできないことが面白いというコモナリティへの意識が、子どものころからあったようです。

——一人ではできないことに興味があるというのは、篠原さんとは対照的ですね。

塚本　一人ではできないことなんか信用しないという態度が篠原さんにはあったかもしれませんね。でもそれは、篠原さんが徴兵された経験もある世代で、一人ではできないことは危険だらけだと感じたからかもしれません。戦争は全体主義的なわけで、それが嫌で個人でできることを信じたかったのではないでしょうか。戦争を知らない私たちの世代になると、みんなでやったほうがいいんじゃないか、とか言ってしまうわけですが（笑）。

　でもわれわれの世代は逆に、生まれたときから高度に資本主義的な社会に生きてきて、個人へと細分化されていき、手も足も出ないような状態にさせられた。戦時中のような強烈な搾取ではありませんが、真綿で締められるような、生き生きとしたものが吸い取られていくような感じ。それに対する強い拒否感が私にはあります。つまり、個人でやれることは、システムが敷いた「個人＝消費者」の枠組みに今は回収されてしまうので、それにも抗ったほうがいいと思っているんです。

個人でやれることは、システムが敷いた「個人＝消費者」の枠組みに今は回収されてしまうので、それにも抗ったほうがいい

「大きな物語」の終焉

——篠原さんの活躍されていた時代と比べて、批評性を語るのが難しくなっているということが言われ

ています。塚本さんも「60年代70年代のように批評の対象が明確ではない」(14)とおっしゃられていますね。

塚本 産業社会的連関が人間の生を阻害する方向に動き始めてるという認識は、建築の言説でも70年代ぐらいからあります。そのころは公害や都市環境、自動車の交通事故が増えることが喫緊の問題だった。また、近代化の初期から人間疎外という考えもありますよね。かつてはそうした危機感が共有されていて、建築家もそれにもとづいた批評を作品を通じて行うというのが明快だったと思います。しかし、みんな徐々に便利な暮らしに慣れていくし、産業的サービスが日々暮らしの中に入り込んで、産業社会と自分を切れなくなってしまうんですよね。自分も自分が批判しているものに結局依存している、みたいなことになってしまう。そうやって大きな批評が鈍り、どうしていいかわからない状態が続いています。

商業的なものに毒されないぞ、みたいな姿勢に対して伊東豊雄さんの「消費の海に浸らずして新しい建築はない」(15)というのは明快ですよね。大きな物語としての批評の賞味期限が切れたということを指摘しつつ、身体性のように少し抽象的なものを議論に導入し、人工的な環境に慣らされた身体性を刺激する空間の探求から、「台中国家歌劇院」(2016)のような分節が曖昧になった連続体の建築に至るんですよね。でもそうやって空間論的にとらえられた身体性は、どうしてその身体性が育まれるに至ったかという事物連関には遡及しない。そこを追究すれば、建築はそんな特殊な形にならなくてもいいのではないかという考えもあると思います。

義としての批評性

——今、建築における批評性なんてものは必要ないと考えている若い建築家もいますよね。それでもやはり塚本さんは批評性が必要だと思われていると思います。

塚本 私はやはり義がないとダメだと思うんですよね。例えばこれ以上地球資源を掘ってはいけないとなったとすると、建築の総生産量も制限しなきゃいけないですよね。そのときに、建てていい建築は大義があるものだけですよ。超高層マンションなんて建てられません。古くなった地域の再生は必要ですが、ただ経済的に成立させるために超高層になっている。

大義というのは第二次大戦後タブー視されてきた言葉ですが、そのためにあまりにも大義がないものだらけになっているとも言えると思います。もう一度それを考えるとき、批評性は欠かせないのではないでしょうか。つまり、慣例的に行っていることの無意識の想定を明らかにしつつ、その想定を相対化する点で、批評性は重要です。建築は寿命が長い分、建築家には社会に対して、長い時間的尺度で考えたことを言う役割があります。建築は、昔ならこれでよかったけれども今はよくないんだという自己批判が、社会批判になるんですよ。われわれの思考を組み立てている言葉や想定を問うような批評が、時代に関係なく必要ですよね。

同時に建築は、社会問題を解決するようなものであるべきだと思います。80年代は、問題解決型の発想が低く評価された。問題を解決するのは、短期的なパースペクティブで考えることであって、問題提起の方が大事だと言われていましたが、当時と今ではそもそも向き合う問題が違う。もう逃げられない問題ばかりなのに問題をズラして踏み込まないことになりかねない。

――社会状況が変わると、そこでの批評は効果を失うこともあります。コモナリティやタイポロジーのように時代を超えうる形式を用いることが、批評性の射程を伸ばすことにつながるのでしょうか。

塚本 そうですね。それと同時に、空間による建築の議論により外部化されていた。今まで異物だったものを取り込むことも大事ですね。なんでもいいから安いものを買ってきて作ることに慣れてしまい、生産の過程で環境に及ぼした悪影響を知らないことが平気になってしまったわけです。空間という概念は人間の可能性を広げたと同時に、経済的格差や地球環境問題など、手に負えない事象を生む要因の一つであったと思います。

――『人新世の「資本論」』(16)で、SDGsが現代のアヘンだと書かれていましたが、建築における空間も同じようなものなのでしょうか。

塚本 空間というものは連関からの解放なので、ある種の福音だったんですよ。星と星の間の何もないところがスペース(宇宙)ですよね。そこは星の重力から解き放たれているところで、つまり連関から解き放たれているというのが、スペースという言葉の原初的定義だと思うんです。

農村で生まれた次男や三男が近代以降、コミュニティの連関を断ち切って都市に出ていったのは、それはまさに空間が開けるように、過去の連関からの解放を意味していたんですが、工場労働や今なら消費社会の産業社会的連関につなぎ込まれていきました。つまり、連関から解放されることによる空間の楽しさでは、次のつなぎ込みがもたらす苦労を説明できないということです。それが空間による事物連関の外部化で、これを批判しなければならないというのが私の考えです。

〈註〉

(1) 塚本由晴「PALETTE」『新建築 住宅特集』1990年9月号

(2) ギャラリー・間編『建築MAP東京』TOTO出版、1994

(3) 塚本由晴「現代日本の住宅作品における構成の修辞に関する研究」東京工業大学博士論文、1996。坂本一成・塚本由晴・岩岡竜夫・小川次郎・中井邦夫・足立真・寺内美紀子・美濃部幸郎・安森亮雄『建築構成学』実教出版、2012

(4) 塚本由晴「住宅作品の条件について――潜在化と顕在化」『新建築 住宅特集』1999年1月号

(5) Atelier Bow-Wow 'Architectural Behaviorology', Atelier Bow-Wow, *Behaviorology*, Rizzoli, 2010

(6) 21世紀の東京に見られる都市形態のパタンとして、中層の耐火建造物が低層の住宅群を取り囲んで街区をなす「アーバンヴィレッジ」、都市開発や法規の変化にともなって居住地域に商業地域が入り込んで成立する「コマージデンス」、郊外住宅地が都市化に伴って細分化されていく「サブディバーバン」の三つを提示した。

(7) アトリエ・ワン『アトリエ・ワン コモナリティーズ――ふるまいの生産』LIXIL出版、2014

(8) 林良樹・福岡達也・塚本由晴「都市と農村の壁を崩す――移住者から広がるネットワーク型コミュニティ」『新建築 住宅特集』2021年6月号

(9) Yoshiharu Tsukamoto, Atelier Bow-Wow, "Architecture has been wasteful - No Waste Challenge", *What Design Can Do*, YouTube, 2021.03.11

(10)「『資源的人』は『人的資源』のひっくり返しで、産業にサービスを提供してもらうばかりの人ではなく、身の回りの環境から自分でエネルギーや食を取り出せる人のことです。」前掲(8)

(11) アクターネットワークセオリーとは、社会や自然界を事物（アクター）とその関係（ネットワーク）によってとらえる社会科学の方法論のこと。

(12) 塚本由晴「『建ち方』が問う住宅地のレトリック」『新建築 住宅特集』2021年9月号

(13)「家をひとつだけではなく、ふたつ3つと複数組み合わせて観察することにより、家どうしが共有する関心や、問題を浮き上がらせようとしている。（中略）この複数の家の間に生まれる関係性の空間を、この展覧会では『批評空間』と呼ぶことにする。」（保坂健二朗・塚本由晴監修『日本の家 1945年以降の建築と暮らし』新建築住宅特集2017年8月号別冊）

(14) 伊東豊雄・塚本由晴・保坂健二朗「『日本の家』とは何か」『新建築 住宅特集』2017年8月号

(15) 伊東豊雄「消費の海に浸らずして新しい建築はない」『新建築』1989年11月号

(16) 斎藤幸平『人新世の「資本論」』集英社、2020

中山英之
建築における垂直と水平の関係

Interview

Hideyuki Nakayama:
Vertical and Horizontal Relations of Architecture

中山英之―なかやま・ひでゆき
1972年生まれ。1998年東京藝術大学美術学部建築科卒業。2000年同大学大学院修士課程修了。伊東豊雄建築設計事務所を経て、2007年中山英之建築設計事務所設立。2014年より東京藝術大学准教授、2024年より同大学教授。SD Review 2004鹿島賞、第23回吉岡賞、Red Dot Design Award、JIA新人賞など受賞。主な作品=「2004」「O邸」「Yビル」「Y邸」「石の島の石」「弦と弧」「mitosaya 薬草園蒸留所」「Printmaking Studio/Frans Masereel Centrum」(LISTと協働)。

人びとと建築家との乖離

——知的かつ詩的な作品と言説が魅力的な中山さんは、住宅の批評性をどう考えますか。

中山 日本では建築家の考える住宅と、そうでない人びとの考える住宅の乖離がどうしても気になります。建築家が作品に込めた批評性に、住宅を求める人びとを含む社会全体がそもそも関心を持っていなければ、それはどうしても閉ざされた領域の中での議論にとどまってしまう。

僕は、映画を観たり美術館へ行ったりすることが好きで、そこで出会う表現や文化に、しばしば自分の考え方やものの見方を揺さぶられます。それを批評性と呼べるかどうかはわかりませんが、建築もそうだったらいいなと思うんです。自分の考える建築の批評性が、例えば映画のような異なる分野のそれと互いに関係し合い、交信し合えるものになり得ているだろうかと、よく考えます。大学の「建築概論」という1年生向けの授業でも、映画のワンシーンを観て監督が光や音に満たされた世界の中からどのようにシーンを選び取り、展開を組み立てているのかを読み解くようなことを、学生たちとしています。この授業ではほかに、ファッションや写真表現などについても、建築言語とクロスしながら考えています。

——作品に批評性が込められていても、業界内で閉じた議論をするかぎり社会的な役割を持たないということでしょうか。分野横断的な議論を展開された磯崎新さんも、住宅の批評性には懐疑的でしたね。

中山 磯崎さんは、個人と地場の大工のコミュニケーションで作られる日本の住宅に、建築家の批評性はそぐわないという立場ですね。一方で住宅の批評性を主張した篠原一男さんは、機能からデザインされた建築が生きられたものになるのかという懐疑から純粋な建築を志向し、住宅が建築かどうかはそもそも問題ではない、という意味で住宅に批評性はあり得るという立場です。

僕がとても影響を受けているアトリエ・ワンは、住宅を多く手がけていて、出身大学が同じ篠原さん的な立場に思われがちですが、僕には磯崎さん的であるようにも見えて、両者が単純に対立するものではないことを体現しているように感じます。例えば彼らの言う「ヴォイド・メタボリズム」とは、コアとカプセルといった建築要素が新陳代謝する都市のモデルではなく、税制や法といった因子によって都市そのものをメタボリズム的なダイナミズムとしてとらえる、大胆な視野の拡張ですよね。単体の住宅を大きなシステムの一つの出力としてとらえる態度は、むしろ磯崎さんの視点に近い。そのシステムの群れの中にスパイのように忍び込んでいくような感じに、とても惹かれます。

経済ゲームから生活の主体性を取り戻す

――中山さんの姿勢には、磯崎さんからの影響もあるのでしょうか。

中山 都市の建築を考えるとき、その影響下にない建築家など想像できません。アトリエ・ワンの『メイド・イン・トーキョー』を最初に世に出したのも磯崎さんですものね。ところで「都市の」と言いましたが、少し前に『住宅特集』の吉岡賞の審査で気づいたのは、「これは！」と思うものの多くが、都市ではなく、郊外や田舎に建つものばかりだったことです。住宅の批評性と言うとき、無意識のうちにその対象を都市的なシステムや、そこにある密集的な状況や法的制約を創造的にかいくぐる術に向けられたものと考えてしまうけれど、審査の軸足をそこから移さねばならない状況に行き当たった。そのときに驚くほど自分に言葉が乏しいと気づいたのです。

――都市住宅が戦後日本の建築界を牽引してきたという状況が変化しているのでしょうか。

中山 住宅に創造性を求める施主の側の変化が大きいかもしれません。例えば住宅に生業のための空間を組み込んだ計画がとても多い。なかでも特に、DIY文化への注目が顕著な印象を持ちます。「DIY2.0」とでも言えるでしょうか。DIY文化の第1世代は、1970年代のアメリカの資本主義、国家主義的なシステムへのオルタナティブとして、都市を離れた郊外に手作りのコミュニティを作るムーブメントで、多様な文化や思想が生まれました。その根底にあったのはベトナム戦争、巨大資本のビジネス原理への問題意識でしたが、そうした文化もファッションの一部として消費の対象になったとき、批評性を失っていきました。

例えば近年のブロックチェーンを用いた地域通貨によって国際的なマネーゲームから縁を切っ

た、自分たちにとって使いやすい価値の交換システムを作るような試みは、情報技術にまで広がりを持った、今日のＤＩＹ文化とも言えると思います。ものづくりについても、ネット上での情報共有とデジタルファブリケーションをひも付けたメイクカルチャーなど、両者は相補的ですね。半世紀前のそれと共通するのは、人生を自分たちの手に取り戻す、という純粋な気持ちです。ＤＩＹ2.0と仮に言ってみましたが、システムを再生産する消費サイクルによってあらゆる価値が実感のないところで決められていく、モンスターのような経済ゲームをばかばかしく感じるようになった人たちが、自分たちにとっての実感を積み上げていこうとし始めている。吉岡賞の審査で感じた変化は、そのような志向性の一局面として分析することができるかもしれない。

敷地境界を問う

──中山さんの作品「２００４」(２００６)［01］には、どのような批評性が込められていますか。

中山 これは私の最初のプロジェクトです。当時私が完成まで携わった建築は、伊東豊雄建築設計事務所で担当した大劇場だけでしたので、小さな住宅の設計をどうやって組み立てていけばよいのか、全然想像できませんでした。そこで私たちは、ベテランの建築家のように全体構成から細部を詰めていくような設計方法ではなく、非常に単純で些細な、けれども自分たちとし

01

ては「ここまではわかる」と言えるような事実を書き出すところから設計をスタートしました。

最初に現場に行ったとき、そこは放棄された田んぼだったので、地面にはなんの境界も見当たりませんでした。けれども、2回目に行ったときには建売住宅用に地面が区画され、四角く残った場所が私たちの敷地でした。私たちは、どこかの開発者が昨日引いたような線を設計の手がかりとすることに、ためらいを感じました。ただの地球だった場所が、急に「敷地」になる。そしてすべての建売住宅はその敷地境界線から50センチメートル、セットバックして建てられる。こういう風景の生成のされ方を肯定的に受容することは、とても難しかったのです。そこで、敷地になってしまった地球から、垂直方向に50センチ、家全体を上方向に離すことにしました。そうすることで、この場所をただの地面にしておきたかったのですね。それが私たちの仕事の出発点でした。

――浮いていることが、敷地内に建て込んでいる多くの住宅への批評になっているということですね。

中山 そう言ってもいいかもしれませんね。ひとまず家を持ち上げることに決めて、その様子を小さなスケッチにしました。ほかのことは何も決まっていなかったので、大変断片的です。地面にはクローバーが自生していました。実際には隣地境界線でその地面は途切れてしまいますが、寝転んでみるとクローバーは意外と背が高くて、目の前にミニチュアのジャングルがずっと遠くまで広がっているように見えました。その風景を切り取った窓を室内からの視点でスケッチして、さらにそこから連想して、少し上に持ち上げたスラブやそこに置かれたテーブルといったように、スケッチを重ねていきました[02]。不確かなスケッチが溜まった段階で、断片の間を想像で埋めていくように、スタッフが模型を作りました。それは、スケッチした自分でも想像していなかった形をしていましたが、竣工後に友人が撮影してくれた写真には、最初のスケッチにとてもよく似たシーンが写っていて驚きました。

――「Y邸」（2012）[03]でも同じ問題意識を持っていたのでしょうか。

中山 境界や地面について考えたところが大きかったですし、重なる部分はありますね。敷地北側の隣家がかなり前からある建物で、敷地境界からセットバックなしで高い壁がそのままそびえていました。ただこの住人が温かい方で、隣に越してくる私たちの施主を思って、こちらに接した南面の壁を真っ白に塗り直してくれたのです。そこで、敷地境界線から直に立ち上がっ

02

たこの白い大きな壁をレフ板として使い、北側に傾斜させた屋根や壁の開口から柔らかい反射光を取り込むことにしました。屋根や壁には隣家と同じ色のRC保護塗料を塗ったので、敷地境界線を境に向き合う二つの壁の間で光が乱反射する、明るい谷のような場所が作り出されることになりました。一方南側の土地は別のオーナーが所有する砂利敷の青空駐車場だったので、そちらに面した壁は打放しのままとしています。

結果的にこの小さな家は、コンクリートの灰色と白、2色に分けられることとなりました。けれども、隣り合う三つの敷地を眺めると、砂利敷きとコンクリート壁による灰色の場所と白い谷、という二つの場が生まれたとも言えます。三つのバラバラの敷地が二つの場になるのだから、数が一つ減る。不思議ですよね。さらに、灰色の壁と白の壁を可能なかぎり鋭角にすることで、2面を同時に見ることができないようにしています。サイコロは同時に三つの数を読むことができますが、人より大きな建築には、一度に読み取ることのできる情報が少ない、という特徴がある。住宅街で建築を考えることには、こういう面白さがありますね。

地球の上に建つ

——ご自身の住宅設計を通して、建築家の社会的役割をどのように考えますか。

中山 建築は二つの関係の中に建っている気がしています。一つは垂直の関係、もう一つは水平

03

の関係です。垂直と言ったのは、例えば太陽が浮かんでいて、地球がその周りを回転していて、ものを考える頭を持った私たちがその球体の上に立っている、というような関係のことです。一方、近隣や周辺との折り合い、予算や家計といったお金の話は、水平の関係と言えます。どちらも重要ですが、このところ建築をめぐるお話が、なんだか水平の関係ばっかりのような気がしませんか？　急に大地とか天とか言い出すと、ちょっと胡散臭く聞こえてしまうかもしれませんが、僕はこの垂直の関係について、ちゃんと言葉を持たなければとこのごろよく思います。過去にそういうことを言った建築家で思い浮かんだのは、バックミンスター・フラーでした。学生のころは、風変わりな夢想家で、作るものも周辺コンテクストとは関係ない幾何形体だし、建築家としてそこまで興味を惹かれませんでした。そうした印象が変化したのは、２０１１年の東日本大震災のころからです。彼の建築ドローイングは、しばしば地面がゆるくカーブした線で描かれているのを知っていますか？　僕らは、グラウンドレベルは水平線を引きますよね。でも本当は巨大な円弧の一部なわけです。少し引いた目線で都市を眺めると、超高層も木造アパートも、みんな同じ運命の上にちょこんと立っているように感じます。

思えば最初の住宅でもそうでしたが、震災後特に、そういう単純な事実がとても大事なことだと思うようになったんです。都心に暮らしていると、ご近所とのこととかお金のこととか、水平の関係をはるかに強く感じますよね。垂直の関係を思うことなんて、せいぜいお天気とかエアコンの効き目の心配くらいで、それもたぶん水平の関係に回収されちゃいます。都市を離れたくなる感覚というのは、垂直の関係をうたいあげることが建築を含む都市の思考には存在しにくくなっていることとも、もしかしたら関係があるかもしれない。そうだとしたら、建築家としてこれは大きな問題です。

——垂直の関係、というのは実際の建築的操作にとどまらない、思考の枠組みなのですね。

中山 「弦と弧」（2017）**[04]**と呼んでいる住宅では、いろんな方から「なぜあなたのデザインは外部を無視しているのか？　楕円形を選択したことで周囲との関係が希薄になっていないか？」といった質問を受けました。この家ではずっと垂直の関係ばかり考えていて、水平の関係を考えることが疎かになっていたのかもしれませんね。学生のころフラーに思った幾何形体に閉じた感じ、ちょっとしますよね。でも、地面があって空があって、その間に人や物がいるんだっていうことを、どうしても考えたかったのです。空中にバラバラの直線を引いて、それだけで場所を生み出そうと考えた結果が、弦と弧によるスラブの積層になりました。

緯度や標高や海流によって、一つとして同じ場所はないけれど、地球からしてみればどこにあろうと同じ球体の表面だし、アスファルトを剝がせばそこにある地面は敷地である以前に地球です。垂直の関係を考える思考というのは、そういうコンテクストとは少し違うことのように思っています。まだうまく言語化できていませんが、幾何学に閉じることなく、垂直と水平の関係を同時に考えられるようになりたいな、と今は思っています。

04

Interview

石田建太朗
技術との対話による建築

Kentaro Ishida:

Architecture via Technological Dialogues

石田建太朗—いしだ・けんたろう
１９７３年生まれ。ロンドンのＡＡスクールで建築を学び、ヘルツォーク&ド・ムーロン勤務。「ペレス・アート・ミュージアム・マイアミ」（マイアミ）、「トライアングル超高層計画」（パリ）や「40 BONDコンドミニアム」（ニューヨーク）などのプロジェクト・マネジメントおよびリード・デザイナーを担当。２０１２年よりイシダアーキテクツスタジオ（ＫＩＡＳ）主宰。２０１６年より東京工業大学特任准教授。主な作品＝「Asymmetric House」「N's YARD」「積葉の家」「南軽井沢の家」「PERROTIN DOSAN PARK」など。「積葉の家」はArchitectural Review主催のAR House 2020賞およびWAN AWARDS 2020のHOUSE OF THE YEAR金賞受賞。

204-205

均質化した建築シーン

——海外での建築教育、設計活動を経験されている石田さんは、住宅の批評性をどう考えますか。

石田 戦後日本で住宅を設計するということは、社会のあり方や新しい生活様式を考えることと同様に重要だったので、社会的な視点や批評が大きな役割を担っていました。「これからの生活はこうあるべきだ」というステートメントが建築を介して表明できる時代で、住宅の設計でも社会に対する批評が必要だったのだと思います。しかし今では住宅に社会的な課題とのつながりが見られなくなってきました。住宅における批評が日本においてかつてほどさかんではないことは、日本人の生活が成熟した証なのではないでしょうか。住宅設計は個人的なものに対する応答になり、社会的なアジェンダをともなう批評からは遠ざかっているように見えます。公共建築では、社会や時代、環境、国家、歴史などと向き合うことになりますが、住宅はそれらを無視することもできてしまう。批評を込めるかどうかが設計者の姿勢に委ねられているのです。

——社会の複雑化とともに、建築の主題が断片化しているようにも感じます。

石田 そうですね。特定のステートメントにもとづいた断片的な批評が多く、最近ではテクノロジー、建築、素材、スケールなど、身近なものが対象とされがちです。住宅がどうあるべきかという大きな問題ではなく、より具体的な事象を出発点にアイデアを生み出し、そこから面白い価値観を提案することが志向されているのだと思います。

――日本とヨーロッパで、建築家の社会的な立場に違いを感じますか。

石田 ヨーロッパの多くの都市には歴史的な文脈が色濃く残っていますから、新しく建つ建築のデザインを周辺住民が注視し、そのまちにふさわしいかどうかを議論します。スイスでは、市民投票（イニシアティヴ）で景観にふさわしくないと判断された場合、進行中のプロジェクトさえ中止することができます。ですから、建築家は未来のビジョンを建築に込めて訴えかけます。最近では、環境に対する建築家の姿勢が建築を語るうえで大きな比重を持ち、特にエネルギー法が厳しいスイスでは、地球環境への配慮が建築の重要な評価基準になっています。ヨーロッパの建築家にとって、建築の批評とは市民との対話を通して生まれる社会に向けたステートメントです。だからこそヨーロッパの建築には必然的に合理性が生まれるのでしょう。

日本国内に限って言えば、批評が減ったことで世の中の建築作品がより均質的になっている可能性は否めません。社会との対話が少ないがために、建築業界の外に開いて意見交換をする必要もないという暗黙の空気感が漂っているように思うのです。また、強い個性は社会から批判されやすく、対話がなされたとしてもその個性が共有されることは多くありません。

1970年代から90年代にかけて、ロン・ヘロン、レベウス・ウッズ、コープ・ヒンメルブラウやヤン・カプリッキーなど、個性的な建築を作る建築家たちが多くいて、ＡＡスクールで建築を学んでいたころ、彼らの作品に魅了されました。エキストリームな建築家を増やせというわけではなく、時代の潮流とは別のアプローチも許容できる社会であってほしいのです。建築家の一方的なステートメントだけではなく、設計するなかで社会ともっと対話をしていく必要もあります。そのような対話や批評を通じて、誰もがそれぞれに持っているアイデアや個性を共有することで、日本からも多様な建築が生み出されるようになるのだと思います。

変わり続ける住宅地への批評

——国内外での経験から現代の建築界を相対化されていることが石田さんの特徴だと思います。作品を例に、まず「Asymmetric House」（2015）[01][02]についてお話しいただけますか。

石田 住宅設計では周囲の状況を読み取ることから始めます。この敷地は70年代に広大な埋立地の上に整備された千葉県のベッドタウンにあります。一見、同じような住宅が建ち並び、均質化された景観が広がっているようですが、世代交代が進むにつれて街は徐々に変化し、広い区画に勾配屋根を持った庭付きの戸建て住宅が壊され、土地が分割されて小さなワンルームマンションに建て替わりつつありました。街自体が高密化し、第1世代と同じような住環境を確保することが難しくなっていたことが、このプロジェクトで私たちが注目した条件の一つです。

日照の確保のため、屋根の勾配を左右非対称とし、片側に少し寄せて細長い庭に光が入るよう計画しました。また、高密化する街並みを少しでも改善できるよう、3階建てをコンクリートと木造のヴォリュームに分割し、周囲への圧迫感を軽減しています。眼前のコンテクストに直接的な批評を向けるのではなく、周辺環境の時間的変化への批評を建築形態で表現したのです。

――形の「『不完全さ』が、日本の伝統的な家屋に見られるような、より柔らかな空間体験をもたらす」（KIASウェブサイト。邦訳引用者）といった文章には、モダニズム的な完全さへの批評を読み取れます。

石田 「Asymmetric House」では棟木や桁が平面的にも断面的にも角度を持っており、材が平行に構成されていません。日本建築においても野物や香節《こぶし》丸太など、自然の形状を生かした木材を使用することにより空間を柔らかくする技法があります。この家では西洋的なシンメトリックで硬質な空間に比べて、非対称な屋根面が構成する鈍角に折れた面が内部空間に動的で柔らかい設えを与えています。

アナログとデジタル技術の対話

――非対称の屋根の形はどのようにしてスタディしたのですか。

石田 コンセプトデザインの段階からデジタルモデリングで形状をスタディしています。在来工

01

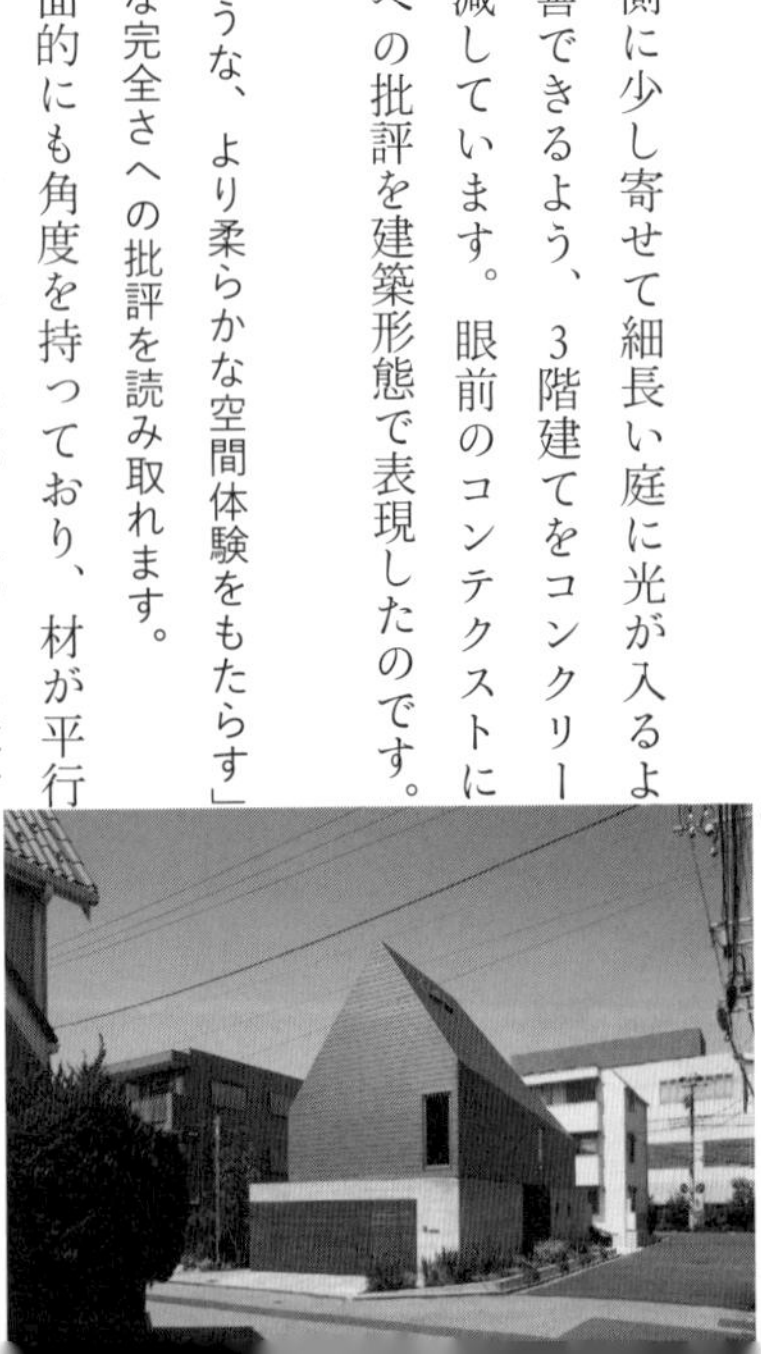

02

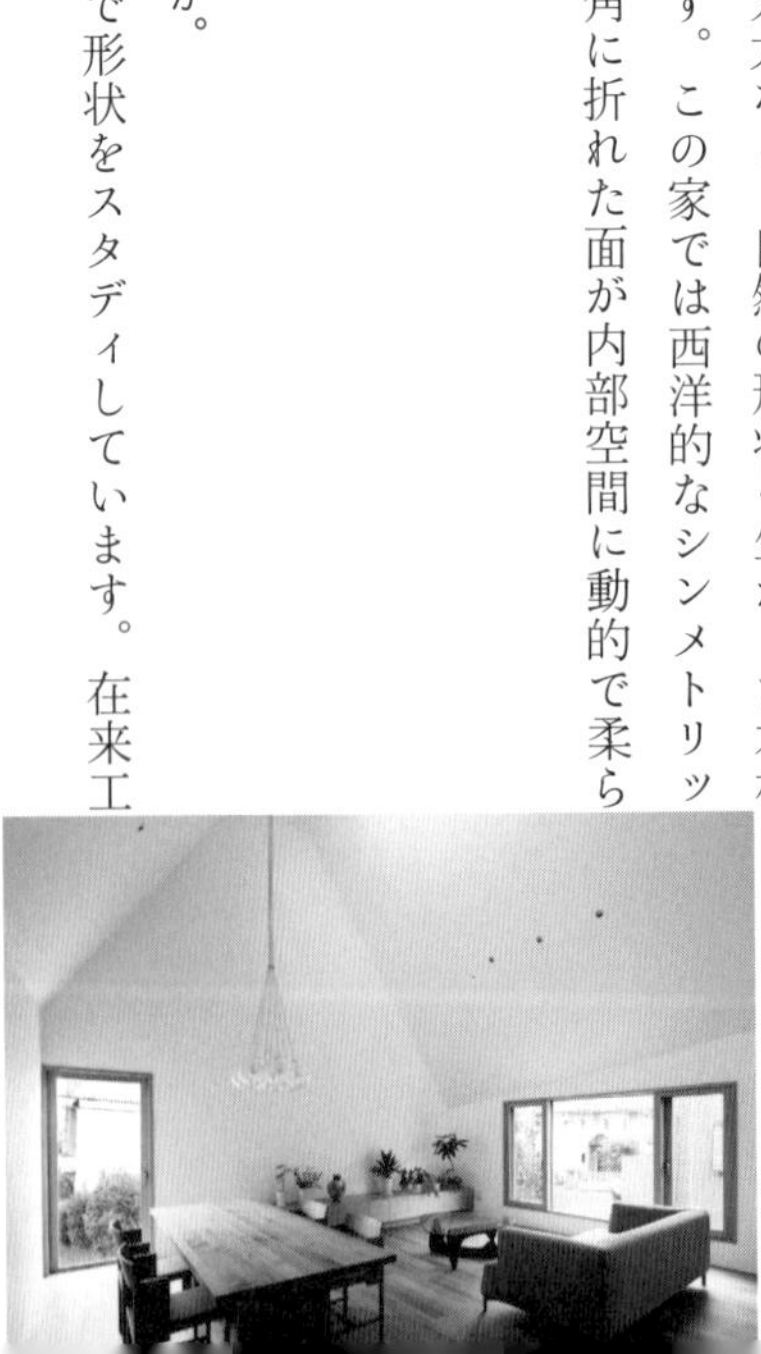

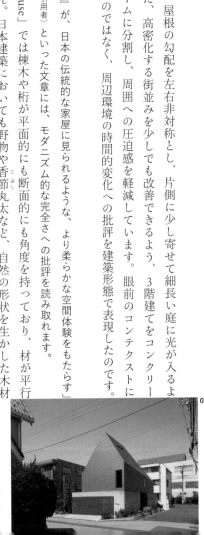

法における標準的な継手や金物だけでは、建物の形状を自由にできませんが、3Dモデルで詳細まで詰め、各部材の接合方法や仕口の形状まで検証すれば可能になります。パラメトリックモデリングにより、垂木の適正な間隔の決定や、既成の接合金物が使用できるジョイントの標準化も可能です。このようなプロセスを経た建築には、ほかの建物とそれほど違いが見えないかもしれませんが、大きな可能性があると考えています。量産された建材の仕様や規格による制限から解放され、建築に表現したい思想や批評を形態に落とし込むことができるのです。

——「積葉の家」（2018）[03]も特徴的な屋根をしていますね。批評性という観点からご説明いただけますか。

石田 軽井沢には特有の景観条例があります。屋根の勾配や軒の出の最小寸法が決められ、建築の形態が制限されるなか、建築家が現代的な空間を表現しようと、水平性を強調した別荘建築が多く見られました。私たちは、豊かな自然のコンテクストを無視したモダンな長方形のプランを森の中に配置するのではなく、リビングは明るい南東の方向へ、寝室や浴室はプライバシーの保てる西側へ向けてというように、それぞれの室にふさわしい自然との「関係性」を獲得できるよう四つのヴォリュームを敷地に配置しました。変化に富んだ自由な断

03

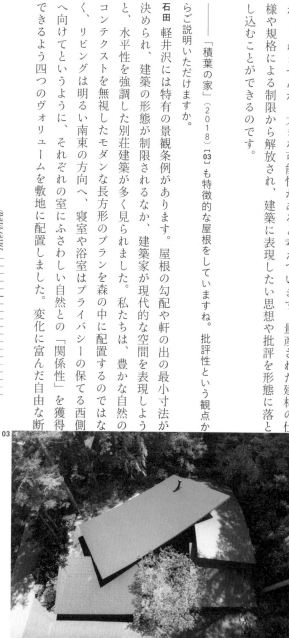

面が必要だと感じたので、ゆるやかにねじれた木の葉のような曲面を持つ屋根を採用しました。あたかもこの土地に制約がないかのように建築をデザインするのではなく、その制約をより強調することで周辺の建築とは対照的なものを作りたかったのです。その背景には既存の別荘建築への批評性があったと言ってもよいと思います。

また、平面ではなくゆるやかな曲面で構成された屋根のデザインをデジタルモデリングによって実現しています[04]。経済性・施工性を考慮して直線の垂木材を連続的に配置させた線織面として設計しました。垂木を曲率の異なる2本の梁の上に乗せることによりねじれた屋根面を形成し、凹面と凸面の屋根を組み合わせることによって、天井の高い伸びやかな空間からヒューマンスケールのコンパクトな空間まで、自由に構成することができるのです。

――たびたび特殊なジョイントを試みられていますが、どのように実現しているのでしょうか。

石田 「Asymmetric House」や「積葉の家」を施工したとき、まだ日本に木材のNCルーター加工機がそれほど流通しておらず、大工さんが手で加工していました。職人の技術は現場において非常に重要ですが、これをデジタル化できなければコストと時間を削減することはできません。2023年の秋に軽井沢の豊かな自然の中に竣工した住宅では、周囲の森の環境をどの空間からも感じられるようにするため、「積葉の家」の屋根の構造を応用してなだらかな曲面を持つ屋根を実現しました。「積葉の家」より複雑なジオメトリーを持つ屋根ですが、幸いなこ

04

とに今回は木材をプレカット加工するチームと設計側で構築したデジタルモデルを共有することにより、全体の部材の構成やそれぞれの仕口の形状、そして特殊な接合金物まで正確に加工することができました。

このように現場の技術の進化によって、設計者のアイデアの幅を制限することなく形にすることができるようになります。デジタルとアナログ両方の領域において設計者と技術者との対話を通して建築技術が向上することで、次世代に提供できるものも大きく変わっていくのだと思います。

――既存の条件を相対的にとらえたことによる、技術的なチャレンジに批評性があると感じました。

石田　フランク・ゲーリーやザハ・ハディドなどの有機的な建築作品の実現の背景には必ず高度なテクノロジーが存在します。建築を自由にしてくれるのがデジタル技術です。劇場やスタジアムのサイトラインを整え、温熱環境をシミュレーションするなど、それらの建築を具現化する際に、経済性や合理性を確保するために必要な技術であることは違いありません。しかしそれより大切なのが、その建築に至るまでの思想だと思います。私たちは建築の形態操作そのものにはあまり興味はありませんが、自分たちの建築的な興味を押し広げるためにデジタルテクノロジーには常に注視しています。この技術の発展のスピードは年々速くなっているので、われわれのデザインも常に前を向いていなければならないと考えています。

Interview

原田真宏
「特別」な「普通」へ

Masahiro Harada:
For "Special Standard"

原田真宏—はらだ・まさひろ
1973年生まれ。1997年芝浦工業大学大学院修士課程修了。隈研吾建築都市設計事務所、磯崎新アトリエなどを経て、2004年原田麻魚とMOUNT FUJI ARCHITECTS STUDIO設立。現在、芝浦工業大学教授。SD Review 2003鹿島賞、JIA新人賞、JIA日本建築大賞、日本建築学会賞（作品）など受賞。主な作品=「焼津の陶芸小屋」「PLUS」「Tree House」「海辺の家」「Seto」「鉄のログハウス」「知立の寺子屋」「道の駅ましこ」「傘の家」「半島の家」「Entô」「FLAPS」など。

近代の計画主義からの転換

——原田さんの作品はシンプルで力強い空間表現が魅力ですが、住宅の批評性をどう考えますか。

原田 まず戦後日本の建築界は、社会を復興しなければならないところから、そのための方法論を一般化していく必要がありました。戦後復興期は特に、建築を作るというのはかくあるべき、都市を作るというのはかくあるべきであると、その方法論を提示することに価値がありました。その方法論が批評になるわけです。

つまりその計画的手法をテキストはもちろん、実建築によっても提示して説明することが建築の本質であり、皆がそれに則って都市や建築を作っていくということが正しかったのです。戦後の焼野原に都市を計画するには、市庁舎にしても図書館にしても、これまで一般的ではなかったビルディングタイプの計画概念を輸入して、どんどん作らなければならなかった時代でした。しかし、僕たちの世代は、生まれたときからそれらがすでに存在するものとして経験しています。今の世の中は既存の事物で満たされていて、それらとの対話、対応関係をデリケートに拾い出しながら建築を作るという、デザインの目線が計画的上空から実存的地上へと下りてきた時代だと思います。現実に存在するものとの関係をとらえる感覚、感性がとても大事な時代になってきているのです。だから計画的手法の提示を今でも建築表現の主題としてとらえる考え方に対して、僕は懐疑的です。ひどい言い方をしてしまえば、僕たちの時代の計画学はファッション、言い換えれば計画表現主義に見えることも時々ある（笑）。

――原田さんは、計画学のような既存の手法に対して批評的なスタンスを取っているわけですね。

原田　僕は計画表現主義的なエクストリームな建築を作ろうと思っていませんし、むしろものすごく普通なものを作っていると思っています。普通というのは決して標準を意味しているわけではなく、適切さということです。その時その状況、これからあるべき世界に対して、最も適切な、新しいスタンダードは何かを探しているのです。だから肩肘張って批評性が高いものを作ろうという意識はまったくなく、当たり前なものを作るということが逆説的に、当たり前なものを作ろうとしない建築界においては批評性を持っていると考えています。

商業主義と表現主義の共犯関係

――表現主義的な建築は、資本主義社会や消費社会といった社会状況とも関係していますね。

原田　エクストリームであることは、メディアにおいて広告を集める重要な要素なんですよね。どんな雑誌、メディアも実際のところ購買よりも広告で成り立っているわけですから、広告を出している人たちが納得するような客引きのいいネタがほしいわけです。メディアに求められる建築を作っていくと、そのエクストリーム度合を競うことになる。雑誌を売るためにはそれでいいのかもしれませんが、建築にとっては全然いいことだとは思えません。これは建築メディアへの最適な状態と呼べるかもしれませんが、むしろサイト最適、つまりこの現状の世の中にとっての最適を作るということが大切だと思います。

例えば「焼津の陶芸小屋」（２００３）【01】はまさに構造、素材、施工すべてを合理的に解決しなければならなかった作品です。予算が非常に少なく１５０万円しかなかったこともありますが、やはり商業主義と建築家の表現主義というのは相性がよく、その共犯関係が原因で世の中は壊れていると思っているところもあるので、現在の状況に最適な、合理的なものとしてデザインがあり得ることを示したかった。それがたぶん僕の建築の批評性の原点なのだと思います。

――メディア映えする作品を発表することが建築家の生存戦略の一つとなってしまっていることへの批評と受け取れます。では、「普通」の建築は、社会にとってどのような意味を持つのでしょうか。

原田　東日本大震災が起こったあと、土木分野の人たちはものすごく頼られましたが、建築家は社会からほとんど頼りにされませんでしたね。それはつまり、社会に対して役に立つ存在として建築家が見られていなかったということです。だから建築家のほうから社会にアプローチするしかなかった。エクストリームな表現主義者は、こんなことやあんなことができる、こんな批評性を持っている、ということを表現したいのかもしれませんが、そういう人たちは社会か

01

ら頼られていないということが2011年にわかってしまった、これは非常にまずい状態だと思います。

建築家というのは、世の中を幸福にするビジョンを与えてくれる人たちだったはずですし、僕は現状、そして来たるべき世界に対して、ビジョンを具体化できる存在でありたいと思っています。そうした普通のあるいは古典的な建築家の佇まいというのは、これまでのエクストリームな表現主義者群と比べて、相対的に、むしろ非常に作家的に見えるわけです。普通であることが表現になってしまう。こうした逆説的な態度は、社会的な批評性を持っているのかもしれませんね。建築家は社会の役に立つ存在だということを示すのは現在の日本の建築界にとって、とてもクリティカルなことですよね。そのクリティカルな態度には世の中にとっての価値があると思います。今は信頼回復の時期なのかもしれないですね。

——表現という観点では、「鉄のログハウス」(2014)[02]は構造の直截な表現が特徴的ですね。

原田 このプロジェクトは、大きな区画を6個に分けた真ん中の旗竿敷地で、6個の敷地の中で最後に建った建物でした。工期を短くしたほうがすでに周りに住んでいる人たちにとってはいいだろうと思い、プレファブリックな構法を選んでいます。しかし、ここには裏の意味が込められています。周囲の建物はすべて木造3階建てでプリント建材の貼られた、いわゆる舞台の書割みたいなフェイクなものに取り囲まれている環境でした。こうした環境の中で、ちゃんとそこに存在している、ずっとそこにある確かなモノとして感じられるものがほしいとクライアントは考えていたし、僕も現実にアンカーするような建築がほしかったんです。日本のまちは簡単に言えば舞台の書割でできているようなもので、夢をテクスチャーマッピングしているような世界ですから、ここでの批評というなら、フェイクのような建築に対して実体としての建築を持ち込みたいということでした。

そこで、ものすごく強い物質性、存在感があるビル用のH形鋼を使用しました。例えば日本では古くから御柱《おんばしら》を信仰する風習がありますね。大きな木の周りや、巨石にしめ縄を付けて、生き物が集まったり宗教が生まれたりするわけですが、そういうモノが持っている場の力をもう一度日本のフェイクな住宅の中に取り戻したいと思っています。日本の建築は昔から何かを意味するものであって、実体はないものとするということがありますよね。ある種の「浮世思想」です。あるいは何かを意味するための実体なのかもしれません。だけど僕は、意味するものだけではなくて、有るものとして建築を作りたいと考えています。

空間の構成体と物質の構築体

――原田さんは一貫して素材の即物的な表現や構法をテーマとしていますね。

02

原田 建築には、空間の構成体としての建築と、物質の構築体としての建築という二つの見方があり、その両方が重なるところによい建築が存在していると思います。近年まで、日本の建築の状況というのは、空間の構成体のほうに偏り過ぎていて、物質の構築体としての建築への視点が欠けていました。例えば現在一般的な大壁の建築というのはまさに空間の構成体のための工法で、存在のための構築体が見えてこないのです。一方で真壁の建築というのは、どのようにその建築が存在しているのか、成り立っているのかを可視化しています。建築には空間の構成体としてだけではなく、物質の構築体としての側面があるということを批評したかったのだと思います。空間の理とモノの理というのがあるわけですが、その両方が必要だと思います。

――そうした思想は、「立山の家」（2016）**[03]** で明確に表れていると感じました。

原田 「立山の家」はまさに空間の構成体としての建築と、物質の構築体としての建築の両方をテーマにしていますね。近年、2100×210ミリメートル断面の超大断面集成材という巨大な木材を手軽に手に入れることができるようになってきて、こうした技術を使ったらどんな空間があり得るのかということを追求しています。学校では構造の軸を上下階でそろえなさいと最初に教わりますよね。これができていないととても怒られますが（笑）、これだけ大きな梁成になると上部と下部で軸がずれても問題ありません。それで何が起こるかというと、空間がまたぎ合うことが始まるんですね。これまで構造的に隔てられていた空間が、上部と下部がずれて

03

いればひだ状の断面でずっとつながっていく。新しい素材、新しい構法によって新しい空間の経験が生まれるのです。

近代に普及したコンクリートも鉄もガラスも、現在に至るまで大して変わっていませんが、木は近代以降数々のイノベーションが起きている、最も進化している素材です。今まで木の構造を考えるときは線材として考えられてきましたが、これからは面やマッスなどとして考えるのがふさわしい時代になるのではないでしょうか。しかしそれを単に、新しい技術によってエクストリームな建築ができるということを示すだけではなんの意味もなくて、新しい技術だからできる適切な空間を提案することに意味があると思います。

――一方、ＲＣ造の作品である「半島の家」（２０１８）[04]は、その素材感が特徴的ですね。

原田　これは６００平米超えの大きな住宅ですが、三浦半島の先端の工場地帯のような雰囲気のところにあります。この周辺では斜交葉理という岩肌が見られます。敷地から見える崖の先にもありますが、地層が傾いたパターンになっていて、コンクリートの型枠もそれに沿って設置しました。つまり、三浦半島の先端の土地を切り出して作ったような建築になっています。

――コンクリートは人工物ですが、この作品では石のような質感で自然的でもありますよね。そうした物質性によって人工物と自然の間をデザインされているように感じました。

04

原田 例えば世界の認識として、自然科学的か人文科学的かという分割はわかりやすいですが、自然科学は海や地形、エンジニアリングも含みますよね。そう考えると東京のような大都市も自然だと考えられる。つまりコンクリートと鉄とガラスであっても、自然との連続性がある、あるいは自然そのものであるということです。例えば野鳥は東京を自然としてとらえているでしょうね。世界を意味としてとらえるか、存在としてとらえるかの違いだと思います。

――素材の物質性と意味を合理的に建築に統合できる方法を追求しているのですね。

原田 合理性は正しい言葉ですが怖い言葉でもあります。合理性の対象とする範囲を小さくすればピュアな合理性が実現できるけれど、非常に臆病で閉じこもった建築になる。合理性が対象とする世界はどこまでも開いたものでないといけないと考えています。地質や土地が持っている形や、あるいは歴史性などのコンテクストを全部とらえたうえで、最もあり得べき合理的な建築は何かを探すことが大事ではないでしょうか。問題をあらかじめ小さく切り分けて、その中でピュアな回答を作るというのは、魅力的でよろめきたくなるやり方ですが、建築家として一番やってはいけないことだと思いますし、つまらない短命な建築を生むと思います。順調に迷いなくデザインできますが、単なる独り言に過ぎなくなってしまう、臆病な態度だとも言えます。

僕が日本のよくないところだと思っているのは、構築をやっている人は構築しか表現しない、空間をやっている人は空間しか表現しないという、セクト主義に陥ってしまいがちなことです。

その二つが出会うところが一番面白く、僕はその二つが重なるところをターゲットにして建築を作りたいと思っていますし、その結果、大らかで開かれた社会性を持った建築になるのではないかと考えています。そういう姿勢が批評性を生んでいるのかもしれませんし、実はそれが作家性なのかもしれませんが（笑）。

——コロナ禍を経て、これまで語られてきた合理性のような枠組みも変容しつつあるように思われます。

原田　ウイルスには、人文学的な意味論は通用しません。その建築が文化的に何を批評しようとしているかなどよりも、物理的に風通しがいいか、生活域をセパレートできるか、など具体的な特性が重視されます。つまり、建築のきわめて自然科学的な側面がクローズアップされるわけです。それは、建築の用途や室名さえ変更してしまうパワーがありました。例えば、外廊下形式でそこに面して全開放できる居室があるという、通常の客室ユニットプランを反転してしまった「Siro」（2020）というホテルがあるのですが、コロナ禍でホテル需要は壊滅的だったなか、ほぼ毎日満室という状況が続きました。なぜなら風通しがよく、まちに近い居室の物理的特性が、リモートオフィスとしてちょうどよかったのです。用途や室名よりも環境特性が勝ることで、使われ方が変化するという現象が起こったわけです。このように、建築の自然科学的側面は、以前に比べて一般に重視されるように変化していると思います。

Interview

今村水紀
可能性としての批評性

Mizuki Imamura: Criticality as Possibility

今村水紀━いまむら・みずき
1975年生まれ。1999年明治大学卒業。妹島和世建築設計事務所を経て、2008年篠原勲とmiCo.設立。2024年より近畿大学建築学部専任講師。東京建築士会住宅建築賞、日本建築学会作品選集新人賞、第15回ヴェネチア・ビエンナーレ国際建築展日本館特別表彰など受賞。
主な作品=「駒沢公園の家」「久我山の住宅」「東京の家」「慶應SFC SBCプロジェクト 滞在棟3」「光のあみの家」「東玉川アパートメント」「鎌倉アパートメント」など。

数ある批評性が多様性を肯定する

——都市部の住宅で構法的な試みをされている今村さんは、住宅の批評性をどう考えますか。

今村 現代の社会に対して意識的な提案があることだと考えています。社会や周辺を含めた環境、時代背景などの住宅を取り巻くすべてに対して、何かしら新たな広がりを示すことが、批評性を獲得することになるのではないかと思います。建築家とともに住宅を作ろうというクライアントは、社会や都市に対する広い視点を持っている方が多く、要望の一端やクライアントの眼差しが社会への寄与につながっていると気づくことも多くあります。

——批評性に対してポジティブなスタンスをお持ちのようですね。

今村 そうですね。でも、ポジティブにならざるを得ない時代に設計しているからではないかとも思います。批評性のあり方も時代とともに変容していると感じます。昔は、何かよくないと感じる事柄に対して、批評性を持つことでよくしようという潮流があったと思います。それは、現在と比べて、もう少し社会で共有された問題があったからではないでしょうか。その中で際立った言説を発表されていたのが、伊東豊雄さんたちだったということなのかなと思います。

ただ、価値観が多様な現代においては、目指す方向性が多岐にわたるので、明快なスタンスの批評で何かを提示するというよりは、提案し合い、お互いに影響をし合いながら次につなげるという批評性のほうがしっくりくる気がします。こういうこともできる、という自由なものを示して、可能性に幅を持たせるようなことが現代での批評性ではないでしょうか。

——過去の世代の建築家と現在では、批評性という点でどのような変化があるでしょうか。

今村　ＪＩＡ（日本建築家協会）で、１９７０年代の言説を分析することで現代や未来を見通してみる、という企画をやったことがあります。例えば黒沢隆さんの『翳りゆく近代建築』（１９７９）からは、「建築が死んだ」という言葉に代表されるような、社会が目指すべきところを失ってしまったという状況認識が70年代に出始めたことが読み取れます。そうした状況認識は現代に通ずるところがありますが、70年代と現代とでは、それに向き合う建築家たちが示す批評性は異なっているように感じます。70年代は都市や国家という大きな枠組みから建築を切り離すことで、その時代の批評性が存在し得たように思います。一方、現代では、時代に共有された批評性といったものはなく、建築家が提示するものは、相対化され得る、数ある批評性のあり方の一つであり、さまざまな批評性のあり方を認めることは、多様性を肯定する現代の批評性であると感じています。

建築の構法というコンテクスト

――価値観の多様化した現代において批評性を考えることは、住宅建築の社会的な役割を考えるうえでどのような役割を果たすでしょうか。

今村 実際の設計においては、具体的な事柄に集中しています。批評性を得ることは目的ではなく、世界に向き合い、建築を作るなかで結果的に組み上がっていくものではないでしょうか。私の場合、言語を用いて批評性に向き合うのは、建築が建ち上がったあとであることが多いです。批評性を考えることは、建築を通して現代性といった大きな視点に戻ることを促します。建築は、周辺環境や社会との関係性を断ち切れない存在であるし、だからこそ、それらに対してなんらかの提案があっていいと考えています。私たちは、おそらくそれを形としてやろうとしています。しかし一方で形の問題に落とし込む必要性については自分の中で整理できていない点であり、これからの課題だと考えています。

――周辺環境や社会との関係性をさまざまな水準でとらえることが、結果的に作品の批評性を考えることにつながっているのですね。

今村 そうかもしれません。敷地の中だけを見て設計はできないのですが、敷地の外を考えると

きに、その射程がどれくらい必要なのかという問題があります。例えば丹下健三さんはどんな設計でも日本地図から始めると聞いたことがあります。私たちはスタディを始める際、どのエリア、どの縮尺で考え、そしてどこまで模型で表現するか常に意識しています。具体的な表現がつれてくるスタディもあるし、抽象度が高い表現がつれてくるスタディもあるからです。

——「駒沢公園の家」（2011）[01]では、具体的にどのような検討をされたのですか。

今村「駒沢公園の家」は、設計条件により1階の増築が必要でした。増築をするとその分建築が大きくなってしまいますが、敷地周辺との関係を見ると小さいほうがいい。そこで、三つの小さな小屋に分け、それぞれをとても短くて大きなガラスの通路でつないでいます。外部から見ると三つの小さな小屋ですが、中をワンルームの大きい空間としています。このように外に対しては小さく、内に対しては大きな構えを作り出すことを念頭に設計を進めました。

既存の軸組工法の住宅のリノベーションは、同じように軸組工法で作られている周辺を含めて考えると、環境や街

02 敷地周辺を含めた軸組模型

並みをリノベーションできる可能性を持っているということに気づきました[02]。一見違う外観の住宅でも一皮取ってみると同じシンプルではっきりしたルールで成立しています。ルールを共有している建物群は、敷地の境界を曖昧にして建築が拡張しているような環境の作り方ができるのではないかと思いました。例えば、不動産がもっと気軽に手に入る未来がくれば、一つの住宅とその隣の住宅の半分を切り離し、つなぐような建築ができるかもしれません。敷地境界を曖昧にする手法は、1軒の住宅のリノベーションであっても、その地域環境全体のリノベーションにつながる射程を持っているのではないかと思います。

01

――そうした周辺環境からの発想は、「久我山の家」（2014）[03]でも表れているように思います。

今村 「久我山の家」の敷地周辺について説明すると、東西に走る道路の北側には道路側に庭を持つ住宅の層があり、道路の南側には街路樹で守られた大きな公団がありました。北から南に向かい、住宅、庭、道路、街路樹、公団、というレイヤーがある構成です。元々まちが持っているこうしたレイヤー状の都市環境をそのまま住宅に落とし込むことで、家がまちに参加すると同時に、まちのよさも享受できる。そんな住宅を目指しました。具体的には、まちに対して複数のレイヤーや境界を用意することで、人によってまちとのかかわり方やつなぎ方の強度を選べるようにしました。日本の伝統的な間戸の考え方に表れる、選択可能なまちとの間の取り方を実現するために、建具は特に注意して設計しました。

03

04

――「東京の家」（2015）[04] は周辺環境との関係性が、さらに明確に形として表れている作品ですね。

今村 「東京の家」の敷地は雑居ビル、高層マンションなど建っているエリアと古い木造家屋のエリアのちょうど狭間に位置しています。したがって、家っぽいものを作っても、対照的にビルっぽいものを作ってもこの敷地のコンテクストにはそぐわないと感じました。そこで私たちが考えたのが、その間のヴォリューム、つまり家とビルの間の形でした。

音楽スタジオというプログラムも含めて、RC造の閉じた箱が設計条件から導かれる一番合理的な答えでしたが、クライアントと話をしてみると、テラスで煙草を吸ったり、音楽家としての友人が多数訪れるなど、開放的な生活のシーンが見聞されました。そこで、クローズドなコンクリートと、オープンな鉄骨のスペースを同時に作ることにしました。閉じたコンクリートを基本構成としながら、2、3歩歩くと、突然ぶわっと外部の緑や空への広がりを感じることのできる空間を共存させる内部となりました。一つの空間でありながら、守られているところと広がっていくところが、混ざり合っている状態です。

――構法的なテーマは「駒沢公園の家」でも見られます。周辺環境との関係を構法から考えることに、どのような批評性があるのでしょうか。

今村 周辺環境から考えることは空間的な広がりをおさえることにつながりますが、構法という技や技術の積み上げをテーマにすることは、時間の積み重ねにアクセスし、現在に連なる先人たちのトライアルの蓄積につながる行為ゆえの批評性を獲得するように思います。

東京の家では、サッシュの納まりを鉄骨の部分とRCの部分で変えていますが、構法のみならず、ディテールの組立てにもそういった側面があります。構法やディテールがつれてくる少しだけ新しい環境も、批評性をともなうと言ってもいいのではないでしょうか。一つの具体的な建築が体現する批評性のかたちは小さくとも、それが社会に投じられたときに、その影響が広がっていくことがあると思っています。

さまざまなファクターを混在させたまま扱う

——周辺環境との関係を具体化される際、構法やディテールを通して社会へと射程を広げているのですね。

今村 周辺環境との関係性をつくるかたちには、妹島和世建築設計事務所での模型を用いたスタディの経験が影響していると思います。クライアントの要求、周辺環境、法規などから導かれる矛盾したファクターをどのように組み立てていくのかというのが建築の設計プロセスだと思いますが、私が在籍していた2000年代前半の妹島事務所で携わった建築には、ファクターの鮮やかな取捨選択があったように感じています。しかし、現在、私たちは矛盾しているファクターも混在したままで設計を進められないかと模索しています。多様な環境や条件を混ざり合ったまま扱うということが、「東京の家」での提案であり批評性です。鉄骨と板で構成したモダニズム的でオープンな空間とRCの殻で構成した空間のハイブリッドであり、また非常に明るい空間と陰の空間が隣り合うように存在しています。

――今村さんはある意味で、モダニズムのボキャブラリーを引き継いでいるような印象を受けます。

今村　なるほど。そのように見えるのですね。モダニズムも明示的にファクターを取捨選択している側面があると思います。そして抽象を用いて整理し、建築、空間にしたという見方もできるのではないでしょうか。建築の設計は、模型、図面、CGといったツールを用いて思考する以上、抽象化は必須ですが、私は、多様なファクターに向き合うときに、なるべく取捨選択せずに設計を進めたいと思っています。一方で、ファクターの整理の仕方はよく考えています。整理の仕方で見えてくるものが変わってくるからです。

変な例えですが、ax^2+bx+cという数式を$a\left(x+\frac{b}{2a}\right)^2+c-\frac{b^2}{4a^2}$と、平方完成という整理の仕方を採用することで、二次曲線の頂点や軸が見えてくるといったイメージです。このように、私たちは、スタディの過程で抽象化して周辺環境や建築をとらえているフェーズがあるし、ファクターを多数扱うとしても、抽象思考を用いて整理しています。そういった点で、モダニズムの延長線上にいるように見えるのかもしれません。しかし一方で、いき過ぎた抽象が生み出す、純粋な建築を作りたいとは思っていません。現代の、多様な環境を持つ建築を作りたいと思っています。

――コロナ禍を経て人びとの建築に対する価値観が変化しているのではないかと思います。ご自身の活動の中で感じた変化はありますか。

今村 「光のあみの家」（2021）**[05]**は、コロナ禍の初期に引渡しを行いましたが、資材調達の混乱もあり、部分的に未施工となりました。エキスパンドメタルの庇は半年後、駐車場の屋根は9カ月後の完成となりました。完成からはどなく、追加工事の相談をちょこちょこいただいており、今も、設計が終わることがありません。クライアントは、コロナ禍で在宅勤務となり長く家で過ごしているからか、家と庭のあちこちの光や温度の変化や風の流れを読み、遊牧民のように居場所や物を移動して暮らしているようでした。追加工事の希望も不思議なもので、例えば、窓から窓へと半屋外の渡り廊下を付けたいといった、内外の境界を無視するようなものもあります。すごく小さな建築行為の依頼を受け続けていると、建築の単位や境界が変化したようにも思うし、竣工という特異点がなかったからか、建築行為が生活の営みに自然と刻まれているようにも感じています。

05
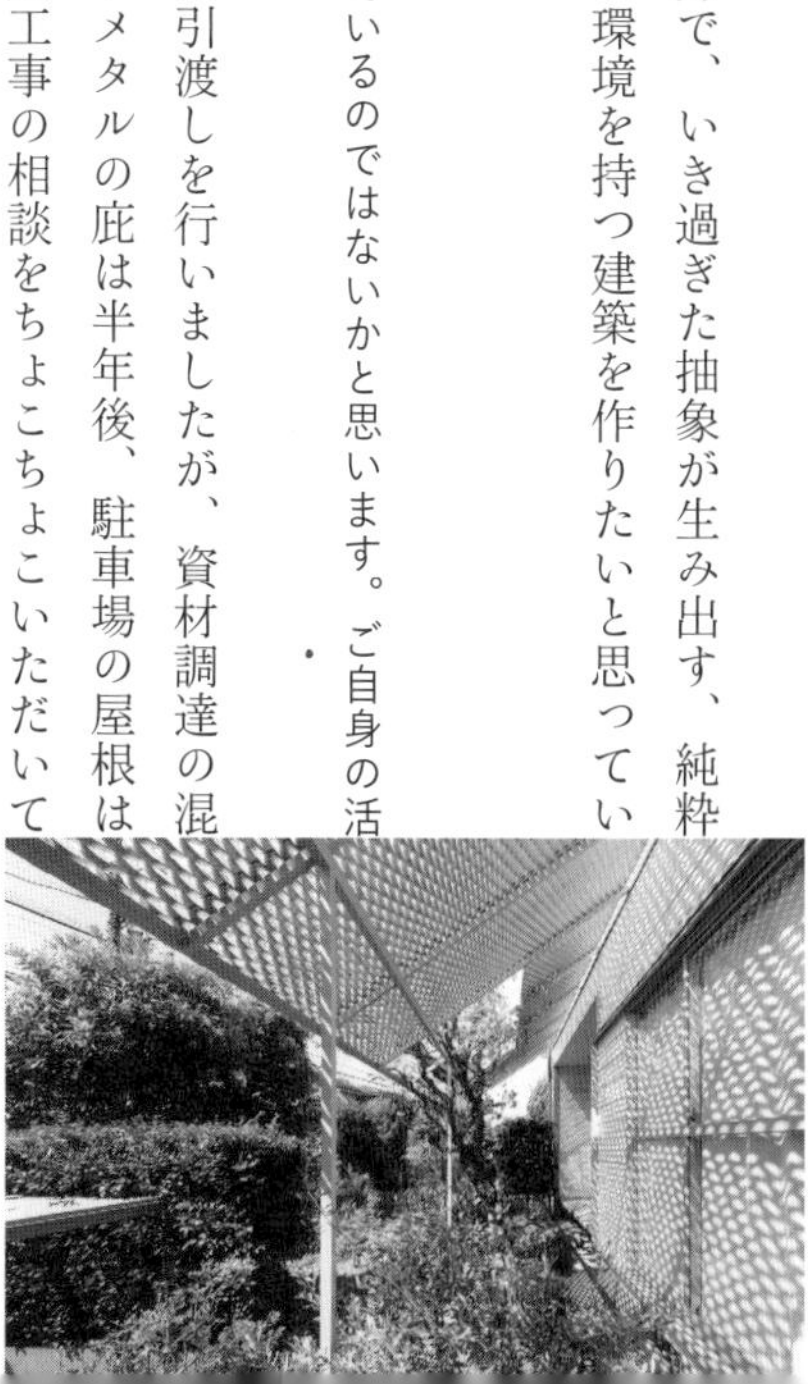

Interview

藤原徹平
ローカリティとヒューマニズム

Teppei Fujiwara: Locality and Humanism

藤原徹平―ふじわら・てっぺい
1975年生まれ。2001年横浜国立大学大学院博士前期課程修了。隈研吾建築都市設計事務所を経て、2009年よりフジワラテッペイアーキテクツラボ主宰。2010年よりドリフターズ・インターナショナル理事。2012年より横浜国立大学大学院准教授。日本建築士会連合会賞奨励賞、東京建築士会住宅建築賞、JIA新人賞など受賞。主な作品＝「表参道の立体居」「内と外の家」「牡鹿ビレッジ」「代々木テラス」「クルックフィールズ」など。

社会との距離を再定義する

――設計だけでなく教育、アートの現場でも活躍する藤原さんは、住宅の批評性をどう考えますか。

藤原 私の考える批評とは、建築の思考そのものです。建築の思考プロセスでは、自分自身の考えを批評することが、イノベーティブであるための方法論になります。建築をどのように再定義していくか、というのが批評の重要な働きで、使い手やチーム内での対話がよい建築を作るためのエンジンとなります。

――建築を再定義することは、社会にとってどのような意味を持つのでしょうか。

藤原 建築家が「この建築で最低限必要な秩序は何か」を言えるようになれば、それは社会に対するスタンスになるはずです。建築に限らず、デザインの原理というものを考えたい。建築を再定義するとき、例えば図書館の設計基準を変えてみる、図書館の原理とは何かを問うことから始めると、そこには社会と直結したリアリティがあります。未来の社会を再定義すると言うと、抽象的なものになる可能性がありますが、住宅は誰もがリアリティを持っている場所ですから、その原理を再定義することは、未来の社会を具体的に示す、最も重要な建築の仕事なのかもしれません。

——たしかに住宅は小さな建築ですが、社会に影響を与える可能性がありますよね。

藤原　社会はダイナミックな構造で常に変化しています。その意味では誰もが新しいムーブメントに参加していますし、建築は社会に良い変化をもたらす役割を担っています。しかし、住宅が社会に顕著な変化をもたらすことは、そう簡単ではありません。住宅は一つの建築でしかなく、私的な所有物です。閉じた家にしたくない、あるいは家を閉じたものにしたいという考えも、どちらも私的なビジョンに過ぎません。日本の建築家は住宅を通して、きわめて社会的な建築、あるいは逆にきわめて非社会的な建築を提案していると言えます。

——磯崎新さんや篠原一男さんなど、両方の姿勢が同時に見られる建築家もいますよね。

藤原　二人とも社会について語りますが、実は極端に非社会的な姿勢であるとも言えます。社会の状況に触発されつつ、建築は自律して存在し得るという考えが彼らの面白いところですね。

クライアントには、社会と共生する完全にオープンな生活を提案される方もいます。しかし、開放が家族全員に必ずしもフィットするわけではなく、ある程度の距離感が大切です。「距離」は私のキーワードの一つです。学生時代に読んだ長谷川逸子さんの「長い距離」(1)というテキストが、住宅から社会までの配列における新しい距離感を考えるきっかけになっていて、そうした思考が批評の基盤の一つになっています。閉じるのか開くのか、建築は両義的な性格を常に持っています。建築家にとって社会の一員であるという認識は大切ですが、社会の中心人物ではないように思います。私は祭りのリーダーになるのではなく、祭りに参加したい(笑)。

――住宅の社会的役割を再定義するうえで、「距離」にもとづいた批評性はどのような意味を持ちますか。

藤原 住宅において社会性とは、端的に言えば人と人との空間的なつながりを意味します。一方で、環境とつながる媒体としても住宅を考える必要があります。環境にはいくつかの層があって、住宅は周りの環境だけでなく、もっと大きな構造ともつながっています。

例えば、土地の隣に神聖な山があるのなら、住宅も神聖なものとの関係で作るべきです。そうでないと、環境そのものが混乱してきます。ポストモダニズムのコラージュのような、ゲーム的な混乱を作りたくないんです。世界のつながりのバランスは配慮されるべきであって、そういう意味でコンテクスチュアルな考え方は、私の住宅設計にとって重要です。

私は、敷地のリサーチを大切にしていて、いくつものレイヤーを通してその人の生活を決定づけている環境とのつながりや距離を見出そうとしています。日本では建物よりも場所のほうが決定的な、つまり、建築ではなく環境が必要な場合もあるのです。

間取りから考えない

――具体的な作品を見ると、「等々力の二重円環」(2011)[01]では特に周辺環境への配慮が見られますね。

藤原　クライアントの要望は、限られた予算で美しくオリジナリティのある住宅を建てることでした。敷地近傍には都心部にもかかわらず自然渓谷があり、その延長線上にこの住宅をデザインしました。通常、日本では敷地境界線からセットバックしたうえで、建蔽率の余り分、家を片寄せて庭にするという不文律があり、敷地の前面か背面に緑があるわけです。しかし、一面だけが庭に開かれ、あとは壁で閉ざされた建物というのはあまり面白くない。そこで、四つのファサードが庭に面しているような、新しい家のあり方を考えました。円環状の庭は子どもたちにとって、家の周りをぐるりと回れる楽しい場所になりました。

そして、一番大切なことは間取りから考えないことでした。考えたのは柱の並べ方です。建築を作るうえで柱はとても重要な要素です。諏訪には、山で木を切り、まちまで曳いてきて、境内の森に柱をご神体として立てるという非常に古い祭りがあります。柱は日本の建築の原点とも言えるのです。

——「稲村の森の家」（2016）**[02]**も「等々力の二重円環」と同様

01

に開放的な空間が特徴的です。

藤原 ここでも間取りについてクライアントと議論しませんでした。例えば磯崎さんや篠原さんも、部屋の配置についておそらくクライアントと議論していません。間取り自体は建築家の仕事ではなく、むしろnLDKのような思考からどう脱却するかが非常に重要です。もちろん、妹島和世さんの「梅林の家」（2003）は間取りだけでデザインになっているし、それが構造体としても機能しているという点で批評性があります。しかし、私は異なるアプローチを取りました。

「稲村の森の家」のクライアントは100年先まで存在する場所を作りたいというとても先駆的なビジョンを持っていました。そこで私が思い浮かべたのは民家でした。伝統的な民家の寿命は200〜300年です。民家は単一の家族の家ではなく、一つの大きな屋根の下にたくさんの家族が一緒に住んでいます。私的な仕切りではなく、場を共有するという概念で一緒に暮らす。これは家の維持管理もみんなで協力し合うということです。地震や台風が多い日本に適した生活の形なのでしょう。新しい民家を作ることが、このプロジェクトにおける私の重要なテーマでした。

――1階は民家の土間のような場所ですね。一方、2階での活動はどのようにイメージしましたか。

藤原 二つの階には、ギャップと緊張感があります。1階はヒューマンスケールで天井も低く、社会的な活動を行う階、2階は機能を持たないニュートラルな空間です。2階は、社会から離れたいと思ったときに、その距離を作るギャップとして機能するように天井を高くしています。

第二の自然としての建築

――「内と外の家」(2017)[03]では、「nLDKの箱形住宅に対する批評が動機」(2)と書かれていますね。

藤原 このプロジェクトはモデルハウスで、実際の住み手はいませんでした。敷地はごく普通の区画整理地で、周りは箱のような家で囲まれています。そんな現実を目の当たりにしたことで、家の中は逆にとても開放的な、外と内が混ざり合ったような空間を目指しました。かつて長谷川さんは「第二の自然」(3)と言いましたが、このような感覚を建築にどう導入するかがこのプロジェクトの批評的なポイントです。篠原さんや長谷川さんは、巨大なスケールや長い距離によって自然の感覚を建築に導入しました。自然のスケールは人間の生活や身体のスケールよりもはるかに大きい。つまりその感覚は建築以上のもの、ヒューマンスケール以上のものなのです。そこでこのプロジェクトでは、あえて大きな梁を配置しました。システムは単純で、長いスパンと短いスパンがあって、一つの構造の中にいくつかの距離が生じるわけです。それが、構造と空間のシステムを明確に示しています。そして、この家を買った人が、間仕切りを追加したり、家具を追加したりと、リノベーションをしていくことをイメージしています。

03

――このプロジェクトは高齢化社会におけるモデルハウスとして提案されていますね。

藤原 クライアントであった地場のハウスメーカーからは、新しい住宅のタイポロジーを求められました。家族がとても遠くに住んでいる場合もあり、高齢者の家ではヘルパーさんをお願いすることもあります。幸い日本は安全な国ですから、家の境界をもっとオープンにする提案によって、住宅に大きな変化をもたらすと考えました。

日本は高齢化社会に向かっていると思っている人が多いですが、実はそれは間違いなんです。むしろ戦後、若年層社会が形成されたと言えます。平和な時代、工業化、モダニズムが若い社会を作り、多くの産業や資本を必要とする社会になったのです。少し昔の生活を振り返ると、高齢化社会に建築で対応するヒントがたくさんあります。例えば縁側や土間は、境界を決めないという点でヒントになります。ヘルパーさんの仕事は、家の奥のプライベートな空間まで立ち入るものですが、プライベートな空間に入ること自体が難しい。しかし、縁側のような場所があり、そこにお年寄りがいれば、ヘルパーさんは気軽に挨拶をできるし仕事もしやすいですよね。

文化的ジャーナリズムから社会的ジャーナリズムへ

――藤原さんは隈研吾建築都市設計事務所で活躍されました。建築を通して建築や社会を批判することが多い隈研吾さんと比べて、ご自身の批評性をどのようにとらえていますか。

藤原 隈さんは自分自身をも批判しています。彼の文章では、あらゆるものを攻撃しています。それが彼のユニークなところです。つまり、彼は議論を未来に開き、隈さんの建築から受ける批評によって、他の建築家は社会に応答しやすくなります。さらに彼は表層を構成する材料を扱うような関係性のデザインを提示し、プランニングに対しては何もしないというような極端なアプローチを取る。批評の達人である磯崎さんも同じです。なぜ立方体なのかという問いに対して、すごく長い哲学的な文章を書いた挙句、やっぱり立方体のような最も単純な形を作るわけですよね（笑）。

僕の批評性はもっと普通なんです。ローカリティとヒューマニズムという二つの明確な方向性にもとづいています。ヒューマニズムは、私たち建築家が人と建物の相互作用を最適化するために、人の居場所を環境の中に適切な形で求めることに焦点を当てるべきだということです。私の興味は、そのまちや環境というローカリティから考えることで生まれる、新しい原理やプログラムの提案にあり、そのときに批評性が立ち上がると考えています。

——そうした人の居場所、環境に対する価値観は、コロナ禍において変化していますね。

藤原 コロナ禍を経て、ローカリティとヒューマニズムの批評性の視点は、ますます重要になっていると思います。社会的なジャーナリズムの中で、次なる社会を切り開く建築の新たな原理の提示、地域の姿のあり方を、皆で真剣に話し合うべきだと思います。
日本にはまだいくつかの建築雑誌がありますが、もしそれらが廃刊になったら危険だと思います。ただ逆に、ジャーナリストが建築に関心を持つだけでも不十分です。日本のテレビはニュースやドキュメンタリーも放送していますが、エンターテイメント番組ばかりで、一つのチャンネルで、ジャンルを選ぶことができません。例えばもし、社会問題に焦点を当てたローカルなテレビ局やインディペンデントな新聞社がもっとあれば、人びとの意識も変わり、建築家と切実な問題についてコミュニケーションを取る人が出てくるかもしれません。むしろ小さくても新しいユニークなジャーナリズムが必要なのかもしれません。私たちの世代は、文化的なジャーナリズムではなく、社会的なジャーナリズムにもとづいた新しいムーブメントを起こすべきでしょう。

〈註〉
(1) 長谷川逸子「長い距離」『新建築』1972年8月号
(2) 邦訳引用者。原文は「In this project we were motivated by a critique of the ever-present '-LDK box house.'」(フジワラテッペイアーキテクツラボウェブサイト)
(3) 長谷川逸子「〈第二の自然〉としての建築」『新建築』1989年9月号

Interview

保坂 猛
内外関係の批評的探求

Takeshi Hosaka:

Critical Exploration of In-Out Relations

保坂 猛―ほさか・たけし

1975年生まれ。2001年横浜国立大学大学院修士課程修了。1999年西田司と建築設計SPEED STUDIO設立、共同主宰。2004年より保坂猛建築都市設計事務所主宰。現在、早稲田大学芸術学校非常勤講師。東京建築士会住宅建築賞、JIA新人賞など受賞。主な作品＝「LOVE HOUSE」「屋内と屋外の家」「ほうとう不動」「湘南キリスト教会」「名古屋のコートハウス」「LOVE^2 HOUSE」など。

プロジェクトの個別性にある批評精神

——保坂さんは自然環境を巧みに扱うデザインが特徴ですが、住宅の批評性をどう考えますか。

保坂　「批評性」と聞いてまず思うことは、私は批評精神にもとづいた自分の立ち位置や方向性を持ってプロジェクトに取り組む姿勢には違和感を感じる、ということです。さまざまなクライアントが予想しないタイミングで、さまざまなシチュエーションや考え方で依頼をしてくる。それに対して一緒に取り組んでいくなかで、その都度何をどう考えるのがよいのかゼロから試行錯誤し、文脈やテーマを見出し、答えを出すということを大切にしています。特定のスタンスを持つことなく、できるかぎり柔軟かつ自由でありたいといつも思っています。

——しかし、そのように文脈やテーマを見出す姿勢の根底には、批評性があるように感じます。

保坂　例えば「小机の家」（2017）[01]では、機能が決まっていない広々とした空間を作ったほうがいいのではないか、つまり余剰空間が多くあったほうがいいと考えて設計しました。リビング、ダイニング、キッチン、寝室、子ども部屋といった特定の機能を持った空間よりも、コモンスペースや半外部空間といった、機能が決められていない空間がある平面計画のほうが、多様な生活が展開できると考えたのです。その設計判断は、クライアントの性格や設計条件に

01

対して設計者として取り組んだ建築的解ですが、根底にはたしかに批評精神はあると思います。

かつて篠原一男さんが「すまいは広ければ広いほどよい」と、いわゆるnLDKと呼ばれる世の中の大きな動きに対して、そんなものを超えた大きな器や場が必要ではないかと述べていました。私の中では、篠原さんがおっしゃっていたことに共感するものがあります。

また、例えば閉じた建築と開いた建築があるとすると、私は、閉じた建築に批判的なスタンスで開かれた建築を作るというのではなく、どちらにも可能性があると考えます。閉じた建築にはそのよさがあるのだから、閉じた建築を真剣に作りたい。一方で、プライバシーを強く持たなくてもよさそうなロケーションや状況、クライアントであれば、建物の外、あるいは建物の中に対して開かれた建築を設計するチャンスと考えます。どちらの仕事に対しても真剣に考えて唯一性を有したいい建築を作ることができれば、建築家としては幸せなことだと思います。

周辺に応答する建築のボキャブラリー

東京の下町に建てた「バルコニーハウス」（2016）［02］［03］は、クライアントのおばあちゃんが持っていた敷地に建てた住宅です。周囲の家は元々知り合いなので、コミュニケーション可能な建築のあり方を探求しました。周囲を見ると、柵が付いた窓のある家が並んでいます。住民はこの柵付き窓から道ゆく人に声をかけたり、柵に寄りかかって休んだりしています。土間

02

空間を持つ家も多く、シャッターを開けた状態で土間のベンチに座って休んでいたりします。それぞれの家にバルコニーもいくつかあり、バルコニー越しに声をかけ合ったりしてコミュニケーションの場にもなっていました。この柵付き窓と土間とバルコニーの三つはこのまちの魅力だと思い、その三つを使って新しい建築の形式を作ってみようと考えたんです。

　このように、そのまちが持っているコードやコミュニケーションのあり方を、こちら側が与えるのではなく引き受ける、受動型と呼べるようなやり方で設計しています。アルミサッシュで柵付きの窓は、最近の建築家は普通使いません。かっこ悪いディテールと思われかねませんが、このまちではそれを使うのが面白いと思いましたし、このプロジェクトにおける重要なポイントでした。

――この住宅には個室がありませんが、プライバシーについてはどのように考えていますか。

保坂　住宅には個室というプライバシーのある空間が必要とされるわけですが、バルコニーハウスのクライアントは設計前から個室はなくてもいい、と言っていました。部屋がたくさんあるよりも、大きな一つの空間で住みたいという意向を持っていたのです。それに対する建築的回

03

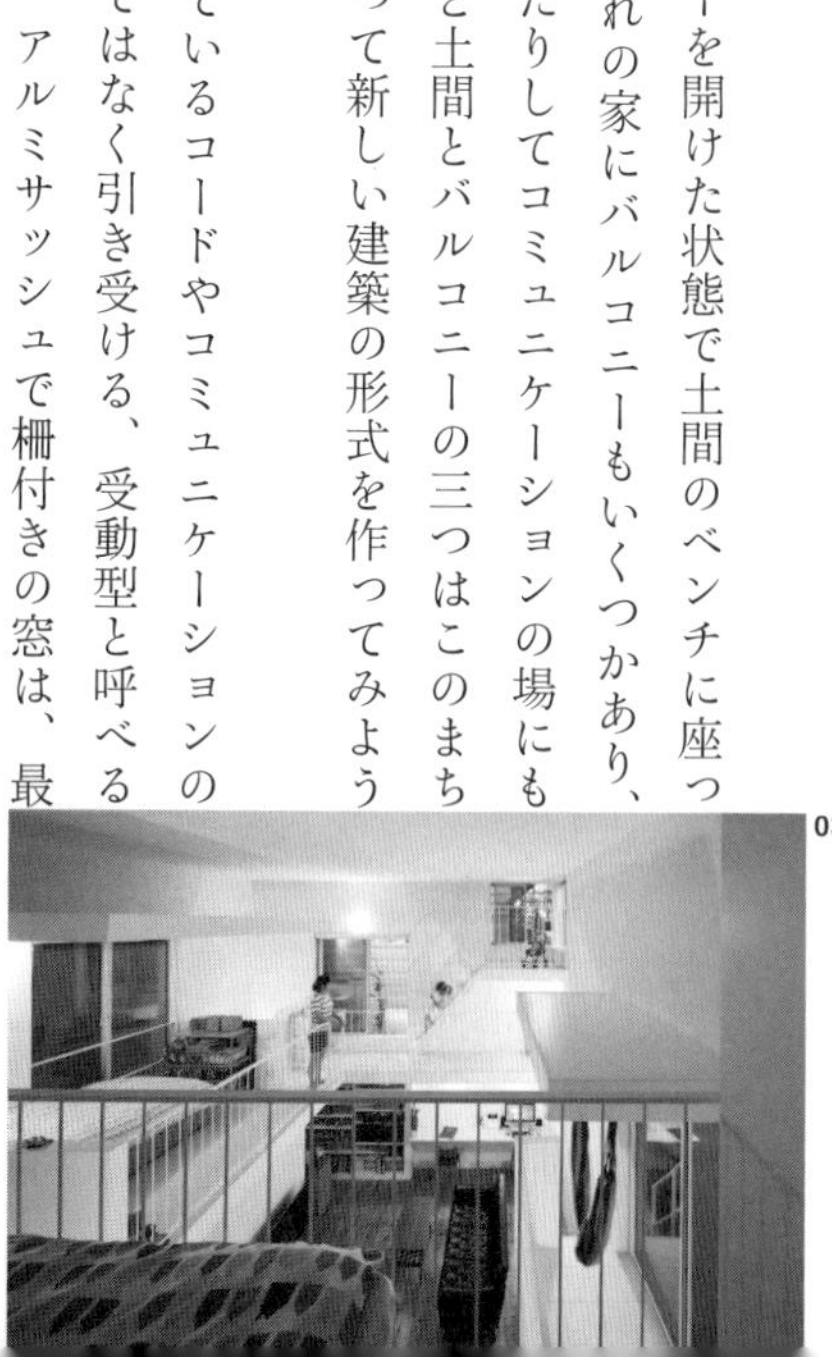

答として、窓の外にあるはずのバルコニーを窓の内側に付ける内外反転というテーマを見つけ、ここでしかできなさそうな建築の形式が生まれました。

――周辺環境との応答から見出した主題が、設計の前提条件を解く鍵となったのですね。

保坂 「バルコニーハウス」は周りにあるボキャブラリーでできているので、この家が建つことで視覚的に大きな変化が生まれているわけではないかもしれませんが、こういった要素を持たず閉鎖的に建つのとは違い、周辺に溶け込むことでホッとするような空気が生まれています。やはり建築が建つというのは周りに対する影響も大きいと思います。この家の屋根付きの土間は、地域のお祭りの拠点として、お神輿が通るときの休憩所として使われています。みんなに認められている場がまちに生まれました。

人びとと自然をつなぐ

――「屏風浦の家」（2012）［04］［05］の特徴的な断面はどのように生まれたのでしょうか。

保坂 「屏風浦の家」は地下1階と地上2階の構成です。地下室にはドライエリアを作るのが一般的ですが、じめっとした空気になってしまうので、床を曲げて重ねることで、地階のための窓を地上に作りました。地下の光や空気ではなく地上の光と空気を地下に入れるのです。ちょっ

04

05

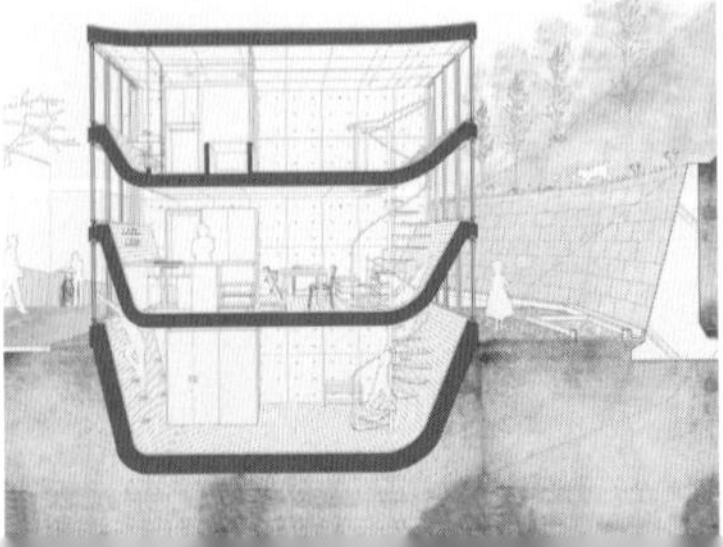

との違いかもしれませんが、地下の作り方の新しい形式であると考えています。
またこの家では、1階がリビング、2階が夫婦の寝室的な場所、地下が子どものスペースです。子どもが寝てしまえば2階に上がってこないという具合に、時間帯によって場所のプライバシーの度合に若干の変化が現れるので、彼らはうまく使ってくれるだろうと考えました。実際に、今でも間仕切りの壁を入れていませんし、彼らも特に困っていないようです。

――「DAYLIGHT HOUSE」(2011)[06][07]では、周辺環境へ直接開くものとは異なった手法を試みていますね。

保坂 「DAYLIGHT HOUSE」は、都心部の建て込んだ場所に立つ平屋の住宅です。地面レベルに直射日光はほとんど届きませんが、5メートル高いレベルでは直射日光がかなり得られることが光のシミュレーションによりわかりました。そこで地面から高さ5メートルの位置にトップライトを29個並べました。しかしこの高さでキャッチした光もこのままでは床まで届かないので、トップライトとアクリルヴォールトを組み合わせた天井面を全面に設けて、上空でキャッチした光をすぐ拡散光に変換して下に落とすことで、とても明るい自然光の空間を作りました。
こんな天井を作る機会はなかなかないですが、クライアントは喜んでくれましたし、建ってから10年以上経ちますが、行くたびにいいなと思います。「バルコニーハウス」はこちら側が思っているよりもはるかに激しく使っていて、物が散乱していてもそれがすごいダイナミックでかっ

06

07

こよかったです。また、「ほうとう不動」（2009）[08]は建築に詳しくない人もけっこう知ってくれていて、竣工後にもいろいろな声を聞くことができますね。その中でも、富士山と建築を一体的に感じてもらえたり、エアコンのない建築を体験して好意的に感じてもらえたりする声を聞けて、そうしたいくつかの普遍的なことを達成できたと感じます。

親自然的な建築

――特定のスタンスにもとづいた批評性を持たないと言いながらも、保坂さんの建築には何か共通したコンセプトがあると思うのです。例えば、屋内と屋外の関係は重要なテーマですよね。

保坂 そうですね、屋内と屋外の関係について探求し、新しい親自然的な建築の提案をしたいと常に思っています。「親自然的な建築」という言葉は、原広司さんの著書『空間〈機能から様相へ〉』（1987）に出てきます。その代表は集落です。原さんは「勝てないんですよ、集落には」と『住居集合論I』（2006）の中で述べていますが、それは親自然的な建築を作るという点においてですね。集落は電気エネルギーの使用がゼロでありながら、人間が自然と共生し快適に生活してきた建築・都市の実例で、長い時間をかけて人びとが積み重ねてきた英知が込められています。現代では、電気エネルギーの使用量を減らしてゼロエネルギー住宅と言っても、ゼロとはほど遠いエネルギー消費型の建築です。空間的にも、現代から未来に向けて自然と共生

08

09

する「親自然的な建築」に一歩でも近付くような建築を構想する必要があると考えています。「LOVE HOUSE」（2005）[09][10]は一つの実践例です。これは横浜にある自宅で、「『屋内でもなく屋外でもない』という空間概念」（『新建築 住宅特集』2006年1月号）というテキストとともに発表しました。「外のような家に住みたい」と学生時代から思っていたことを具現化したものです。長方形の平面に1本のカーブする線を描いて、屋根とガラスがかかっていない天窓を作っています。ガラスのない天窓からは、光も虫も鳥もいろんなものが入ってきます。ここでは現代人が感じることのないような自然現象を24時間いつも感じることができます。

——保坂さんの建築は、内外境界を巧みに調整することで、環境や社会と建築の関係のあり方への批評性を獲得していると言えそうです。

保坂 内外の境界のあり方は建築にとって本質的な問題です。「屋内のような屋外のような建築」や「内外境界の調整」はそうした試みの一部です。都市で生活する多くの人びとは、相変わらず窓を閉めて空調をかけて室内に籠っています。中間期は窓を開けてオープンエアーにする、テラスに出て仕事をしたり、道路にテーブルを出して食事をしたりすればいいのに、しない。そういう現状を見て、正直コロナ禍でも変われないのか、と危機感を覚えます。自然と共存する人間の生活を、建築設計を通してどのように描き具現化するか。コロナ禍前から重要な問題だったと思いますが、これからもっと果敢に描くことが重要になると考えています。

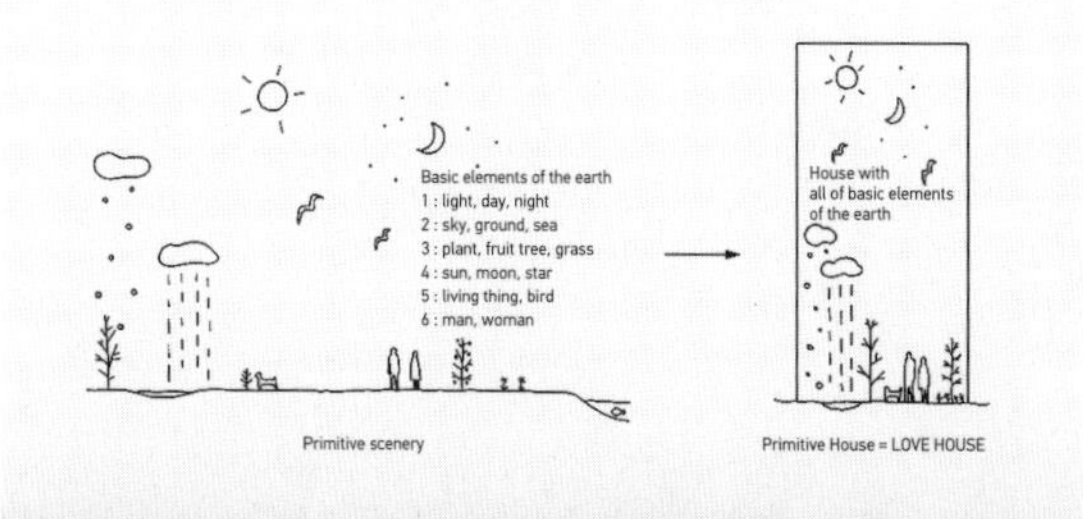

藤村龍至
対話で社会をデザインする建築

Ryuji Fujimura:

Architecture Designing Society with Dialogue

藤村龍至—ふじむら・りゅうじ
1976年生まれ。2008年東京工業大学大学院博士課程単位取得退学。2005年より藤村龍至建築設計事務所（現RFA）主宰。東洋大学専任講師を経て、2016年より東京藝術大学准教授。アーバンデザインセンター大宮副センター長。日本建築学会作品選集新人賞、グッドデザイン賞など受賞。主な作品＝「BUILDING K」「家の家」「白岡ニュータウンプロジェクト」「OM TERRACE」「すばる保育園」など。主な著書＝『批判的工学主義の建築』（NTT出版）、『ちのかたち——建築的思考のプロトタイプとその応用』（TOTO出版）など。

加速主義と対抗主義から距離を取る

——設計とともにまちづくりや社会的な活動もされる藤村さんは、住宅の批評性をどう考えますか。

藤村 住宅の批評性を強く主張した篠原一男さんの言説は住宅の作る世界に立脚したものが多かったと思います。塚本由晴さんはさらにエレメントに解体して思考していて、例えば「窓学」では、建築の要素の一つである「窓」が歴史の中でどのように生成され、それぞれの文脈の中でどのように機能しているかを明らかにする、歴史的、文化的視点を重視しています。私は住宅よりも公共建築や都市計画など、より公共的、広域的な視点を重視し、現在の社会とコミットするために住宅を扱いますが、篠原さんや塚本さんのように批評性のあるものとして扱ってはいないかもしれません。

——「批判的工学主義としての建築」(『JA』2008年夏号)の中でケネス・フランプトンの言葉を引用されていますね。

藤村 フランプトンの主張には共感しています。建築には二つのムーブメントがあって、一つは革新的な技術を建築に取り入れ、近代主義をベースにより合理的に建築を設計しようとする加速主義的な態度、もう一つは技術革新に対して対抗的な態度を取り、むしろ前近代に回帰していこうとする対抗主義的な態度です。私は、加速主義からも、対抗主義からも、等しく身を引き離すフランプトンの言う「後衛主義」的な立場を取りたいのです。情報技術を実装した社会がどのようにコミュニケートしているのかを考えるというような。

01

——ある講演会で、レム・コールハースのドローイング「The City of the Captive Globe」（1972）の中に「BUILDING K」（2008）[01][02]をコラージュしたものをプレゼンされていましたね。

藤村　コールハースは、資本主義とヨーロッパの共同体主義の双方に対して「後衛」の立場を取っていて、社会の動きをリサーチし、現代社会に対して建築家ができることを示し続けています。

私のコラージュでは、東京の猥雑な商店街の一角に建つ「BUILDING K」もニューヨーク的な大都市の原理に拠っているということを示そ

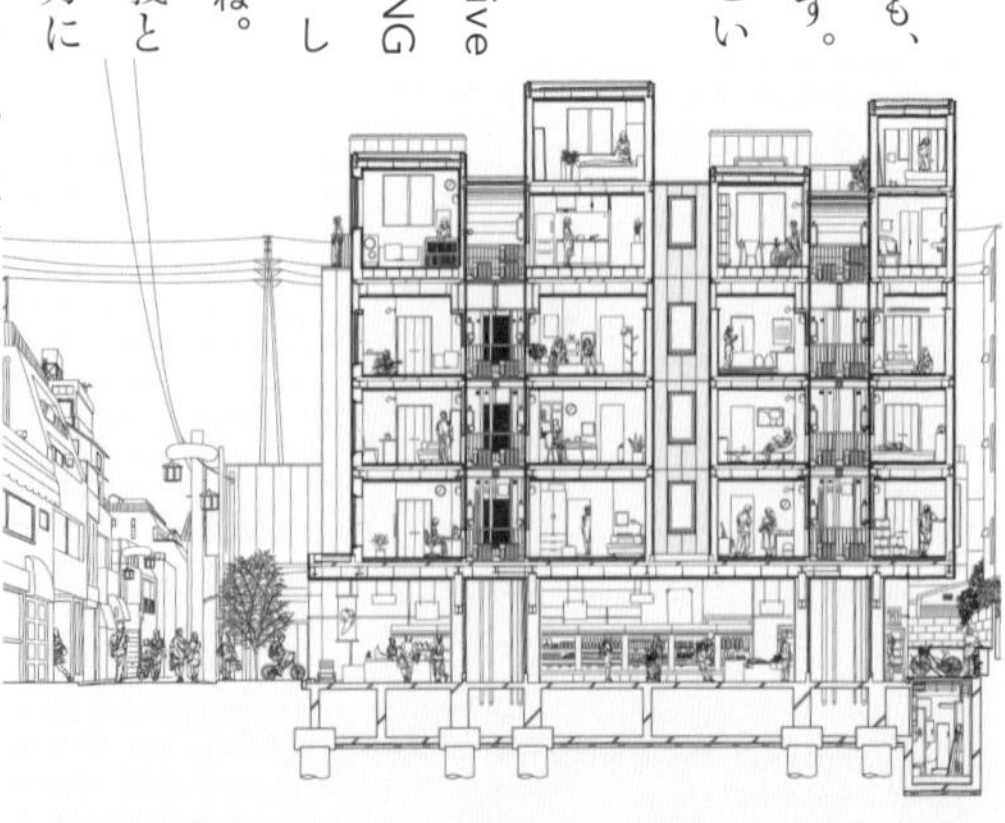
02

うとしました。比喩的に言えば、基壇部から途中階までは「ローリスク」なデザイン、つまり市場に受け入れられやすく、建築の安定した経営のための経済的な基盤となる部分です。他方、高層部は「ハイリスク」なデザインで、面積も標準的ではなく、建築家の実験的なアイデアを実現しています。これらの市場に対応した「ローリスク」なデザインと、建築家の提案する「ハイリスク」なデザインの共存が、批評になっているのではないかと思います。建築家は「ハイリスク」なデザインを提案するものとされがちです。西沢立衛さんの「森山邸」（2005）のような個性的な集合住宅は、森山さんのようなクライアントでないと実現できないかもしれない。かといって市場の中に変化が求められていないかというと、そんなこともない。一定の基盤を作れればむしろ歓迎されます。でも、そのバランスが重要です。私が試みているのは市場への迎合ではなく、むしろその構造を熟知したうえで確信犯的にずらしていくことです。「BUILDING K」の場合、ハイリスク部の比率は2割です。この比率によって、都市の経済構造を建築という形で明確に示すことができます。これは、資本のシステムと実験的なもののシステムを一つの建築の中で組み合わせるということのアナロジーです。

デザインプロセスのなかで見出す批評

——初めから批評的な枠組みを設定する建築家もいれば、作品を発表したあとに批評が生まれる場合もありますが、藤村さんはいかがでしょうか。

藤村 社会的要因に応えていくうちにクリティカルなポイントが見えてきて、批評的な建築としてアウトプットしていくという感じでしょうか。f(x)のような関数によるデザインルールがあるとします。私の仮説的なプロセスは通常「ニュートラルボックス」、つまりあらゆる方向に開かれたシンプルな形から始まります。まず面積や構造などの大きな条件に対応し関数に入力するたびに形が生まれ、それを前のものと比較して新しい形を考えていきます。各段階で一つずつ課題を解決し、その後、例えばプロポーションや素材など、より小さな条件に反応していきます。重要なのは、プロセスの中で大きな条件と小さな条件を等しく扱うことです。ただし、デザインの進展の方向性が制限されてしまう小さな条件から始めることはしません。

——実際の作品を例にご説明いただけますか。

藤村 例えば「ビルの家」（2009）**[03]**の場合、道路の角度がクリティカルで、空気の流れを考え、窓の配置を工夫してクロスベンチレーションを可能にしました。「倉庫の家」（2011）では構造条件がクリティカルで、地下室があれば杭は必要ないということになり、基礎の作り方を考え直しました。日本の密集地では、1階にガレージと玄関、バスルーム、2階にリビング、3階に寝室を配置するプランがよく見受けられますが、ここでは地下室の上を天井高の大きな2階建てとし、空気が内部を循環するように大きな煙突のような吹き抜けをデザインしました。

03

また、「APARTMENT S」（2011）は5階建てのマンションですが、バルコニーを北側に配置しました。日本では南側にバルコニーを配置するのが一般的ですが、特に東京のような市街地ではバルコニーに洗濯物を干すのに抵抗のある人が多いので、北側のバルコニーに面した窓と南側の窓を同時に開けて、風が通り抜けるようなプランを考えたのです。どのプロジェクトでも、このような小さなテーマがあって、その設計の過程で解決策を見つけ、最終的な提案につなげています。

社会的実践のなかで生まれた対話的な方法

――藤村さんは、建築家の社会的役割について、批評がどのような役割を果たすとお考えですか。

藤村 かつて伊東豊雄さんが「住宅に批評性はない」と主張して議論が起こりました。過去には磯崎新さんが篠原さんらに対してそのように挑発しましたし、伊東さんも結果的に同世代の坂本一成さんやその下の世代を挑発することになったのかもしれません。伊東さんは当時「せんだいメディアテーク」（2001）の現場が進行中だったのですが、ゼネコン汚職やバブル崩壊のあとで、公共建築の設計の現場で市民や官僚との対話が難しくなり、建築家の立場が揺らいでいると感じ、それをどう守るのかを考えているときに、個人と個人で対話のできる住宅設計の現場にはそのような葛藤がないという意味で主張されたのだと思います。

権威主義を基盤にしたパトロンシステムで建築が成立していたのは19世紀までで、20世紀には住宅やオーナー社長の本社ビルなど、限られた領域にのみそうしたシステムが生き残りましたが、委員会システムによる発注と組織設計事務所による受注が主流になりました。民主主義的なプロセスを前提に建築の形骸化を防ぐには、地域の意見をただ調査すればよいのではなく、組織の中や組織同士の対立など、ありとあらゆる角度に備える必要があります。

東日本大震災のあと南相馬市小高区でコミュニティを取り戻すためのプロジェクトに取り組みましたが、こうした地域は居住制限されていたこともあり、一気に高齢化してしまったんですね。福島の社会変動は特殊ですが、例えば東京郊外の埼玉県でも超高齢社会、社会的な孤立など、共通した社会問題を抱えています。また、若い世代の流入がなく、過疎化が進む少し遠い郊外では、公共施設のための予算を削減しないと将来的に各自治体が維持できないことが認識されつつありますが、これは政治的に難しいのです。議論の場を作って合意形成を働きかけなければ、プロジェクトが前進しません。

例えば「鶴ヶ島プロジェクト」(2012)[04]では学校がなくなることを嫌がる市民と、地域経営上床面積を削減しなければならない市役所との間で解決策を導き出す必要がありました。そこで5回の投票を行い、方向性を見出そうとしましたが、ここでは民主主義とポピュリズムの緊張関係が維持されることが重要です。1回の投票だけではポピュリズム的ですが、専門家の議論を挟みながら投票を繰り返すことで、地域が抱えている問題を理解する「討論型調査」

04

になります。その点で、私は民主主義を推進し、ポピュリズムを批判しようとしています。

――社会的な実践のなかで見出された対話的な方法なのですね。これはビルディングタイプによらず有効だと考えますか。

藤村 もちろんです。住宅も商業施設も、マーケットに典型的な固定観念があります。「白岡ニュータウンプロジェクト」(2016)では、30年間住宅を販売してきたニュータウンの営業担当者が最近のマーケットの傾向を見失ったと、私たちに相談がありました。若い世代が戸建てを買わなくなってしまい、建物のスタイルを変えたいという依頼でした。この問題に対して、何を提案すればいいのか、関係者やディベロッパーと議論しました。

その結果、子育てを終えた家族には時間的な余裕があり、近所の活動に参加しようとする傾向があるものの、10人前後が気軽に集まれるイベントや集まるためのスペースが足りないことがわかりました。4、5人家族が暮らす5棟の集合住宅を設計し、前庭を中心に各棟をつなぎ、その庭が、気軽に集まれる新しい社会インフラとして活用できるように設計しました。

帰納的飛躍による超線形プロセス

――藤村さんは明確に社会的なアプローチを取られていますが、空間や個性にもとづく批評性をどのようにお考えですか。

藤村　批評性は空間や個性そのものに宿るというよりは社会との関係性に宿るというのが私の考えです。ユーザーの個人的な欲求を重視し過ぎると、社会性が消えていき、個々が孤立していってしまいます。このような個人の欲求を「離散条件」と呼ぶことにします。これを維持するためには、「離散条件」のもとで機能する建築を、いかにして社会でも機能させるかを考える必要があるのです。つまり、建築をどのように活用するかを考える必要があるわけですが、それは公共空間の家具のような小さなスケールの場合もあれば、住宅スケールや国家的なスケールの場合もあります。社会という条件と個人という離散的な条件を結び付けることができるようにならなければならないのです。

——さまざまなスケールを横断して問題を解決するデザインを、プロセスとして提示することによって、藤村さんの建築に批評性が表れているように感じます。

藤村　私は常々、自分のプロジェクトをプロダクトベースではなく、プロセスベースで提示することも大切だと思っています。私にとっては、それぞれのプロジェクトが継続的かつ漸進的なプロセスなのです。常に自分の歴史を振り返る必要があって、自分が何を達成できて、何を達成できなかったのかを把握することで、それが次のプロジェクトへのフィードバックになるんです。

C・S・パースの論理学では、推論の形式を分析的推論としての「演繹」、経験から一般化を行う「帰納」、仮説や理論を発案し発見を行う「アブダクション」のような拡張的推論を区別します。私がやろうとしているのは、拡張的推論ではあるものの、模型などによる観察可能な事象群の比較を行う「超線形設計プロセス」です。論理の形式としては観察を説明可能にする仮説を形成する「アブダクション」よりは、観察にもとづく経験の一般化を行う「帰納」に近い。機能主義の硬直とも、反機能主義の寡占とも異なる新しい創造性を「帰納的飛躍」による知識の拡張に見出そうとしています。「演繹」とは異なり拡張的推論である以上、設計の可能性を実践とともに拡張することができ、他方でステップごとに「アブダクション」のような大きな飛躍をともなわないため、多様な主体によるコレクティブな設計により適していると考えています。

言うまでもなく、これは20世紀型の委員会システムへの適応であるとともに、その形骸化を避けるための取り組みです。21世紀型の主流になるであろう、最適化設計や深層学習など機械言語による設計への適応と批評のためには機械言語による帰納的飛躍が求められるでしょう。「超線形設計プロセス」[05]は、20世紀型委員会システムと21世紀型計算機システムをブリッジする役割を果たそうとしています。

05

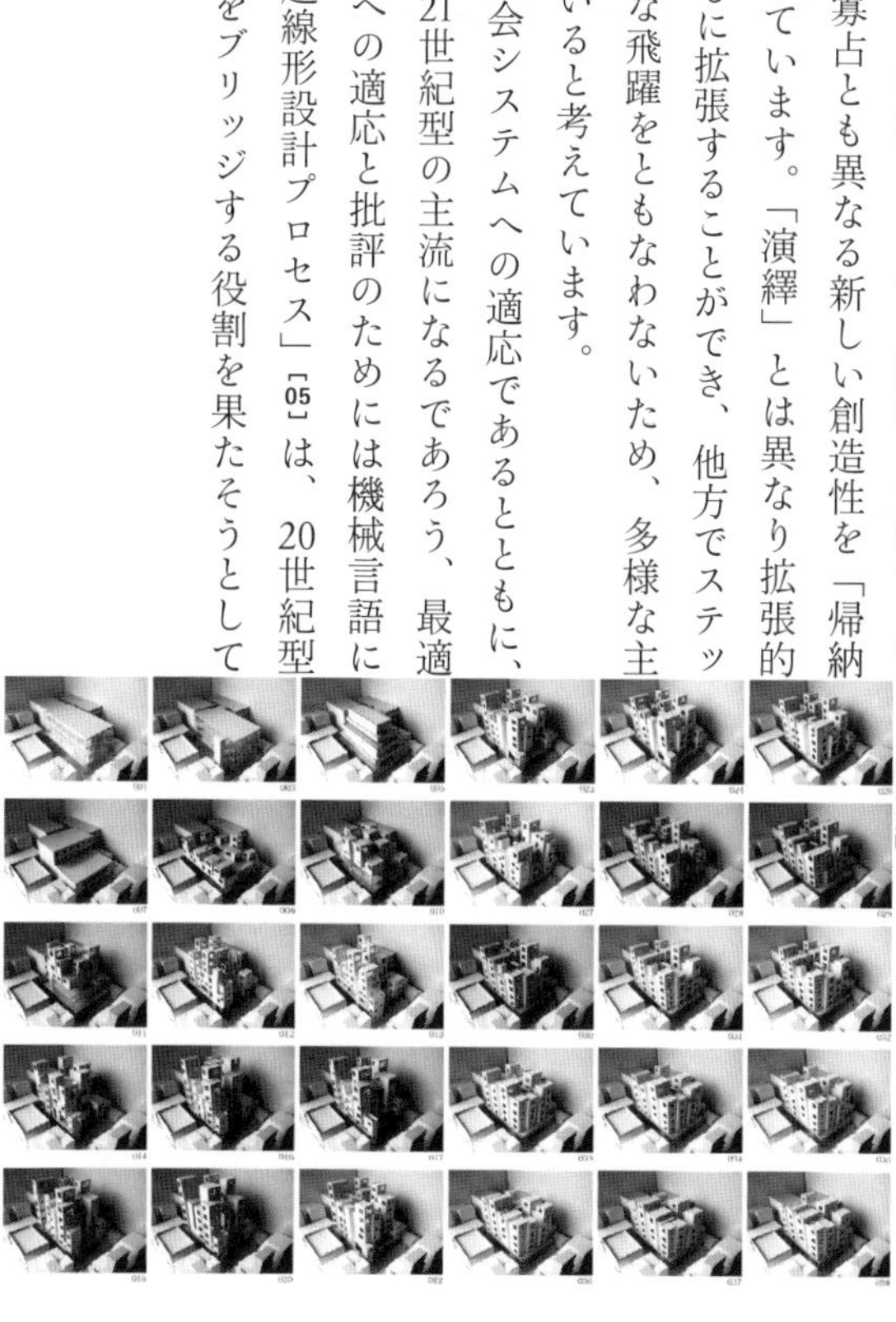

Interview

柄沢祐輔
「プロトタイプ」は批評として機能する

Yuusuke Karasawa :
'Prototype' Works as Criticism

柄沢祐輔一からさわ・ゆうすけ
1976年生まれ。2001年慶應義塾大学大学院修士課程修了。MVRDV、坂茂建築設計などを経て、2006年より柄沢祐輔建築設計事務所主宰。文化庁メディア芸術祭優秀賞、D&AD Awards Spatial Design部門など受賞。主な作品=「villa kanousan」「s-house」など。主な著書=『アーキテクチャとクラウド──情報による空間の変容』(共著、millegraph)、『設計の設計〈建築・空間・情報〉制作の方法』(共著、INAX出版)、『アルゴリズムによるネットワーク型の建築をめざして』(LIXIL出版)など。「s-house」の模型はフランス国立ポンピドゥ・センターの所蔵コレクションとして収蔵されている。2022年没。

情報化社会におけるモノをめぐる関係

――柄沢さんは理論的なアプローチを取られていますが、住宅の批評性をどう考えますか。

柄沢 現在の批評の意味は、昔とはまったく変わっています。今や批評の創造的な効果は解体され、古い意味では消滅していますが、批評の一部はまだ生きています。モダニズムの建築家や芸術家は、作品やモノとともにコンセプトやマニフェスト、概念を提示する傾向がありましたが、モダニズムが終わると、建築家や芸術家は、さらに難解な概念を加えることで、より哲学的なテーマを扱うようになっていました。

2000年以降、リレーショナル・アートの出現とともに、モノとしての作品自体の価値が低下し、批評などの概念のみが強調されるという現象が起きました。極端な例では、作品をモノとして具現化することなく表現することにこだわる芸術家もいます。同じことが建築の分野でも起こっていると思います。一部の建築家は、モノの背後にある人間関係やプロセスを強調し、モノとしての作品自体の質や価値を軽視する傾向が現れました。フランスの哲学者ブルーノ・ラトゥールは、「ハイブリッドの哲学」を提唱しましたが、これは、あらゆる物事が無限のネットワークとして存在することを強調する立場です。プロセスや関係性の重要性を主張するリレーショナル・アートの芸術家や建築家たちは、ブルーノ・ラトゥールの哲学を反映しており、そこに見られるのは、作品そのもののあり方や質よりも、その背後のプロセスや関係性が重要だという視点です。

――これは、社会が工業化から情報化へと移行している現在の状況と関係があると思いますか。

柄沢 情報化社会では、美学的感覚が大きく変容しています。情報は単なるデータや事実だけでなく、哲学やテキストなどの概念、そして物事の関係性そのものとしてもとらえられます。また、現代では物理的なモノの価値が相対的に低下し、モノと情報が切り離されたように見えることが多いと感じます。しかし、これは表面的な見かけであり、真の意味での美学的な価値はモノと情報の関係性にあります。モノと情報が一致して組み合わされると、多様な価値を創出し得る「プロトタイプ」として機能します。

――プロトタイプという概念は、メタなレベルでの批評につながっているのでしょうか。

柄沢 プロトタイプという概念は、2009年にエリー・デューリングというフランスの哲学者によって提示されました。デューリングは、美術や建築の分野におけるリレーショナル・アートのような関係性を重視する姿勢に対抗し、モノ自体の重要性を主張しました。デューリングとは、何度も議論したことがあるのですが、プロトタイプ論のポイントは、「関係性を持ったモノそのものを作る」ということです。このプロトタイプという概念は、一般的な意味でのプロトタイプという言葉とニュアンスが若干異なります。一般的にプロトタイプとは、最初に作られる試作品を意味します。それに対してデューリングの唱えるプロトタイプとは、一つの作品でありながらその作品がさまざまな意味を持ち、将来の多様な可能性を示唆するという意味合いが込められていて、モダニズムにおける純粋なモノ、ポストモダニズム以降のリレーショナル・アートに見られる関係性の美学とも区別できます。今日の日本の住宅建築に批評の意味があるとすれば、それはこのプロトタイプの概念なのではないでしょうか。

プロトタイプは、それを作った芸術家や建築家が提案するさまざまな関係性の出現に貢献します。それは、ある作品が他の芸術家や建築家を刺激してその他のさまざまな作品を生み出していく、創造を誘発していくという事態に端的に表れます。人びとはモノを知覚すると、自らの記憶も引き出しながら、それについて議論します。その議論は芸術家や建築家にフィードバックされ、新しいモノが派生的に作られ、最終的には新しいプロトタイプを生み出すのです。そしてプロトタイプは、また他の未来の作品、将来の可能性＝新たなプロトタイプを生み出す媒介となっていく。これが、建築作品の多様性の基礎となります。このような関係性を媒介し、多様性を生み出すことができる力を持つアートや建築がプロトタイプと言えるでしょう。しかし、これはプロセスを高く評価していたリレーショナル・アートの芸術家や建築家の実践とはまったく異なるものです。プロトタイプとしての建築空間はより多様で複雑な知覚をもたらし、ベンチマークとして新しい作品や状況を生み出すように機能することで、建築を多様で豊かにすることができるのです。私の考えでは、プロトタイプの意味は批評の意味とほぼ等しく、その逆もまた然りです。

ロマン主義としてのモダニズム

――柄沢さんの提案するプロトタイプは、建築の社会的な役割を再定義するものなのでしょうか。

柄沢 プロトタイプという観点では、社会への批判という価値は結果に過ぎないと思っています。プロトタイプ論のもう一つのポイントは、モダニズムのロマン主義に対する批判です。ロマン主義という概念は、19世紀の美学に由来するもので、モノを作るなどのステップを踏まずに、無際限で理想的なゴールに直行しようとする傾向があります。その目標は完全な理想主義であり、到達することは非常に難しいにもかかわらず、ロマン主義者たちは、すぐにでも到達できると考え、言葉や理論で表現された理想的な概念にこだわるのです。建築家の中には、社会問題や社会的文脈に適合するように建築を作るという概念や提案をする傾向が強い人がいて、彼らは「建築家は社会に貢献しなければならない」と言いたがります。しかし、重要なのは、プロトタイプ=作品を通して提案することであり、プロトタイプが社会に貢献したときこそ、実際に社会に貢献したということになるのです。ですから、20世紀に起こったこのような現象は、ロマン主義と呼べるのではないでしょうか。

現在、芸術家は未だにロマン主義の傾向が強いと思います。モダニズムに限らず、現代の建築や美術の分野でもその傾向は続いていますし、最近ではさらにその傾向が強くなっています。
私が学生だったころ、磯崎新さんがなぜあれほど多くの種類の理論や出版物を書いたのか理解できませんでした。今では、彼が1960年代から70年代に、プロトタイプを追い求めていたことが理解できます。磯崎さんは、膨大な文章を著し、作品と言説を組み合わせることによって、作品を単なる作品のみで終わらない、多様な解釈を誘発してその他の可能性を示唆する、いわゆるプロトタイプ的な効果が生まれることに気づいたのだと思います。単なるモノに比べてプロトタイプの効果は、人びとのモノに対する知覚がより豊かになったと感じられることだと思います。そういう意味では、批評もモノとの関係性が強ければ効果的です。

――では、柄沢さんにとってのプロトタイプとはどのようなものでしょうか。

柄沢 私は、モノとコンセプトを組み合わせることで、ある種のプロトタイプらしさを表現しようとしています。その際、モノや作品が、コンセプトを平明に絵解きしていることに力点を置いています。同時に重要なのは、そのコンセプトと組み合わされた作品が新しい原型として提示され、その他の多様なヴァリエーションを喚起することです。デューリングのプロトタイプという言葉には「原型」という意味合いも強いですね。私もそんな「プロトタイプ」＝「原型」を作りたいと願っているのです。

多様性と秩序が共存するネットワーク型の建築

――建築作品は、どのようにしてプロトタイプたり得るのでしょうか。

柄沢 「villa kanousan」（2009）[01] の批評的なポイントは、建築空間における多様性と秩序を両立させることです。90年代初頭以降、建築の分野でコンピュータを使う傾向が強くなり、特にザハ・ハディドやフランク・ゲーリーは、コロンビア大学やロンドンのAAスクールなどの著名な建築学校で大きな影響力を持っていました。当時、私は2000年のドイツ・ハノーバー万博のオランダ館で、MVRDVがコンピュータを使って、情報化社会に適合した空間を作っていることを知り、とても感銘を受けました。しかし、私はコンピュータで作った混沌とした曲線や形のみには価値がないのではないかと感じたため、そのようなカオティックな建築とは異なり、多様性と秩序の両方を提供することを提案しています。建築家が多様性と秩序を一緒に提案すれば、もっと新しい建築ができるはずです。例えば、複雑性の科学では、自然

01

界は表層的には多様性に満ちあふれているように見えますが、深層にはフィボナッチ級数やさまざまな種類の分岐理論、流体力学のようなアルゴリズムで説明できる形を生み出す法則があることが発見されました。多様性の裏にはさまざまな法則が存在し、自然界で具現化されているのです。

「villa kanousan」では、まず、田の字形平面の四つの部屋を1階と2階に重ね合わせたキューブ形の空間を定義し、次にアルゴリズムを用いて、隣同士で15度回転させたキューブを挿入し、それらのキューブによって建物の天井と壁と床の交点をえぐり切り取りました[02]。その結果、小口で囲まれたヴォイドによって空間の各所がつながった独自のネットワーク型の建築が生み出されました。出現した空間はさまざまな角度の小口による多様性に満ちていますが、それらの角度は恣意的でランダムのものではなく、アルゴリズムによる明確なルールにもとづいて生み出されています。内部を訪れると、空間には瞬時には把握できないほどの多様性があふれているように見えますが、同時にその多様性の背後にある秩序、ルールを感じることができます。あたかも、複雑性の科学が発見した、多様な自然界の背後に秩序が存在しているかのように、多様な見えがかりの背後に明確なルールを感じ取ることができます。この作品は、アルゴリズムの方法論によって生み出された住宅としてはおそらくは世界で最初のものであり、多様性と秩序が共存する状態をアルゴリズムによって達成しているという点において、住宅建築の一つのプロトタイプとなっているのではないかと思います。

02

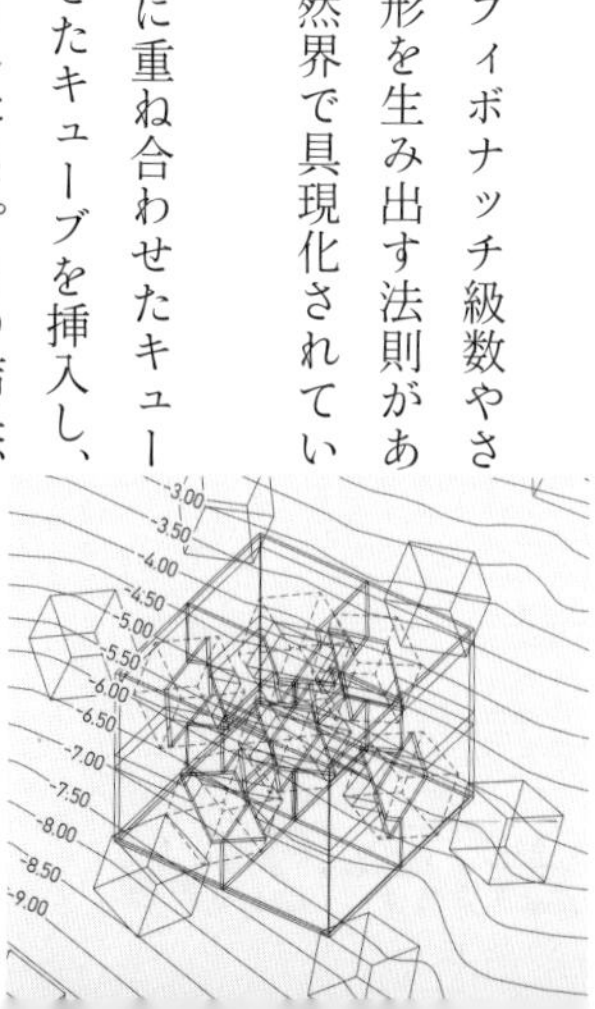

03

――複雑な建物形態は、論理的に生み出されたものなのですね。「s-house」（2013）[03][04]はいかがでしょうか。

柄沢　「s-house」では、建築の歴史の中で最初にネットワーク型の建築を実現することを意図しました。空間自体が三次元的に複雑に編み込まれたネットワーク型の建築です。私が参考にしたのは、1998年にアメリカの複雑ネットワーク理論の科学者、ダンカン・J・ワッツとスティーヴン・ストロガッツが発表した「スモールワールド・ネットワーク」の概念図です。短い距離と長い距離が一緒になったこの図式は、さまざまな現象の背後にあるネットワークのメカニズムの深層を示しており、トポロジーの図像としてもとらえられます。これは、ル・コルビュジエやミース・ファン・デル・ローエの、距離を均等に扱った均質な空間とはまったく異なるものです。

そこで私は、「スモールワールド・ネットワーク」の図式をネットワーク型の建築を生み出す原理として参照し、短い距離と長い距離が同時に存在する「s-house」を設計しました。建物の中心にヴォイドがありますが、この反対側の空間は視覚的に連続しており、いわば「短い距離」でつながっています。しかし、そのヴォイドの反対側の空間に行こうとすると、階段を下りて他の階を通過し、物理的に「長い距離」を経なければたどり着くことができません。いわば視覚的に短い距離と物理的に長い距離が同時に存在しているのです。ここでは、距離の認識によって私たちの身体感覚という敏感な感覚が、概念として強く乱されていることが感じられます。短い距離と長い距離という二つの距離、そしてさまざまな距離の関係が混在し、その結果、空間の知覚は他の建築とは完全に異なるものになっています。

ポストモダニズムの建築は距離感を欠いていたと思います。ただ混沌とした複雑な形を作るだけで、豊かな距離の変化を持たないのです。しかし、私は多様な距離の関係を持つネットワークとしての建築を、トポロジカルに三次元的で複雑に編み込まれた建築空間として具現化しました。この建物が２０１１年の春に『GA HOUSES 120』に掲載されてから、さまざまな建築家によって、空間自体が複雑に編み込まれた建築のデザインを目にすることが多くなりました。ニューヨークにはトーマス・ヘザウィックが「Vessel」（２０１９）という階段のみで構成された大型の公共建築を実現しましたが、階段などの動線が複雑に編み込まれた空間のアイデアというのは、２０１１年以降はある意味で世界の建築業界のスタンダードとなったと言えるのではないでしょうか。そのような意味で、「s-house」は空間が三次元的に複雑に編み込まれたネットワーク型の建築のプロトタイプであると考えています。

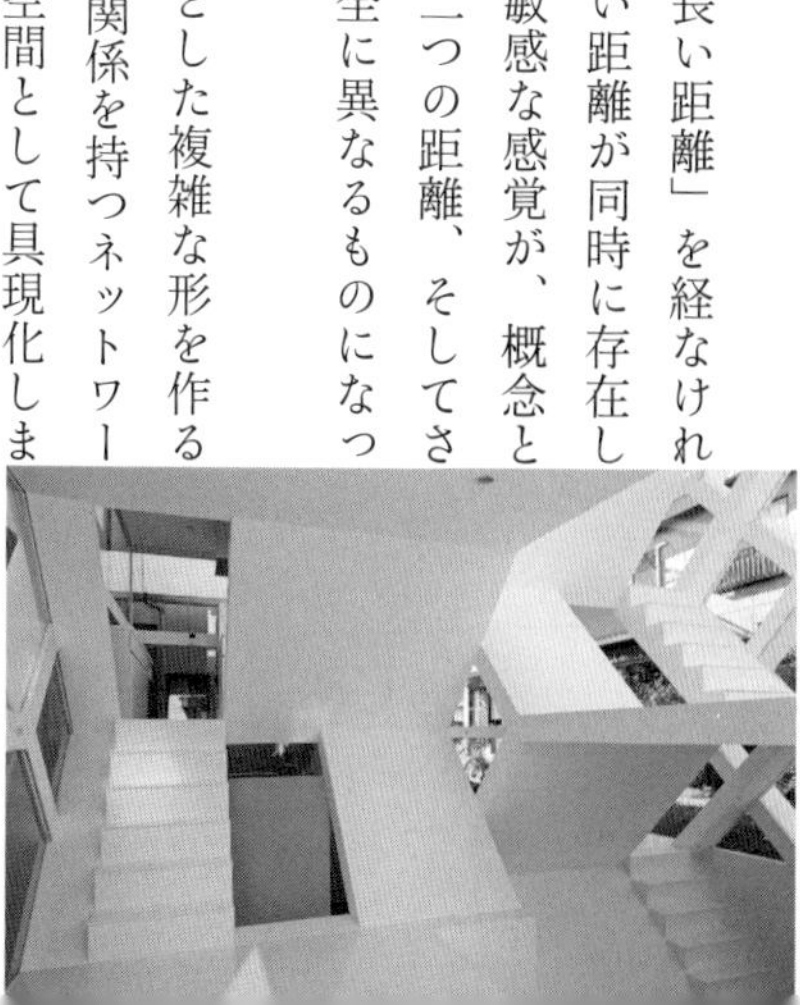
04

——「s-house」の存在感のある構造体はネットワーク型の建築のためのものなのですね。

柄沢 この建築では、三次元的に編み込まれたネットワーク型の建築を純粋な形で実現するために、ガラスと鉄の構造体のみによるシンプルな構成を心がけました。構造はアラン・バーデンさんの設計で、一見、シンプルに見えますが、実は立体的な構造自体が複雑に絡み合っています。コンピュータを使わなければ、このような建築を作るのは難しいでしょう。外周の梁はボックス梁という厚さ6ミリメートルの鉄板を溶接してボックス状の特別な構造体を工場で製作し、現場で溶接を行い、頑強な構造が実現しました。そのおかげで家の四周の柱は存在しているのですが、直径44ミリという極度に細い材によって荷重を支えることができるようになりました。建築の世界で普段このような細い柱を見ることはないと思います。

——「日本の家　1945年以降の建築と暮らし」展（2017）では、「遊戯性」に分類されていました。ポストモダニズムとの違いはなんでしょうか。

柄沢「遊戯性」というのは、アルゴリズムをそうとらえたのでしょう。私もある面ではそう思いますが、ある面ではこの分類に同意できません。ポストモダニズムの他の建築家と同じ分類に入れられてしまったからです。当時の建築的な実験は、均質な空間に反する多様で混沌とした建築が提案されましたが、結果的には、ファサードや装飾などのビジュアルの問題を扱っただけのものが多かったと思います。私が提案している「villa kanousan」や「s-house」のようなネットワーク型の建築は、多様性と秩序という二つを同時にあわせ持つものです。モダニズムやポストモダニズムの建築とはまったく異なると思います。

アルゴリズミックな手法を用いたネットワーク型の建築は、モダニズムの工業化社会に比べて多様性のある情報化社会に適していますし、工業化社会や新自由主義社会の均質な空間に対抗する、新しいタイプの空間を実現するものだと思います。結果的に、ネットワーク型の建築では、人と人との間で視点を交換できるようなユニークな空間体験を得ることができました。

そのような体験の現象は、現代哲学の分野ではブラジルの人類学者であるエドゥアルド・ヴィヴェイロス・デ・カストロによって「Perspectivism」と表現されています。彼は、南米の先住民の生活様式のなかで、特別な儀式の際に人びとが視点を交換し合い、他者の視点と自己の視点が入れ替わる事例が共通してあることを発見しました。言い換えれば、私は建築の世界で「Perspectivism」の空間を作ったと言えます。アルゴリズムによるネットワーク型の建築にはたくさんのメリットがありますが、一つには、この他者を自己であるかのように見る視点交換の体験、いわゆる「Perspectivism」の現象が空間の中で起きることであり、多くの人が集まる公共建築や商業施設などのパブリックスペースの質を高め、活性化する可能性があると考えています。私自身は、そのような新しい質を持つ建築空間をさまざまな形で、「プロトタイプ」として実現していきたいと思っています。

Interview

西田 司
ローカルなコンテクストを統合する「家」

Osamu Nishida :

'House' Integrating Local Contexts

西田 司|にしだ・おさむ
1976年生まれ。1999年横浜国立大学卒業後、保坂猛と建築設計SPEED STUDIO設立、共同主宰。2003年にオンデザインパートナーズ設立。現在、東京理科大学准教授。日本建築家協会新人賞、グッドデザイン賞など受賞。主な作品=「西田邸」「ヨコハマアパートメント」「FIKA」「湘南港ヨットハウス」「大きなすきまのある生活」「観察と試み」「神奈川大学国際学生寮」など。主な著書=『オンデザインの実験』(共著、TOTO出版)、『タクティカル・アーバニズム』(共編著、学芸出版社)など。

都市機能の分離から連結へ

——住宅から都市空間まで幅広くデザインされる西田さんは、住宅の批評性をどう考えますか。

西田 家の価値というのはすごく大きいと最近思っています。というのも僕らが最近設計しているものは、家じゃないのに家っぽいというのが多いんですね。例えばオフィスが「家」化している現象がある。家形という幾何学的な側面だけでなく、家がもたらす価値への時代の欲求みたいなものがあって、それをオフィスでも実現しようということではないでしょうか。

20世紀は、これは家、これは店というように、建築の用途が分離されましたが、今はすべてのビルディングタイプを考慮した建築を考える必要があります。人口が減少すると街中でも未利用空間が多くなるので、都市に求められるものが、これまでの「都市機能の分離」から「都市機能をつなぐ」に変わっていくと思うんです。図書館の中に住むみたいなことも起こったり、オフィスが住む場所とつながることがあったり、自宅をお店のある家に変える可能性も出てくるわけです。

例えばこの情報化社会は、どこで何をやっているかが簡単に可視化される時代ですから、住宅地のど真ん中に建つ小さな住宅兼美容室にもお客さんが来る、という状況が起こります。20世紀は都市機能が分離されて、どこに行けばどういう人に会えるということがはっきりしている時代だったのですが、現在は都市のインフラや構造が変わってきているということです。

――つまり「家」は住宅というビルディングタイプではなく、人間の活動が規定する空間のあり方を意味していると。ビルディングタイプをとらえ直す試みは、現在の都市への批評であるとともにモダニズム批評だとも言えますね。

西田 そうですね。塚本由晴さんが言う「脱施設」ということと近いのではないでしょうか。また、家はスケールが小さいから考えやすい。今の言葉で言うと、「自分ごと化」しやすいんです。例えば神奈川大学の「まちのような国際学生寮」（2019）[01]では、小さな生活スペースをいくつも作っています。最近は特に、都市とつながった小さな小屋という設定に興味があります。小屋は、趣味や実現したいライフスタイルなどを持ち出す、あるいは生み出す装置であると思います。地方で小屋を建てるプロジェクトをやっていたことがありますが、これは都市部にも展開可能だなと思っています。

幾何学の持つ力

――一方で、槇文彦さんや伊東豊雄さんがおっしゃるように「ほとんどの若い建築家たちがつくっている住宅が、多かれ少なかれモダニズムの言語の延長でしかない」という見解もあります（1）。

01

西田　僕もモダニズムの海から生まれていますから、すごくわかります（笑）。でも、それは教育の問題で、その人が何を参考にして建築を学んだかによると思います。例えばモダニズム以前の時代では、もっと暮らしを参照したようなものを建築だと教えられていましたが、モダニズム以降は、近代の技術を前提としたものが建築だと教えられるようになりました。つまりモダニズムとは、地球上の建築の歴史の中で、近代技術を前提とした建築言語を学ぶ時期だったから起こり得た現象ではないか。それは、ものを作るときの構造を担保する考えや美しさを判断するための、価値基準の一つになっていると理解しています。しかし、まったく異なる文化背景のもとで、例えばインドネシアの人にとっては、そこで受けた教育がその人の原体験になりますよね。例えばモダニズムとバリ島のバナキュラー建築のどちらが美しいかを考えても比べようがないと思いますし、建築家の信じていることは、偶然成立しているようなものなんじゃないかなと思います。

現代の日本で設計をするとき、日本や地域の状況、そして建築の文脈を手がかりにしますが、モダニズム教育もバックグラウンドにありますから、その影響も消すことはできない。でもモダニズムのスペシャリストであるというだけでなく、人間の生活を考えられるスペシャリストであるという意識でいたほうが、建築家としていろんな方向に成長できると思います。

ただ、僕はモダニズムの幾何学には力があると思います。例えば「西田邸」（2000）[02]は、テラス、リビングルーム、プライベートゲート、プライベートエリア、パティオなどが並列さ

02

れた、堅い構成の建築です。このときは幾何学的なレイヤーや奥行き、そして都市におけるインタラクションを表現することに興味があり、まちの暮らしにつながる大きな窓を設けました。

都市へつながるインターメディア

――「西田邸」ではモダニズム的な建築言語を用いながらも、現在は先ほどの「家」化するオフィスのお話のように、モダニズムとは違う問題意識を感じます。

西田 「西田邸」の後、設計プロセスに興味を持ったことが大きな転換点でした。以前は設計開始から完成までを設計のアウトプットだと思っていましたが、設計プロセスがユーザーやクライアントとともにあるということがアウトプットだと考えるようになった。都市の研究をしながら完成後の建物がどう使われているかをチェックしていくうちに、多視点になっていったんですね。つまり、設計のゴールが完成ではない、竣工が終わりにはならないということです。

また、以前から建築を社会化することや都市環境に興味があり、「西田邸」はプライバシーが重視される住宅密集地に対して、大きな窓がまさにオープンなつくりでしたが、ガラス＝「開く」「オープン」であるという物理的記号のように建築言語を使った提案は、実は求められてないんじゃないかと思ってから、ふるまいに興味を持つようになりました。例えば山の中に行って、そこに川が流れていても川は「ここで洗濯して」とは言わないですよね。人間は川を見て

洗濯にちょうどよいとか、野菜を冷やそうとか考えてふるまいます。設計でも、やることは決められていないけれどいい感じの雰囲気が作れると、人間が動物的にもっとこういうふうにしたいというふるまいにつながるんじゃないかと思っているんです。一つの建築だけではなく都市全体がそうなるといいと思いますね。

　つまり、建築家だけで考えるのではなくて、使い手もちょっと巻き込んでいく、例えば「大きなすきまのある生活」（2012）[03]のように「すきま」を設計して、その使い方を一緒に考える、というのが僕たちの設計の仕方です。この建物にある「すきま」の幅は約0・8メートルと非常に狭いのですが、都市の状況や自然の状況について多くのことを教えてくれました。面積はわずか30平米、前面の幅は3・6メートル。古い街並みが密集しているため、庭を作ったり、屋外の日差しや風を取り入れたりするのが難しい敷地です。しかし、クライアントはこのまちの雰囲気を味わいたいとのことで、建物の真ん中に大きな「すきま」を設け、日差しや風を取り込むようにしました。さらに、木や草を植えた小さな庭やキャットウォークを設けることで、この「すきま」が小さな活動を生み出しているわけです。「すきま」

を挟む二つの建物は、左右それぞれ異なる機能からなっていて、右側は1階がキッチン、2階が寝室、3階がリビングで、左側の建物は、階段とバスルームです。そのため、どの階も左右に同時に関係し、屋外の自然を感じられるようになっています。「すきま」は使われていくことによって面白くなるし、効果測定すると多様な関係性を生み出すこの「すきま」は他のプロジェクトでも展開可能性を考えることができます。

――ふるまいが生み出される「すきま」は、モダニズム的な用途分割されたあり方を相対化し、建築と社会の関係を再構築する試みなのですね。用途が複合した店舗兼住宅の「FIKA」(2012)【04】にも共通した都市への批評性があるように思います。

西田 よくある店舗付き住宅は、1階が店舗で、上階が居住空間になっていますが、「FIKA」は店舗の背後に大きなヴォリュームの居住空間を配置する構成です。オーナーは平日、別の仕事をしていて、週末だけお店を開いて店主として働いています。週末に好きな雑貨を通してコミュニケーションするために家を建てたんです。そこで、店舗と住宅の境界となるように棚をデザインしました。お店からも裏側の家からもアクセスできるその棚は、壁のような役割も果たしています。棚にはたくさんの物が置かれますが、視覚的なアクセスを完全に遮断しているわけではありません。中古品を中心に北欧のプロダクトが陳列され、ファサードの大きな窓から内部へ視覚的にアクセスさせると同時に、日当たりのよい南側に面した、店舗と都市がつな

04

がるインターメディアとなっています。

「家」の設計とは人の集まり方を設計することである

——「観察と試み ～深大寺の一軒家改修～」（2017）［05］［06］では、社会との関係をさらに積極的に追求されているように感じました。

西田　これは社会とのつながりを実験するものでした。木造家屋の改修で、高齢者の方が一人で住んでいます。日本では一人暮らしがすごく多いのです。改修に際して減築し、家の周りに人が入ってこられるような場所を作り、垣根を外しました。プライベートスペースまでの障壁がたくさんあるので、それを取り除いて縁側のようなオープンスペースを作り、お互いを見守るような近所付き合いができるようにしました。金品を盗まれないようにするためのセキュリティというよりは、周囲に頼れる状況を作る意味でのセキュリティと言えると思います。

クライアントはインターネットセキュリティの研究者で、その業界ではセキュリティは閉じるのではなく開かれているものという考え方がベースなんだそうです。そのうえで、どこを閉じるかを考える。僕らも家のどこを閉じるかを考えてみました。オープンなスペース、半分開いたようなスペース、そしてプライベートなスペースが一つの家の中にあって、近所の人がやってきて「大丈夫？」と声をかけたり、「庭の木の実がなったから食べていいわよ」みたいなや

05 改修前

06 改修後

りとりが起こるようになっています。このプロジェクトを通して、住みながら開くというのは「FIKA」で試みたプログラムでアプローチするだけではないと気づきましたね。

──この作品は近代住宅の前提であった核家族に対する批評と言えるのではないでしょうか。コロナ禍を経て、「住む」ことの意味やそのあり方を考え直している人も多いと思います。

西田　家を設計することは、家族の場所をデザインするだけでなく、暮らしを通して人の集まり方をデザインすることだと考えています。「人の集まり方」は家にとどまらず、都市の中でさまざまな施設やパブリックスペースにおいても生じており、すべて私たちの設計対象なのです。そして、ウェブ上でのコミュニケーションが増えれば増えるほどに、リアルな場の価値が相対的に高まっていると感じています。

　コロナ禍でリモートワークが増えたことで、家や住んでいるまちに滞在する時間が増え、その時間をどう過ごすのか、その環境や居心地を考える人が増えたと思います。近所の公園に散歩に行き、行きつけのカフェに通う。これは「リバブルシティ」という、人びとが生き生きと過ごすまちを自分ごと化して考える兆候で、その延長で建築やまちを内部空間だけでなく、外部の公共空間から良くする感覚が育ちます。結果生き生きとしたまちの風景を生み出していくので、これからの日本が楽しみです。

――こうした社会の変化や都市で起きている問題への対応を通して、人びとの活動や生き方を考え直す点に西田さんの建築の批評性があるのだと思いました。

西田 お店をやりたい、すきまを活用しよう、一人暮らしでも安全に暮らしたい、どれも今の都市に住む人の欲求です。そうした欲求からここにしかない面白さを抽出し、そのポイントを建築にしているという感覚がありますね。土地の大きさ、もともと建物が建っていた状況、こんなことをやりたいと思っているというクライアントの希望、それらはすべてコンテクストなんです。

モダニズムはどこでも成立します。でも僕はローカルなコンテクスト、この場所でこの人が生きている、この建物が残っていたというような状況と、現代を生きている僕らがこういうふうに生きたいという欲求、それらも全部コンテクストだととらえ、統合されると建築になるのではないかと思うんです。

〈註〉

（1）伊東豊雄・奥山信一「特集 住まいをめぐる言葉 3 批評性――建築『家』への社会意識」『新建築 住宅特集』2006年7月号

山﨑健太郎
生き生きとした空間のための形式性

Kentaro Yamazaki : Formality for Lively Space

山﨑健太郎―やまざき・けんたろう
1976年生まれ。2002年工学院大学大学院修士課程修了。入江三宅設計事務所を経て、2008年より山﨑健太郎デザインワークショップ主宰。現在、工学院大学教授。日本建築学会賞（作品）、JIA日本建築大賞、グッドデザイン大賞など受賞。主な作品＝「庭の中の家」「未完の住まい」「さやのもとクリニック」「はくすい保育園」「糸満漁民食堂」「新富士のホスピス」「52間の縁側」など。

IIN

クライアントのビジョンをモノ化する

――住宅だけでなく公共建築や福祉施設も多く手掛ける山﨑さんは、住宅の批評性をどう考えますか。

山﨑　私は、住宅だけが特に社会的な批評性を持っているとは考えていません。むしろ、住宅に限らずどんな建物もほとんど「住まい」だと思って設計しています。

かつては建築家が問題提起とその解決策を提示し、人びとはその提案にしたがうという構図があったと思いますが、現代社会はもっと複雑です。誰もがどうやって生きていったらいいのかよくわからないし、そうした状況に対し建築家も生き方を示しづらいですね。建築と社会に直接的な関係を見出すのは難しいかもしれません。

――現代の社会に対して、特定の側面を問題にするのは難しいという状況がありますね。

山﨑　何かを批評するつもりでデザインするという感覚は持っていませんが、もちろん社会的な問題意識を持って建築をデザインしていますし、物事を批評的に見ることはあります。

例えば、介護施設である「52間の縁側」（2022）[01]では、クライアント自らが生きることに対して、あるいは今の社会やその近代的な仕組みに対して問題意識を持っていたので、当然私たちも批評的な感覚を持って設計したのだと思います。認知症のおじいちゃんやおばあちゃ

01

んと一緒に暮らす家族は、何かあったときにすべて自分たちだけで責任を取らなければならない、と家の中に閉じ込めて面倒を見ることになりがちです。クライアントは、そのような社会は間違っていて、介護を取り巻く状況を変えなければいけない、介護は地域で取り組まなければならない問題だととらえていました。

建築家は、自分たちを地域やコミュニティの専門家でもあると思っているかもしれませんが、建築家が見ている地域の様子と、介護施設で働く人が現場で切実に感じている地域の様子とはまったく解像度が違います。クライアントのほうが社会に対する問題意識やビジョンを持っていることも多く、それを建築の形式としてモノ化することが建築の設計だと思っています。

機能から解放された空間

——山崎さんの言う「住まい」とは、どのようなものなのでしょうか。

山﨑 私は、空間から機能を取り除いて設計することを心がけています。介護施設では、こうした施設特有の談話室や、機能回復訓練室を全部取り除きたい。ホスピスや保育園でも、都市空間でも同じですね。どんな用途の建物でも穏やかな気持ちで楽しく会話ができて、くつろいだ雰囲気のリビングみたいな感じが当然よいわけです。そうした空間の心地よさが建築の本質だと思います。

計画学的な考え方においては機能が重視されていましたが、機能を前提に空間を考えると人間の主体性がなくなってしまい、その結果できた空間も窮屈に感じられるのではないでしょうか。

――そうした親しみ深い空間を作るために、どのようなアプローチを取っていますか。

山﨑 例えば、江戸時代の都市には町家がありましたが、お店は誰でも入ってよい場所だと建築の形式が語りかけてくれていた。これはとても大事なことだと思います。一方、現代の共同住宅は、防火やプライバシーの問題から各住戸は廊下と区切られているため、隣人との関係が切れてしまう。隣人と廊下で会ったり、玄関ドアが開いたりしていると、ちょっと気まずいですよね。当たり前のことのように思いますが、実は異常なことなのではないでしょうか。

こうした問題は、人間の習慣的な行動を規定している建築の形式から生まれているのだと思います。ルールや制度で変えられるような問題ではありません。誰かとかかわり合うスペースがないために、みんなどうやって話したらいいのかよくわからなくなっているのです。私の事務所のある東日本橋は古い問屋街ですが、ゲストハウスやカフェがオープンし、外国人旅行客や若者が集まるようになりました。こういう場所では、最初はどのようにふるまったらよいのか、空間の雰囲気で判断しますよね。彼らは気軽にコミュニケーションができる雰囲気が好きで集まっているのだと思います。このような場所に慣れると他者との交流の仕方は変わってきます。私の実感としても、まちを歩いていて挨拶をする人が日々増えている気がします。

例えば、ギリシャのミコノスの集落には、人びとの生き方が建築に表現されています。誰かの家のすぐそばを通り下の海辺のカフェまで行けて、家に住む人も、まちを歩く観光客も各々別のことをしながらも空間を共有している。そうした空間が人に感動を与えるんですね。都市が形式を持つというのは、そういうことだと思うのです。しかし現代日本の都市にこうした建形式はありません。われわれはそれを一つずつ取り戻していく必要があるのではないでしょうか。

——それでは実際に、どのように建築の形式をデザインされるのでしょうか。

山﨑　「はくすい保育園」（2014）[02]を例に話しましょう。保育園も大きな家だと考え、とても単純な長屋のような形式のプランとしています。3歳児と5歳児では体格も生活サイクルも違うので、お昼寝の時間もご飯を食べる時間も別々で、それを保育士さんが管理しなければいけない。だから年齢ごとの部屋に分けるほうが楽なのですが、私はそのようにしたくありません。人間をラベリングして空間的に分けてしまうことは子どもが成長する環境としてまったく健全ではないと思うからです。社会には、本当にいろいろな特徴を持った人たちがいます。年齢の異なる子どもたちが一緒に同じことをしなくても空間を共有している状態を作り出すことが、この保育園において最も実現したかったことの一つです。若い建築家にとって、メディアに注目されるような建築を作るのは重要なことかもしれませんが、プランには何の特徴もないとしても、社会的に意義のある建築を作らなければいけないと思います。

02

——「庭の中の家」（2008）【03】や「未完の住まい」（2014）【04】でも、機能にこだわらずに設計されているように感じます。

山﨑 お風呂や子ども部屋といった、さまざまな機能を取ることで、いわゆる家らしい様子をなるべく取り除きたいと考えています。要するに機能から解放された、ただの空間をどうやって作るかを常に考えているのです。それはある意味で批評性ですね。

——機能主義への批評だといえますね。こうした設計では、異なる人や活動をいかに共存させるかが重要になると思いますが、プライバシーをどのように考えていますか。

山﨑 「未完の住まい」のクライアントはお子さんが生まれたばかりで、いつも家族一緒にいたいという希望があり、「庭の中の家」のクライアントは仕事をリタイアした老夫婦で、一緒にいてもいいし、離れたいときはちょっと距離を取ればいいということでした。どちらもプライバシーや部屋に対する具体的なリクエストがほとんどありませんでした。ただ二つとも、機能的には70平米程度の床面積で済むところを100平米程度まで大きくしているので、プライバシーが気になるときは、それぞれが距離を取ることでうまくバランスが取れるのではないかと。

大きいということが、プライバシーも含めてだいたいの問題を解決できるのではないかと思います。どんなプロジェクトでも機能を取っていくと、大きな空間になり、そこでみんながど

03

うやって過ごせるか、という問題に収束していき、単純なプランができます。

——そうした設計理念は、社会とどのような関係にあるのでしょうか。

山﨑　ここにいると話したくなるとか、他者を愛おしく思えるとか、空間の体験こそが社会を変えていく力を持っている。建築の批評性を言葉で語るよりも、自分たちの社会の背骨となるような、人間がより生き生きと暮らせる建築を作りたいと常に思っています。住宅において達成すべき目標は、機能的であることや便利であることよりも、その場所で生きてわくわくすることや、自分がその場所に投影され、さらにその場を通じて自分を再発見することができるといったことではないでしょうか。そうしたことは住人が語ってくれなくとも、住まいの風景が物語ってくれるものです。「庭の中の家」は私の両親の家ですが、広い庭の中に住むような住宅なので、母が庭に花を植え、手入れをして、竣工から何年も経った今のほうが生き生きとしています。

商品化社会における建築の形式

――現代の資本主義社会では、効率を求めた機能的な設計が求められているように思います。

山﨑 社会はこれまでいわゆる「施設」を作り続けてきました。以前病棟型のホスピスを設計したときも、当然機能的な計画が求められました。しかし、ホスピスは末期癌の患者さんが最後の時を過ごす場所ですから、私は、ここで暮らす方々にとっては「住まい」であるべきだと考えました。孤独や孤立を感じる場所ではなく、家族や友人たちにとっても安心して一緒に過ごせることが大切なはずです。商品化社会が再生産してきた「施設」ではなく、人にとっての「住まい」を社会の中で取り戻していくことが必要なのです。

――商品化社会への批評的な認識を持たれたきっかけがあったのでしょうか。

山﨑 独立前は組織事務所で大規模な都市開発プロジェクトを担当していました。2002年から小泉政権による不動産流動化の構造改革によって、建築が投機対象になりやすくなっていたのですが、2008年にはリーマンショックのあおりを受けました。そのような物件を担当していた同僚は、設計ではなく書類作りをしているように見えました。現代は多くの場合、建築は投機対象なんです。建築家による集合住宅はデザイナーズマンションと呼ばれ、特に東京では顕著ですが、収益のために面白い空間が求められます。こうした傾向が、何か大事なものを失わせていたのだとみんなが気づかされたのが、２０１１年の東日本大震災だったのではないでしょうか。

――震災から10年以上経ちますが、どのような変化を感じられましたか。

山﨑 震災前後では建築に求められるものが変わりました。クライアントには事業があるので収益を無視して自由に設計できるわけではありませんが、幸運にも、私が今まで付き合ってきたクライアントは、収益だけを考えていては事業が長持ちしないと考える人たちが多い。こういうクライアントが増え始めたのが２０１１年以降だと感じています。

――住宅では、ハウスメーカーによる商品化住宅が一般的だという状況もありますね。

山﨑 私の事務所にハウスメーカーではないデザインを求めて住宅設計の相談に来られる方の場合、提案されたものから選択することには慣れていても、議論を深めていくことが難しいようです。社会の中で生きることを主体的に考え、自分の場所を自分で作るような感覚をどうやって身につけるのかを考える必要があると思いますね。

住宅ではありませんが、「糸満漁民食堂」（２０１３）［05］は食を通じて地域の伝統や文化を残し、伝えることを目的としたレストランです。かつて沖縄の漁民が琉球石灰岩を手積みして自分たちの漁場を作ったように、この施設もワークショップを開催して、関係者と地域住民の手によって石を積みました。ある人がこの写真を見て、「見栄えはいいけど、山﨑さんが自分のプロジェクトのために、地域の人たちをピラミッドを作る奴隷のごとく扱っているようにも思える」と言いましたが、私はそうは思いません。彼らは、自分たちの未来を自分たちで作るために、みんなで協力して作業をするのです。また、自分たちがかかわった建物は、これがどのようにできたものなのか自ら語ってくれます。この状況はすごく美しいですよ。

機能から生まれる境界を取り除くことが重要だと思いますが、機能がないと空間はバラバラになってしまうので、建築に形式が必要となるのです。クライアントや建築を使う人が、自分の生き方としてその場所を作ることこそが建築だと思います。

――人びとの主体性を引き出す状況を、建築によって生み出そうとされているのですね。コロナ禍を経て、人びとの建築に対する価値観もまた変化していると思います。

山﨑　間違いなく、実空間で人が一緒にいることの価値に気がついたのだと思います。交流といってもお互いに言葉をかわすことだけではなく、空間を共有すること自体に価値があります。私が取り組んだ保育園やホスピスなどでは、外部空間とつながる大きな空間を持っていたので、コロナ禍前のような子どもたちや家族との積極的な交流がなくても、みなさんが空間を共有することの豊かさを享受していることに気がつきました。

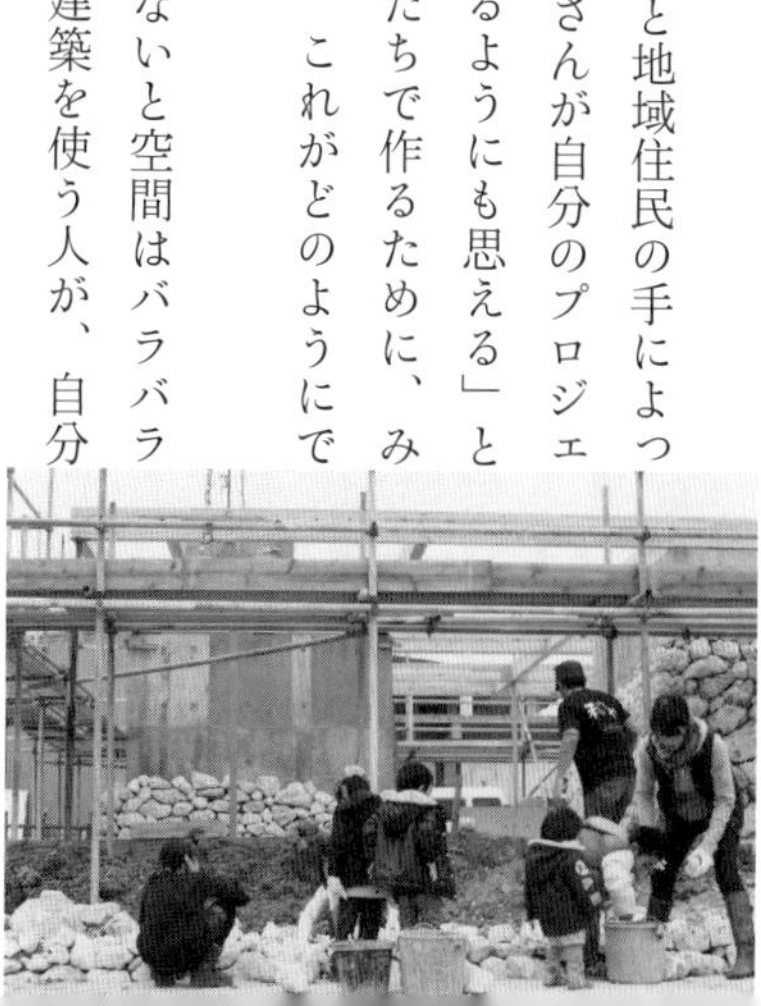

05

Interview

髙橋一平
「私的」な社会性への批評

Ippei Takahashi :
Critiquing 'Personal' Sociality

髙橋一平―たかはし・いっぺい
1977年生まれ。2002年横浜国立大学大学院博士前期課程修了。西沢立衛建築設計事務所を経て、2010年より髙橋一平建築事務所主宰。現在、横浜国立大学非常勤講師、東北大学非常勤講師。東京建築士会住宅建築賞、日本建築学会作品選集新人賞、吉岡賞、JIA新人賞など受賞。主な作品=「Casa O」「七ヶ浜町立遠山保育所」「アパートメントハウス」「笛吹みんなの広場」「横浜国立大学中央広場・経済学部講義棟2号館」「東京藝術大学彫刻棟増築」など。

新たな建築が新たな社会を導く

――髙橋さんは都市に住むことを主題とした作品がありますが、住宅の批評性をどう考えますか。

髙橋 伊東豊雄さんはかつて、「批評性のない住宅は可能か」と問いました。これは、住宅は建築として成立し得るのか、という問いに置き換えることもできると思います。現代では、施主側の価値観が多様化し、要望が機能や性能にとどまらず、好みや嗜好の問題を含むよう、より具体的になっています。施主の嗜好を実現するだけで予算を使いきってしまうという状況もあるようです。当然それでは建築になりません。その嗜好性自体を批評することは、施主との関係において難しいのでしょう。でも私は、批評精神は必要だと思うので、提案として代案を示し続けるべきだと思います。それは施主にとって新鮮と感じられ、かつ同意できる嗜好性を孕んでいて、なおかつ設計者としては、嗜好性を超えた価値を建築に置き換え、施主を啓発し、導くということです。そのようにして、住宅を建築に仕立てあげること自体は可能ではないか。

――かつての建築家のように強い批評ではなくても、現代の建築家が持つ社会に対する態度やデザインコンセプトも批評性になり得ると思います。

髙橋 実社会全体が幸福になるにはどうすればよいか、というアプローチには限界があると感じています。戦後モダニズムの世代は、復興や東京オリンピックなどの国家的イベントを契機に、日本の成長が一個人の野心と同一の方向だった時期の、期待と機会に建築を重ねる気運があったと思います。その後、1980〜90年代の伊東さんのように、活発化した経済活動が主導する社会性に寄り添い自由な建築表現を追求する時代があり、その少しあとの北山恒さんや山本理顕さんは、そうした姿勢を冷徹な目で追い続け、社会システムの構築に建築の意義を重ねています。例えば、「建築をつくることは未来をつくることである」（横浜国立大学大学院建築都市スクールY-GSAマニュフェスト）や「地域社会圏モデル」のように、未来がこうあるべきだということをモデルとして提起していて、一つの批評性を感じます。ただ、僕としては、モデル提示という方法さえも、受け手の読み方も多様化しているため、社会へ届きにくいのではないかと思うところがあるのです。

つまり僕らの世代は、未来予測は不可能であることを前提とし、未来は作りたいけれども、現代社会の温度を測りながら企てる癖がついてしまった気がします。時代が変わるスピードが著しく加速してきたこともありますが、未来へ向けた強い提案を投げかけても、あらゆる建築活動が、芸術活動か個人性の高い活動に見えてしまい、リアリティや共感が生じないと感じて、失望しているような具合でしょうか。僕としては、建築は実社会から規定されていくものではなく、また実社会にしたがう必要もないと思います。新しい建築が提起する新しい概念が新しい社会性を導くことが、建築設計者の本望ではないでしょうか。

機能を前提としない建築のあり方

――施主と建築家の関係についてどう考えますか。

高橋 住宅建築の場合、社会に対し施主と建築家が共犯関係になっていると、建築がきわめて個人的な活動として矮小化してしまうと思います。施主の嗜好性に建築家が共感してしまったり、建築家の嗜好に施主が同調したりして、嗜好性や個別性が高いマニアックな価値観へ到達してしまい、建築の問題ではなくもはや趣味の問題へ陥ってしまう場合のことです。住宅作品が概念ではなく嗜好の段階にとどまると、リアリティがなく、誰も共感できません。それでは、住宅が一つの事例としてとらえられてしまって、建築という分野における応用や進化のきっかけにすることができず、建築としての価値が閉じてしまう。これは、道義的犯罪だと思います。地球の歴史は進化の歴史ですから。住宅は、施主とのコミュニケーションを経て設計が進みますが、構想される建築が、その施主以外にも当てはまるか、再現性や応用性を持っているか、といったことは、作品が概念を持つという点で重要だと考えます。批評性というよりも概念性です。言い換えれば、多様化する社会に対し、価値観を投げ掛ける際、一つの住宅建築が概念によって、多くの人びとにリアリティを孕んで共感され、響くものになり得るということです。どのような分野でも、施主の要求を充足させるだけでは、概念として成立するとはいえないということと、同じではないでしょうか。

モダニズム以降、篠原一男さんや90年代の伊東さん、妹島和世さんは、そうした概念を建築表現の抽象化によって直接的に体現していたとも言えます。細部にこだわることで好みが分かれてしまい、その魅力の共感者を限定してしまうような具体性を避け、白い空間としたり、ディテールを削ぎ落とすといった表現が為されたということです。同時に、抽象的な表現が作家としての表現にもなり得たことは、多様化の時代の前触れとして重要な時代的特徴ですが、そうした表現は今や様式化し、それが無印良品のように商売の道具となって、趣味嗜好の対象へ変わり、その先の進化というものが見えづらくなりました。こうした動きを踏まえ、僕は歴史的な意味で、新たな建築の社会性をともなった進化がどういったものか模索し、建築に置き換えることを試みています。例えば、「七ヶ浜町立遠山保育所」（2013）[01]で、利用者の意見で求められた機能を配置しつつ、中央に大きな中庭を作りました。こうして取り込んだ自然環境が風穴となって、地域社会における緊張を和らげるようにしたのですが、これは環境との融合によって抽象性と普遍性を獲得する試みです。

――個別の実践を概念の水準でとらえることが、批評性もしくは新しさを支えているといえそうですね。

高橋 ここで言う概念とは、渾沌とした実社会の中で、これは共感を呼ぶというものをすくい上

01

げて価値を与える、いわば錬金術のようなものかもしれません。今多くの若い建築家がやっているリノベーションのプロジェクトなどには、そういう感覚がきっとあります。僕が今まで携わったプロジェクトも、そういうものばかりだと思いますね。

機能や役割と、空間もしくは建築を1対1で当てはめていくような機能主義がありますが、丹下健三さんが「美しきもののみ機能的である」とおっしゃったように、建築的魅力が機能を引き出し、社会性を生むのが善だと思っています。例えば工場として作ったものを美術館として使いたいということがありますが、それは空間が機能を誘っているのです。元々は機能主義で作られた建築でも、時間を経過して人の考え方が変わり、別の使い方をするので、設計段階において、建築家が機能もしくは施主の要望にのみふさわしいと考える空間を設計するというのはあまり意味がありません。一方、工場を美術館にリノベーションすると非常にユニークな展示空間ができるのは、時間を経て工場がその機能を消失したために無意味な造形物もしくは環境としかとらえられない状況になったからこそでもあります。既存のものを環境ととらえたり、読み替えたりすることに建築的行為が生じるケースであり、建築を機能とは別の論理によって決定することが可能か、という点で今非常に興味があります。例えば、F・L・ライトの「落水荘」(1936)は、滝を建築に取り込むという点で、住宅でなくてもよいかもしれません。環境に対し、何を感じ、想像するかということが重要だと思います。自然や都市環境など、建築の外側にあるコンテクストやそこでの経験に着目しています。

都市は私の家

――「Casa O」（2014）[02]～[05]で髙橋さんが最も実現したかったことは何でしょうか。

髙橋 普段見慣れた都市環境であっても、見方を変えれば新鮮な世界となって現れるということです。これまで建築は機能や要望などの内側から発想されてきましたが、逆側からアプローチすることで、新しいものができると考えました。その一つが、住宅に住むのではなく、都市に住む、という考え方です。家という概念は必ずしも建物の中に限定されるものではなく、その周りの環境も自分の家であると考えています。このプロジェクトでは、家と家のすきまや、隣の家の壁面や屋根も居住空間の延長としてとらえられるのではないかと考えたのです。

「Casa O」はとても小さな住宅です。このプロジェクトは当初新築が想定されていましたが、リノベーションにすることを提案しました。新築を建てようとすると、今よりも隣との間を空けて建てなければならない。すると、この独特な街の環境を更新し過ぎて破壊してしまうだろうと感じ、既存環境を維持しながら生活環境に変換しようと試みました。

――作品を発表された時のテキスト（『新建築 住宅特集』2014年12月号）では周囲の密集した木造住宅を「家

02

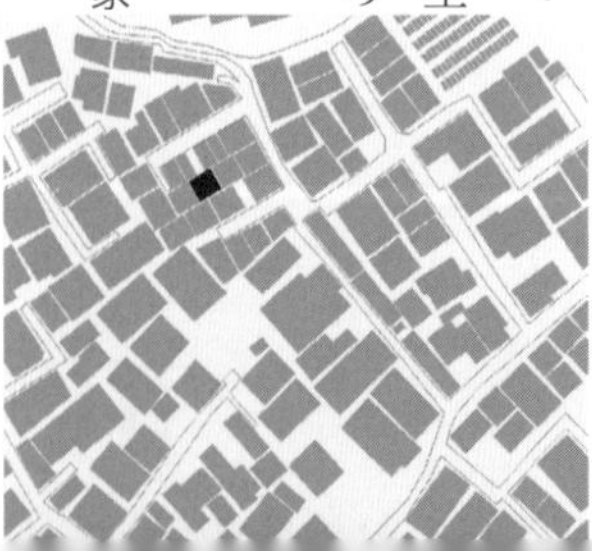

03
配置

屋の群れ」と呼び、積極的に評価されています。

高橋 窓のない壁面や隣の家々のすきまへ向かって大きな開口を設け、周辺環境へ開くと、窓の先にも自身の家が拡張されたように感じられると想像しました。そのすきまや、隣の建物までも自分のもののように感じられる、まさに街に住んでいるわけです。当然、周辺環境が更新されていくことも見込んでいます。

——平面図に寝室が示されていないことが、先ほどの機能主義への批評になっているのでしょうか。

高橋 家のどの場所にいても環境を感じられるように、間仕切壁が便器の周囲とクローゼット以外にはない家を考えました。また、寝室は閉じたプライベートなところなので、家のプランを拘束します。なので、むしろ閉じずに成立させることを考えました。真逆のことを言っているように聞こえるかもしれませんが、住宅が西洋化する以前の日本の民家や屋敷には、寝室に特化した空間はなく、臨機応変で、どこで暮らしていてもよい、という解放的な感覚さえあります。nLDKにとらわれずに、いわば地球上の生物が環境を読み取って巣を作るようにして、人間の家を考えるということです。

また、私は住宅の内も外も構わず生活行為をし始める人びとに以前から注目していて、修士論文でも触れています。街なかに座り込んだり、電車内で寝ていたり、化粧をしたりする人などを写真に収めていました。もう20年以上も前のことですが(笑)、当時はとても新しいと思っ

04

05

たのです。彼らのふるまいに顕著に現れているように、私たちは今でも遊牧民的な存在であると考えています。地球の長い歴史のなかで定住が文明を発達させたと言えますが、定住以前のパラダイムへ再びシフトできるのではとも感じます。

例えば「Casa O」のクライアントは、風呂の横でもキッチンの横でも寝られるでしょう。あるいは、歳を取って歩くのが難しくなり、ソファを動かして1階で寝るかもしれない。また、寝るのは隣の家の別の部屋で、この家は日中やお風呂のときしか使わない、ということもできます。そのような長い時間軸での生活の変化を受け入れるために、寝室という定住を支える最たる室を設計者が規定しない計画にしました。

——「アパートメントハウス」（2018）[06][07]では、コモンスペースがない点が特徴的だと感じました。

高橋 コモンという概念は理解しますが、コモンスペースは信じていません。その理由は、交流という感覚的で自然発生的な行為が、あたかも予定されたことのように扱われ、機能として空間化されているからです。見方によっては空間が人間に対し交流を強要しているように感じます。実際こうしたコモンスペースに、表向きの顔をして行ったらいいのか、あるいは寝癖のままパジャマ姿で行ったらいいのかわからないですよね。それに、みんなで集まりたいと思ったら、居酒屋や公園など、もう一つの共用スペースである都市を活用すればよいと思っています。アパートの部屋だけが人間の住処ではないのです。むしろ部屋に住む人が、ときどき他の部屋

07

06

を訪ねて他人の状況を共有すればよい。訪ね合う時に生まれる場がコモン的になる、という考え方です。各住人の状況に応じて、自分の部屋自体がプライベート、コモン、パブリックへと転換できればよい。その転換可能性を建築空間が許容できるようにと考えました[08]。

伊東さんの「東京遊牧少女の包(パオ)」(1985)は仮設建築でしたが、われわれが普段設計している建築を動かそうとすると大きな車のようになってしまいますし、はかない建築とすると脆弱になってしまいます。むしろ人が動いて、建築はどっしりと動かずに、価値を放ち続ければよい。そのうち建築はみんなで共有して、所有されるかもしれません。インフラストラクチュアという言葉が、戦後では政府主導でしたが、民間もしくは個人主導で再スタートできるかもしれません。

私たちは建築家だからあくまで建築に根ざして論じるほうがよく、現代社会の問題について真っ向から論ずるとかえって創造性を失うのではないでしょうか。例えばそんなことを音楽家が言ったら、きっと誰もそんな人の音楽を聞かないのではないでしょうか。

コロナ禍を経て、多くの人が本当に必要なものを見極めることになったと思います。室内で密になることが避けられるようになって、屋外空間を提案しやすい状況になりました。今こそ、外的なものへ向かっていきたい。それはただ単に屋外空間を指すのではなく、意識の外、眼中になかったもの、新しい考え方、より広い視野などです。さらには、人間とは地球にとって何なのか、壮大な歴史や時間経過のなかで自分に何が可能なのか、なども想像させられます。

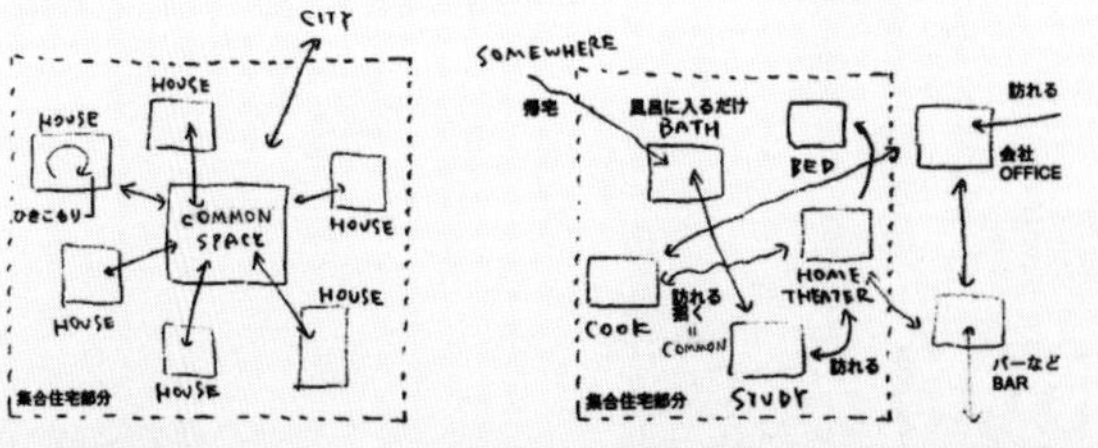

08 左:これまでの集合住宅・コモン空間・公共空間の関係。右:アパートメントハウスでは個人の空間が都市と直接交歓する

Interview

長谷川 豪

建築のための建築

Go Hasegawa :
Architecture for Architecture

長谷川 豪―はせがわ・ごう
1977年生まれ。2002年東京工業大学大学院修士課程修了。西沢大良建築設計事務所を経て、2005年より長谷川豪建築設計事務所主宰。2015年東京工業大学大学院博士課程修了。メンドリジオ建築アカデミー、ハーバード大学デザイン大学院などで教鞭を執る。SD Review 2005鹿島賞、東京建築士会住宅建築賞金賞、新建築賞など受賞。主な作品＝「森のなかの住宅」「練馬のアパートメント」「経堂の住宅」「吉野杉の家」「Villa beside a Lake」「ICOR NISEKO」など。主な著書＝『長谷川豪 カンバセーションズ――ヨーロッパ建築家と考える現在と歴史』（LIXIL出版）など。

社会は建築を構成する一要素に過ぎない

――長谷川さんはスケールや形式を扱う設計論が独特ですが、住宅の批評性をどう考えますか。

長谷川 住宅は人類史のなかで最も古く、地球上のどの地域にも見られ、かつ人間の生に深くかかわるビルディングタイプですから、その時代の価値観、その地域固有の生活様式が鮮やかに投影されます。これは他のビルディングタイプには見られない、住宅の特徴です

ですから例えば歴史を縦軸、地域を横軸に取ったマトリクスのなかに、どのような住宅も位置づけられます。建主や設計者が意図しようとしまいと、住宅は相対的な関係性のなかに位置づけられてしまうわけですが、逆にそうした関係性を住宅設計の力にすることもできます。

つまり住宅設計は、建主のために実空間を作るという創造と並行して、歴史的にも地勢的にも膨大な厚みを持っているからこそ、その厚みのなかで住宅の意味を書き換えるというもう一つの創造がある。この後者の創造が、住宅の批評性だと思っています。

――長谷川さんは、作品に社会的な意図を込めたり社会批評を含めたりすることはありますか？

長谷川 社会は凄いスピードで変化していくのに対して、建築は時間がかかるし持続的なものなので、設計時の社会状況にあからさまに反応したり、建築に社会的なメッセージを込めること

はあまりしません。自分が設計する建築も自分自身も今の社会状況に影響を受けていることは自覚していますが、社会は建築を構成する一要素に過ぎないという立場です。でもそれは建築が、いま／ここに固執し過ぎないように気をつけているだけであって、社会を敵視しているわけでも、無視しているわけでもありません。

さらに言えば、建築を利用して社会にアプローチするのではなく、建築そのものから建築にアプローチすることを意識しているかもしれません。建築家は建築の概念を更新、発展させていく責任があります。建築の設計は、社会やクライアントのためだけでなく、建築そのもののためでもあるからです。つまり建築のために建築を作っているところがある。

例えばコルビュジエの仕事が今の自分たちにも届いているように、建築の概念の更新は100年後の違う文化の人にも影響を与え得る。いま／ここだけにとどまらずに、いつか／どこかとつながる建築を考えられる人が建築家だと僕は思っています。建築のエレメントやタイポロジーなどの建築固有の形式にこだわるのはそのためです。

――現在の若い世代にも社会への明快な批評はあまり見られません。これは複雑化した社会に対してスタンスを取りづらいということでしょうか。

長谷川　スタンスが取りづらいというよりも、社会を単純化して語ることにリアリティが持てない状況だということが大きいのではないでしょうか。篠原一男さんや伊東豊雄さんが住宅を設計されていた高度成長期は、今と比べると社会状況がシンプルで、わかりやすい社会批評が有効な時代だったと思います。

――東工大のご出身ですが、その系譜を踏まえて、ご自身をどのように位置づけられますか。例えば長谷川さんは、篠原さんのように建築を自律的なものとしてとらえているように感じます。

長谷川　篠原さんに限らず、東工大の先生方は建築の自律性に信頼を置かれていて、特に建築固有の形式へのこだわりなどは、自分はおおいに影響を受けました。また谷口吉郎さんから引き継がれている建築の詩性も、設計しているときに意識していると思います。

自分の建築の特徴は「空間の大きさ」にあると思います。「森のなかの住宅」(2006)では、同じ勾配を持つ切妻型の七つの部屋で幅や奥行きを変え、空間の大きさの尺度を一定にしたり変化させたりすることで、部屋同士を関係づけています。あるいは「森のピロティ」(2010)[01]の6・5メートルというピロティの高さは、上階の居室の高さとの関係、周囲の木々と柱・梁・ブレースなどの構造体の関係、そして身体の大きさとの関係といった、さまざまな要素との関係を調停する空間の大きさです。このような「相対的な空間の大きさ」によって環境・建築・身体の間に新たな関係性を作ることは、他のプロジェクトでも試みてきたことで、さらにこうした表現が現代建築においてどのように成立しているかを研究して博士論文にまとめました(長谷川豪「現代建築作品における空間の大きさの比較表現」東京工業大学、2015)。

01

世代乗り越えのゲームをやめる

――モダニズムを乗り越えようとした1970年代のように、上の世代を乗り越えようとしていますか。

長谷川 建築の概念を更新、発展させることを意識して設計活動をしているとお話ししましたが、それは過去の否定や乗り越えとは少し違います。日本の建築家は戦後わずか70年で独自の建築を展開して、国際的に高い評価を受けるようになりましたが、短期間でそれが可能だったのは経済が急速に発展して建築を建てる機会に恵まれたことに加え、日本特有の戸建て文化が若手建築家にとって大きなアドバンテージになったからです。さらに日本の建築家たちのエンジンになったのは、過去や自分の上の世代を否定して乗り越えるというストーリーで、メディアは「若手建築家特集」を定期的に組んで、「新世代の建築はこうだ」「次は誰々だ」と煽り、これに応えるように多くの若手建築家が出てきた。それは建築家たちのエネルギーになったと思いますが、大きな弊害として歴史観が近視眼的なものになり、たかだか一世代という数十年間の狭い時間スケールのなかに閉じて、日本の若い建築家たちにとって「新しい」ということが上の世代との違いを作るゲームに成り下がってしまった。

70年代にモダニズムを乗り越えるというゲームが成立したのはそれを支える社会背景があったからですが、日本経済はかつてのような成長はなくなりマイホーム文化も薄れ、とっくにゲームは破綻している時代に、それでも建築家は世代乗り越えのゲームを続けるのでしょうか。
2012年にスイスで教えるようになってからヨーロッパの建築家や学生と話をする機会が増えたのですが、そのなかで、ヨーロッパの都市や建築の豊かさの理由の一つがわかりました。それは歴史観です。歴史の知識量ではなく、歴史に対する構え方が日本人と大きく違う。日本では歴史がどこか教義的なものになっているのに対し、彼らは歴史を解釈することを創造としてとらえていて、自分たちの創作が歴史と地続きにあることを強く意識しています。日本の社会が成熟期を迎えた今、一つ上の世代を乗り越えるのではない、厚みのある歴史観のなかで建築を考えたいと思っています。

――『考えること、建築すること、生きること』(2011)や『Besides, History：現代建築にとっての歴史』(2018)の中でも歴史というテーマを扱っておられます。

長谷川 未来予測にはさほど興味はないのですが、100年後にも届く建築がどういうものなのかについて考えるのは好きで、そういうときに僕は、100年前の建築を見ます。先人たちからどのようにバトンを引き継いできたかという、建築の概念の連鎖を実感を持ってイメージできるからです。先ほどいつか／どこかにつながる建築を考えたいと話しましたが、こうしたバトンや連鎖こそ建築の一番面白いところだし建築の豊かさだと思っています。未来の建築を想像するために、歴史が必要なのです。

建築と都市の無意識

——最初の作品である「森のなかの住宅」[02]ではどういったことを意識されましたか。

長谷川 「森のなかの住宅」は建築家としての出発点になったわけですが、その後のプロジェクトにも続く自分の三つの興味が表れていると思います。まずは先ほどお話しした「相対的な空間の大きさ」で、玄関や浴室といった通常は脇役とされる空間も、リビングと同じ切妻型にして等価に扱うことで、どこにいても森の環境を楽しめるようにしました。

二つ目は「建築の無意識」への意識です。小屋裏という文字通りウラの空間に着目し、それを体験のうえではオモテに反転させることをしたわけですが、これまで見過ごされてきた建築のエレメントへの着目は、「練馬のアパートメント」（２０１０）[03]のバルコニー、「森のピロティ」のピロティなど、その後のプロジェクトにもつながっています。

三つ目は「斜めの経験」です。建築設計は平面図と断面図で構想され

03
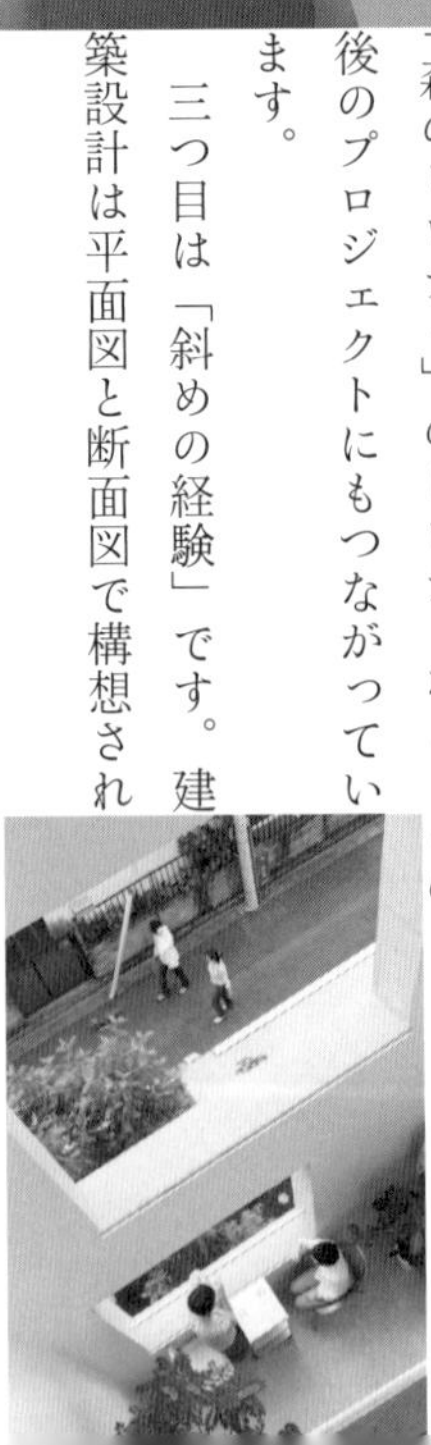

ることがほとんどですが、実際には水平と垂直で現実世界を知覚するわけではありません。この住宅では雨を流すための45度の屋根勾配を、森の樹上へと斜め上につながる経験をアフォードするデバイスとして読み替えようとしました。この斜めの経験も、その後のプロジェクトに連続していると思います。

02

――「五反田の住宅」（2006）**[04]**には、都市空間に対する批評的な思考を感じます。

長谷川　クライアントは東工大の塚本研究室で『ペット・アーキテクチャー・ガイドブック』（2001）のリサーチを共にした同級生で、都市に住むことへの批評的な視点を彼と共有できたことは大きかったと思います。日本では民法や施工上の理由で隣地境界からセットバックして建てられ、副産物的に隣家との間にスキマが生まれます。東京の土地は非常に高価ですし、このスキマをどのように使うかを考えました。そこで隣家とのスキマのスケールを調整し、さらに内部にも、都市・住宅・身体に対応するさまざまなスケール感をあわせ持つホールと呼ぶ空間を挿入しました。

――東京の生きたギャップであると言えそうですね。

長谷川　敷地境界は社会制度が規定しているだけの実体のないもので、所有が曖昧になる東京のスキマは、いわば「都市の無意識」です。海外の友達と東京の街を歩くと建物の間のスキマを

04

見てみんな興奮します。曖昧な空間の魅力は直感的にわかるのだと思います。

新しさと古さの両方に開く

――「吉野杉の家」（２０１６）[05]では、他の作品とは異なり、生々しい素材を使っていますね。

長谷川 吉野は国内有数の歴史ある林業のまちです。当然ながら地元の人たちは素材に対して保守的な考えを持っていて、従来通りに使うことがほとんどでした。大変美しい木目を持つ吉野杉を使いつつ、この素材のイメージを更新することが自分の役割だったのです。素材の意味が強いので、もしかしたら僕も若いころは使えなかったかもしれない。それなりに実務経験を積んで、古今東西の建築を見てきたから、このようなアプローチができたようにも思います。

伝統的でありながら同時に現代的でもある建築を作ることで地方のコミュニティをより広い社会に開くことを目指したわけですが、このような社会的なプロジェクトになったのは、やはりAirbnbとのコラボレーションだったことも大きいと思います。

――屋根が非常に特徴的です。これも、木材と同様に、地域性を意識したものでしょうか。

長谷川 大和棟という奈良の民家のタイポロジーを参照しました。村野藤吾や岩崎平太郎が大和棟を参照した駅舎を設計していたのを見て、自分も「現代版大和棟」を考えてみたいと思った

05

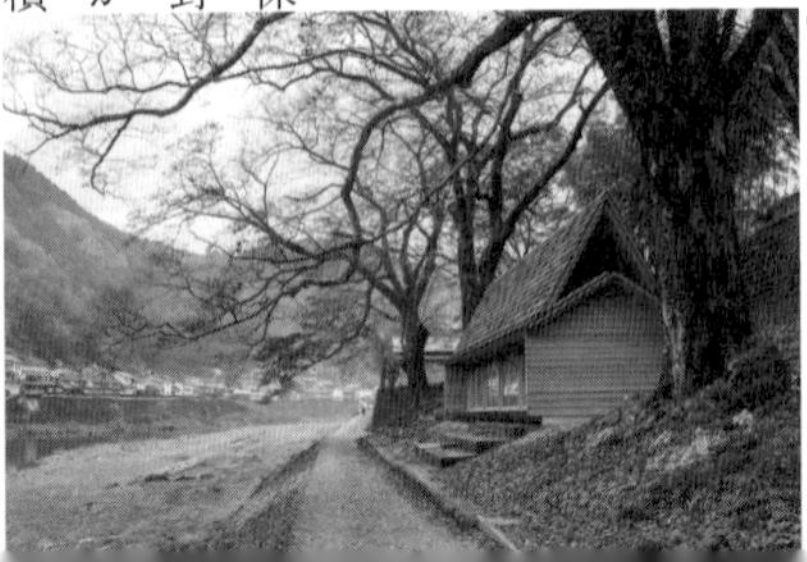

のです。「屋根並み」といった言葉もあるように、屋根は風景に大きく寄与する建築のエレメントですが、同時に個を包み込む覆いでもあります。つまり屋根は、風景と個の間を取り持つ繊細なフィルターなのです。

ポストモダニズム以降、80年代や90年代の多くの建築家は誤解を恐れて意図的に勾配屋根を避け、フラットルーフの抽象的な建築を設計していました。そうしたポストモダニズムのトラウマを体験していない世代だからかもしれませんが、自分が設計活動を始めた2000年代以降は、勾配屋根の建築作品が多く見られるようになったと思います。僕もいくつか設計してきましたが、これからも考えていきたい建築のエレメントです。

——スケールや形式といった自律的な側面から建築をとらえ、長い時間的尺度のなかに建築を位置づけようとする姿勢が、長谷川さんの作品の批評性を生み出しているのですね。

長谷川 建築にとって、新しさと同じくらい古さが大事だという思いが強くあります。建築は他と比べてもとても古いジャンルなので、長い間ずっと考えられてきたことがたくさんある。例えばスケールや形式というのは建築固有のものですが、これまで先人達が考えてきた問題を、自分なりに引き継いで考えを進めてみたい。それは建築のような古いジャンルだからこそできることです。もちろん新しさの希求もかけがえのないことですが、新しさだけにとらわれてしまうと狭い認識に閉じてしまう。やはり建築は、新しさと古さの両方に開くことが重要なのです。

能作文徳
暮らしと生態系の媒介者としての建築

Fuminori Nousaku :

Architecture as an Intermediary between Life and Ecosystems

能作文徳―のうさく・ふみのり
1982年生まれ。2012年東京工業大学大学院博士課程修了。2010年より能作文徳建築設計事務所主宰。東京電機大学准教授、東京都立大学准教授を経て現在、東京工業大学准教授。東京建築士会住宅建築賞、SD Review 2013 鹿島賞、第15回ヴェネチア・ビエンナーレ国際建築展日本館展示特別表彰、JIA新人賞、日本建築学会作品選集新人賞など受賞。主な作品=「ホールのある住宅」「高岡のゲストハウス」「明野の高床」「西大井のあな」（常山未央と共作）など。主な著書=『野生のエディフィス』（LIXIL出版）、『URBAN WILD ECOLOGY』（共著、TOTO出版）など。

ハビタビリティと建築を作ること

──近年エコロジカルな建築論を展開されている能作さんは、住宅の批評性をどう考えますか。

能作 21世紀の住宅の批評性は居住可能性とかかわってくると考えています。長い時間の尺度で考えたときに、私たちが住んでいる地球に人類が居住可能なのかが大きな問題になってきます。人口爆発によって、食糧、エネルギー、水、土壌、大気という人間が生きていくために必要な資源が不足してしまう。地球が3個分あっても足りないかもしれません。気候変動によって自然災害が頻発し、植生が変化し、水不足や砂漠化が進行すると言われており、これによって紛争が起こる可能性が高まります。惑星規模で居住可能性の問題がすでに噴出し始めています。

建築は私たちの生活を支えるものでありながら、寿命を終えると巨大な廃棄物になります。スクラップアンドビルドの建設市場、住み継ぎができない住宅産業は、建築がゴミになることを助長しています。設計者はシステム全体を書き換えることはできませんが、従来の建設システムや産業構造を基盤とした建築とは異なる作り方を提示することができます。それが社会批評としての住宅になるのではないでしょうか。

──そうした環境への意識はどのように生まれたのでしょうか。

能作　「人新世」という言葉を耳にします。「人新世」は、地球温暖化、海や大気の汚染など、人間の活動が地球環境に影響を与える時代のことを指します。これには3段階あると言われていて、第1段階は産業革命、第2段階は第二次大戦後の飛躍的な技術革新と人口爆発、第3段階はグローバリゼーションです。一部の地域で起こっていた１９７０年代の環境汚染に対し、地球温暖化のように地球全体に影響が及んでいること自体がまったく新しい事象で、これとともにグローバルな統治のあり方が成立しつつあります。

人びとの生に積極的に介入しそれを管理し方向づけようとする近代的な権力をミシェル・フーコーは「生権力」と呼びましたが、21世紀に出現し始めているのは惑星をモニタリングし、制御しようとする「地権力」です。この「地権力」はエネルギー問題と密接にかかわっています。例えば、メガソーラーの建設はその土地の土壌や水脈を破壊し、生態系に甚大な影響を与えていますが、国連気候変動枠組条約締約国会議（ＣＯＰ）等で定められた国際的目標が専門分野ごとの目標へと分割され、再生可能エネルギーを増やすという目標が、地方自治体、建設業者、経済効果、雇用などさまざまなアクターを引き連れて扱いきれないほどに巨大化していくのです。２０１１年の福島原発事故の際に学んだことは原子力発電所という巨大で中心的なエネルギー施設がリスクに晒されたときに人間の力では制御できないことです。これを分散化・小規模化することが求められると感じました。その一つがオフグリッドハウスの実践です。

産業主義的な権力構造に立ち向かう

——能作さんは建築と社会を対置した建築論の枠組みを、地球環境との関係へと拡張していると思います。そうした大きな枠組みのなかで、住宅設計はどのような意味を持つのでしょうか。

能作 住宅は規模が小さいので、巨大な地球全体ではなく、身の周りの生態系と人間の生活を考えるのにちょうどいいサイズです。全体を制御するのではなく、生活と生態系の中間に住宅が存在するように考えてみる。それぞれの場所にそれぞれの人間の生活がありますが、そうした独自性を失わずに考えられるところに建築の良さがあるのではないでしょうか。

また、今の質問は地球というものを対象化して見ることができるようになったことと関係しています。地球を一つのシステムのように想像することで、地球が管理の対象になります。それはいい面もあれば悪い面もあるでしょう。そのなかで、建築と社会、建築と地球、そして社会と地球環境を分けてとらえないようにしたい。なぜなら社会や自然、人間と非人間は独立して存在しているわけではなく、相互が影響し合いながら存在様態が容易に変化してしまうからです。ブルーノ・ラトゥールは、社会と自然を分割し、純化する作用、同時にそれらを混ぜ合わせてしまう作用が近代的思考の特徴であると述べています(1)。現代のようにさまざまな事物が絡み合った状態を、概念でひとまとめにするのではなく、事物連関をとらえて具体的に介入する方法から始めることが大事だと思います。

――日本建築学会の「地球の声」デザイン小委員会やヴェネチア・ビエンナーレなど、同じ志向やテーマを共有する建築家の集まりから生まれる活動に積極的な印象を受けます。

能作 これまでは建築家の作家性、造形に価値が置かれていたように思いますが、状況は東日本大震災以降の10年で変わってきています。一人でできることではなく、現代の状況に応答しながら、建築家が集まって議論したり、活動したりすることで相互作用的に生まれてきたのです。

建築の長いネットワークと短いネットワーク

――能作さんのプロジェクトからは、2009年の金融危機や2011年の大震災以降、空間からエコロジーへと興味深い変化が読み取れます。例えば、「高岡のゲストハウス」(2016)[01]では、建材流通のネットワークについて問題提起されていますね。

能作 建築はさまざまな部材で構成されていますが、そうした建材もグローバルな産業のあり方にコントロールされています。しかし、それらはすべて自然界にある物質性が源泉になっています。例えば長いネットワークと短いネットワークという考えがあります。「高岡のゲストハウス」は敷地内の材料を積極的に用いました。グローバル経済は、例えばアメリカの木材を輸入して、中国の労働者が日本に来て建設作業をするといった、経路の長いネットワークで建築

01

を作ることを可能にしました。しかしこれは、エネルギー消費の点から見ると好ましいことだとは言えないので、短いネットワークに組み替えることを考えました。このようなマテリアルフローという考え方を導入しないと、「高岡のゲストハウス」のようにその場にある素材を敷地内で移動させて作るということはできなかったかもしれません。

02

——「西大井のあな」(2017〜)[02]では、リノベーションの作品であることに、これまでの戸建て住宅で語られてきた議論を拡張するような現代性があると思いました。

能作 この建物は80年代後半のバブル期に建てられました。私たちは2017年に購入しましたが、黄色く塗装された建物でとても建築家が好んで買うようなものではありません。日本の経済成長で生まれた建物は山ほどありますが、これも日本特有の遺産だと思いました。また住みながら作るということも面白いところです。建物を購入したのちにいくつかの工務店に改修を依頼しましたが、すべて断られました。建築家の夫婦の改修は面倒だと思われたのでしょうか。それで、垂直方向の引っ越しの日を迎え、建物の不要な部分を解体し、ゴミを廃棄しました。

つながりを生むために各階のスラブに穴をあけ、住みながら改修することになったのです。結果的に、完成という概念のない私たちの実験場のような住まいができました。

　中古建物のリノベーションはスクラップアンドビルドのオルタナティブですが、さらに、作ると住むという時間的な分断に対して、住みながら考えて作るという時間的な連続性ができました。それだけでなく、私たちがさまざまなプロジェクトや出会いから学んだことを実験でき、その結果を実際のプロジェクトで応用したりと、家が学びの場にもなっています。

——「明野の高床」（2021）[03]は、それまで問題にされてきた環境への配慮が、建物の形式によって統合された作品になっているように見受けられました。

能作 高田造園さんに出会ってから土中環境に関心を持ち、土壌の中の通気浸透水脈や菌糸の働きについて知りました(2)。土壌を閉塞させるコンクリートのベタ基礎に疑問を持ち始め、「明野の高床」では鉄板の独立基礎を構造家と一緒に設計しました。鉄板にしたのは、鉄がリサイクル可能という面もありますが、コンクリートを使って建築の基礎を作ることが当たり前のなかで、それ以外の選択肢を示したかったのです。断熱についても新しい試みをしました。断熱材はポリスチレンやウレタンなどの石油由来のものが多く、性能の数値だけを問題にしています。そこで藁と木屑からできたウッドファイバーを用いて、石油製品を使わないようにしました。土中環境に配慮した独立基礎と生分解性の素材で建築を構成することができ、木造在来構法という一般的な作り方に、新たな構成方法を示すことができました。

——能作さんの建築からは、環境への配慮というテーマに対する実践を示すことで、これまでの住宅の批評性を一新する可能性を感じます。

能作 コロナ禍でパリの15-minute-cityが注目されました。これは徒歩や自転車で移動できる範囲内に仕事場や学校、各サービスが充実していて、電車や車で移動する必要がない都市のことです。車で占拠されていた道路が歩行者や自転車のために開放され、子どもの遊び場や庭になります。この計画はストライキと交通渋滞が多いパリで構想されたものでしたが、コロナ禍で感染のおそれのある公共交通機関を利用しなくて済むことや、移動制限のある状況で有効な対策であり、都市生活の豊かさにつながると思われました。「西大井のあな」も路地に面していて、車が入ってきません。そこで子どもが遊び、またテラスで大学生が本を読んでいます。都市中心部の再開発や商業エリアばかりが注目されていましたが、コロナ禍では住宅地が主役になったのです。住宅地の中に仕事場や余暇の要素が入り込む複合的な住宅地の可能性を感じました。

〈註〉

（1）ブルーノ・ラトゥール『虚構の「近代」——科学人類学は警告する』川村久美子訳、新評論、2008

（2）高田宏臣『土中環境——忘れられた共生のまなざし、蘇る古の技』建築資料研究社、2020

03

Interview

常山未央
建築を通じて生活をレストアする

Mio Tsuneyama :

Restoring Life through Architecture

常山未央｜つねやま・みお

1983年生まれ。2005年東京理科大学卒業。2008年スイス連邦工科大学ローザンヌ校修士課程修了。Bonhôte Zapata Architectes、HHF Architectsを経て、2012年mnm設立。東京理科大学、武蔵野美術大学、スイス連邦工科大学ローザンヌ校、コロンビア大学などで教鞭を執る。SD Review 2013入選、東京建築士会住宅建築賞、第15回ヴェネチア・ビエンナーレ日本館展示審査員特別賞など受賞。主な作品＝「不動前ハウス」「西大井のあな」（能作文徳と共作）など。主な著書＝『URBAN WILD ECOLOGY』（共著、TOTO出版）など。

竣工主義を脱して

——都市部でリノベーションを多く手掛けている常山さんは、住宅の批評性をどう考えますか。

常山 住宅建築はライフスタイルや家族構成、社会状況に呼応して絶え間なく変化する、型とぼやけた輪郭をあわせ持つものととらえています。生活に住宅の型が作られ、それが生活をアシストしていく、生活と住宅の連関のなかに批評性を見出していますが、使用する技術、デバイス、エネルギー、資源は、時代とともに変化し、人びとの価値観も変わります。現代社会において、その変化のスピードは加速していて、産業社会において、住宅は商品化され、目新しい形態やスタイルは消費され、手が加えられないまま不動産価値が下がり、建て替えられていく。そのような住宅には生活からのフィードバックを反映する余地がなく、変化を許容しません。竣工主義を脱して、住み手が自ら住宅と生活を連関させられるような建築の布石を置くことが、建築家に期待される役割と考えます。

——常山さんはスイスで学び、仕事をされてきました。スイスでは批評性についてどのような議論があるのでしょうか。

常山 スイスでは、アルド・ロッシの『都市の建築』が建築家の共通認識です。スイスは農村を周辺に持つ小さなまちが集まってできています。どのまちも中世の街並みを残し、それを核に都市構造ができています。小さな村のような旧市街は、まちの誇り、アイデンティティです。スイスの設計競技では、シュヴァルツプランと呼ばれる図と地の地図で、これから建てる建築が都市空間をどう更新するか明示します。ひとくくりに定義することはできませんが、都市とディテールを往復し、既存の都市構造のうえに建築の意味を見出す手法に、スイス建築の哲学があると思います。

――哲学的な思想を重視する建築家もいますが、社会からはかけ離れている場合もありますね。

常山　哲学的な思想は社会を反映しているものだと思います。社会とのかかわりがないように装うことはできても、断絶することはできないのではないでしょうか。例えば、篠原一男さんの作品には「時間」を感じます。その力強い空間の背景には、その時代の問題に対する彼なりの思想を感じるからです。

建築にはダイアグラムとしての形と、材料の特性、生活や環境を均衡した結果としての形の二つがあると思います。後者が建築の形の持つ美しさであり、建築家の思想の代弁者であると思います。軸線や幾何学に頼ることは協働作業の中でも重要ですが、ダイアグラムとしての形で満足し、それが目的化した建築に担える役割は少ないように感じます。

境界のデザインによって生まれるコミュニティ感覚

──なるほど、作家的で非社会的なアプローチでは、建築家の社会へのかかわりが限定的になり、ある種の社会的孤立を生んでしまうと思ったのです。

常山 現代の東京では家庭も個人も孤立しています。近代以前にはコミュニティが社会的弱者を抱え、互いにサポートし合い、社会的弱者も含めて絡まり合うことで、地域社会の基盤を固めてきたのです。しかし現在では家族や個人が、人間関係を持たずに孤立しています。都心部の家賃は高価で面積も非常に小さく、家に人を招いたり、静かに本を読むためのスペースがありません。そのためには喫茶店など、外に出なければなりませんが、それができるのは外向きのふるまいができる元気な人です。経済成長期も、低成長期の今も、「弱い」立場の人は孤立し、クリーンで常に更新されている都市の中で、空間的にも見えにくい。そうした人びとと上手に絡まり合える空間を建築の側から作っていくことが求められていると思います。このような社会現象に応答し、オルタナティブを示すことで、社会からのフィードバックを期待しています。

──例えばリノベーション作品である「不動前ハウス」(2013)[01]は、英名である「House for Seven People」に1家族に1軒という社会的通念への批評を感じます。

常山 クライアントは、東京の孤立した住宅に対して疑問を抱く30代前半のカップルでした。彼らは震災やリーマンショックなどで生活システムを見直す機会が多く、既成概念にとらわれず論理的な考えを持つ人たちです。考え方を共有する人たちと家をシェアし、都心でも広いスペースと人とのつながりのある豊かな暮らしを持ちたいというプロジェクトでした。

そこで、地域のコミュニティを受け入れるため、家と街の境界を調整しました。道路と家の境界であった門扉を取り払い、1階の共有リビングを土間にすることで、外のように感じられます。この連続性によって、都市とのつながり方が選択可能になるのです。さらに、階段と部屋を囲む回廊によって、「外部を感じる」流れを連続させています。2階の廊下からは街の景色を見ることができ、部屋から一歩外に出ると他の住人に出会う。ここでは住人と街、住宅と街、1階と2階、部屋と回廊の境界を調整しています。

01

――「白山の立体居」(2015)[02]では、断面図で外から内への流れが赤色で強調され、実際に壁面も赤く塗装されていますね。

常山 ここでの空間的構成は「不動前ハウス」と異なりますが、考えている内容は共通しています。この建物は細長く小さな敷地に建てられ、大通りに面しています。東京には間口が狭く奥に長い町家の進化形のようなショップハウス型の建築が多く見られますが、庭がないものがほとんどです。この建物は共有の屋外空間がなかったため、真ん中にある階段室を立体的な庭と定義することで、外部空間を持ち上げることを考えました。既存の階段は閉鎖的で外部を感じられませんでしたが、鉄部の錆止め塗装で見慣れた赤い塗装を施すことで、住まい手が外部を感じることができると考えました。このように境界部を調整することで、内部の生活と外部の都市の関係が生まれています。それによって居住者は暮らしのなかにパブリックな場所を持つことができ、心理的、物理的バリアが外れ、多くの人を迎え入れることができます。

「つなぐラボ高輪」(2018)もリノベーションプロジェクトで、街やユーザーとの境界を調整している点も共通しています。この家は二つの路地に面しており、それに面したエントランスからワーキングスペースまで回遊性を持たせることで、連続した一つの空間を作りました。

産業システムのオルタナティブとしてのDIY

——これらはすべてリノベーションですが、そのことは建築に対する考え方に影響を与えていますか。

常山 それは非常に重要な点で、「不動前ハウス」では、私たちが当たり前に享受している住宅産業のシステムに対する疑問がベースになっています。カタログ上に建設材料が準備され、1軒の住宅のスケールで注文し、建設を行うことができる。大量生産を前提としたサプライチェーンに侵されています。ここで問題なのは、住まい手が住宅を産業製品として認識していると、

02

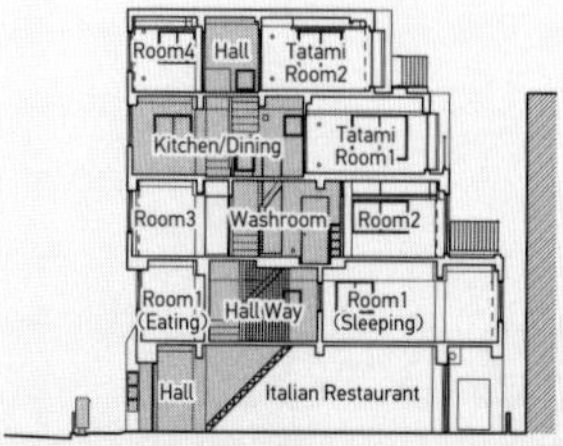

自分たちが扱うことができるものとしてとらえることができず、問題が発生してメンテナンスが必要なときにも、自分で対処できなくなってしまうことです。この住宅では解体時に出た材料を使用し、DIY施工をしたことで住まい手がメンテナンスの方法を知り、住宅との新しいかかわりが生まれています。

多くのクライアントは、住宅について保守的で、クリーンでモダンなイメージを持っていますが、私が手がけたリノベーションではDIYをきっかけに、住まい手が施工の手間や予算を意識し、考え方が変化することにつながりました。設計と施工のプロセスが、住まい手の建築への意識を変え、住宅とかかわり続ける生活の出発点になっています。

——住まい手と住宅のかかわり方への意識が、先ほどの「竣工主義」への批評につながっているのですね。

常山 「つなぐラボ高輪」[03]では、クライアントや設計者が構造補強を自分たちで行いました。通常の木造2階建て住宅では、リノベーション時に新築相当の多額の費用がかかることが多いのですが、それは、法改正などによって、耐震基準が変わり、構造補強が必要なためです。木造住宅は60年もつと言われていますが、2018年現在、構造形式が新耐震に合わない築38年以上の木造住宅は、現存する戸建て住宅ストックの約3分の1にあたります。現行の法規に適合させるためには、建物の土台である基礎の補強のほか、接合部の補強、耐震壁の増設が求められます。住まい手が住み続けるだけならすべて適合させる必要はないのですが、売買される場合は、新しい持ち主が建物に価値を感じても、耐震補強への多額な費用がハードルとなり諦めて解体されてしまうことが多いのです。それに対して、持ち主が経済状況に応じて少しずつ補強する方法があってもよいのではないかと思いました。それにはやはり住人が自らＤＩＹで補強できることが一番よいと考えたのです。

――構造を自らカスタマイズできるよう、空間的にも大きな梁ではなく、ヒューマンスケールに近い小さなケーブルで補強しています。

常山　この敷地は、前面道路が2メートル以下で、確認申請の必要な大規模な修繕ができない再建築不可の土地です。東京にはこのような住宅があふれていますが、さらにここは傾斜地で、路地の幅員が狭いうえに階段となっていて、車の乗り入れができませんでした。

そこで私たちは、ひもによるブレースで水平方向の抵抗力を高める補強方法を考えました。小さく巻いて持ち運べるひもは、必要な長さに応じてハサミで切り、結ぶことができます。鉄製のジョイントは一人で取り付け可能なものにし、この建物は補強箇所が11スパンありましたが、素人8人が1日作業して終わりました。次の課題は、壁や天井の仕上げを撤去することなく簡単に補強を設けられる仕組みを開発することです。

加工が簡単なことが、木造の長所です。このプロジェクトは専門家を要する高度な技術に対して、住宅の補強を簡単にできるオルタナティブです。小さな規模だからこその実験的な試みが、現代で失われた建築に対する主体性を取り戻すのに役立つものであってほしいです。

03

Interview

山道拓人（ツバメアーキテクツ）
ソーシャル・テクトニクスによる
都市の実践的批評

Takuto Sando (TSUBAME ARCHITECTS): Practical Critique of City through Social Tectonics

山道拓人―さんどう・たくと
1986年生まれ。2018年東京工業大学大学院博士後期課程単位取得満期退学。ELEMENTAL（チリ）、ツクルバ、住総研などを経て、2013年ツバメアーキテクツ設立、共同主宰。現在、法政大学准教授、同大学江戸東京研究センタープロジェクトリーダー。主な作品＝「下北線路街BONUS TRACK」「虫村」「森の端オフィス」「ICI STUDIO W-ANNEX」「ツルガソネ保育所・特養通り抜けプロジェクト」など。主な著書＝『ふたしかさを生きる道具』（共著、TOTO出版）など。

住宅建築と社会的背景の結びつき

——山道さんが共同主宰するツバメアーキテクツでは、設計とリサーチを両立した実践をされていますが、住宅の批評性をどう考えますか。

山道 日本の都市は通勤・通学という生活様式がベースとなってできていました。人びとが暮らす住宅地や、働くオフィス街、遊ぶ歓楽街といったように用途を分けて、それらを鉄道や道路がつなぎ、都心と郊外を往復するという想定で都市が作られています。鉄道が腕を伸ばしていくように開発されたことで、都心から外に向かって戸建て住宅で埋め尽くされた風景となります。同時に、通勤・通学という観点で言えば、駅前や駅上の価値が最も高くなってしまう。すると駅前に親しまれた飲み屋街や商店街があっても、お構いなしに進む無個性な再開発ビルのプロジェクトが正当化されてしまいます。

しかし2000年以降のオンライン化、震災、コロナ禍を経ることで、通勤・通学をはじめとする生活様式の想定が見直されるようになりました。これは住宅建築や住宅地の設計によって社会や都市の側を批評できる興味深いタイミングです。住宅地に、働く場所や人びとが集まるための場所などを作ったり、住宅にもそういった機能を埋め込んだり、いくつかの住宅を組み合わせたり、新築とリノベーションを混ぜたり、さまざまな実践が建築家によってなされていますね。住宅というものを介して都市を作り替えられる時代です。

――ツバメアーキテクツは「社会派」のイメージがありますが、社会性について議論していた以前の世代の建築家とも違うように感じます。

山道 塚本由晴研究室では実践的な建築の考え方を学びました。篠原一男さんや坂本一成さんのように、都市や社会という言葉を抽象的に用いて思考することに加えて、実践的な建築をさらに展開するように、生々しい都市や開発の原理、経済的な力学と格闘し、自分たちが考える建築を、次なる生き方をする人びとや大きな企業とともに社会実装するようなイメージです。

――具体的にどのような実践をなさっているのでしょうか。

山道 ツバメアーキテクツは、設計事務所としてのデザイン部門と、シンクタンクとしてのラボ部門を持ち、両輪でプロジェクトに取り組むアプローチを取っています。「下北路線街BONUS TRACK」(2020)[01]ではデザインとラボの往復を複数回行いました。地下化した小田急線の地上部分に新築の商店街と称して5棟の建物を建てました。商業施設のように見えますが、4棟は兼用住宅として作っていて、2階に住んで1階で商う職住近接の新しいタイプの住宅地開発とも言えます。また、建物の一部は改造可能な作りになっていて、リースラインを撤廃し、いくらでも家具がはみ出せるようになっています。設計とともに、こうしたルールのデザイン

01

や、さらには内装監理室の業務も担い、ハードからのエリアマネージメントを行うことで伴走を続けています。時間が経過すればするほど人びとの手垢が付き価値が高まるようなあり方を目指そうとしています。コロナとともにオープンし、テナントや地域住民が自主的に活動をおこすなどこれからの住宅地を予感させる雰囲気を醸成しています。

プロセス的には、まず企画設計を2018年初頭にラボ業務として手がけ、ある程度方向性が見えたところでデザイン業務として設計を請け負い、さらにラボ業務としてルールブック（建物の運用に関する内装監理指針書）を作成しました。さらに、各テナントの図面をチェックするエリアマネジメント（内装監理室）も弊社で担当し、街並みに積極的に参加してもらう働きかけを行っています。工事中に、周辺の敷地に対しての企画構想も行いました。2020年に竣工したあと、周辺にツバメアーキテクツが入居する小さなビル、市民活動で作る駅前広場や植栽小屋、ギャラリーなど含め複数の設計を行い、いずれも2022年に竣工しました。5年間で、デザイン部門とラボ部門が交互にプロジェクトにかかわり、循環的に建築を考えました[02]。

高齢化社会における家族の枠組み

——超高齢社会という現代日本が抱える問題へのアプローチもされていますね。

山道 日本の福祉施設に対するリサーチは継続的に行っています。日本の福祉施設の変遷を分析

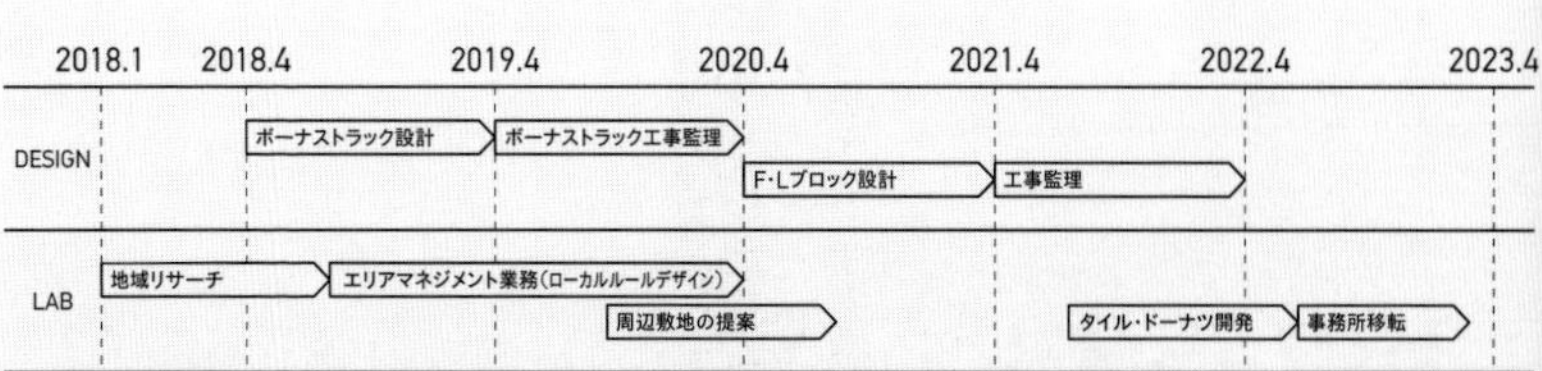

02 デザインとラボの循環プロセス

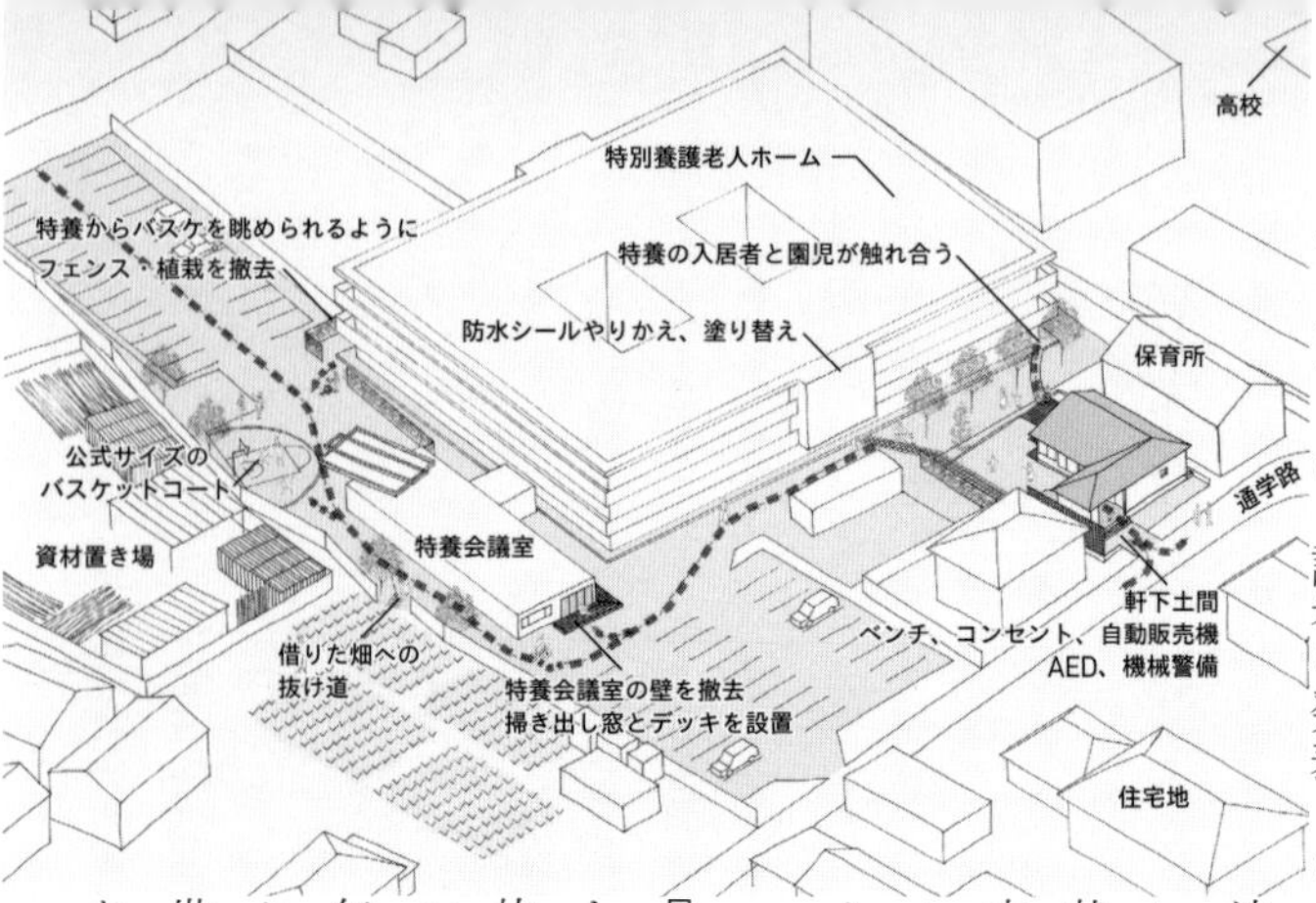

03

した「住宅と福祉の分断を超えて 超高齢社会における住まいを考える」（『新建築 住宅特集』2019年12月号）という論考を発表しました。大雑把に言えば、戦前は障害者、負傷者、病人に対する法律や施設が細かく分かれておらず、困ったらお寺に行く、といったこともあったと思います。戦後は、病気の種類、障害の状態に応じた建物を作る法律が徐々に制定されサポート体制が充実していきました。一方で、制度が整えば整うほど、老人ホームには老人と職員しかいないといったように、ビルディングタイプが人の種類も限定してしまうという状況が生まれています。「ツルガソネ保育所・特養通り抜けプロジェクト」（2017）[03]では、新築する保育園の設計に加え、隣接する老人ホームとの間のフェンスを撤去し、二つの敷地を横断するように通り抜けを設計しました。動線に沿って、デッキやバスケットボールコートなどのエレメントを仕掛けていくことで、子どもとお年寄りが自然に共存できる場を作っています。特養においてはケアされる側の老人が、保育園の子どもたちと出会うと途端に世話を始めたり、ケアをする側に回ったりします。障害のあるなしやケアする、される、という見方は社会の側が勝手に決めてしまっていることだと思います。そこを建築の設計でひっくり返したり相対化することがわれわれにできる実践的な社会批評と言えるでしょう。

——同様に最初期に手がけた「荻窪家族プロジェクト」(2015)[04]も、その名前から、1家族のための一つの家といった社会制度への批評を読み取れますね。

山道 冒頭に述べたような鉄道開発の想定と、核家族的なフォーマットは相性がよく、日本の都市は戦後一気に発展しました。繰り返しますが、この枠組みを再考するタイミングです。現代では家族構成はもっと多様化しています。独身の高齢者が住んでいる住宅もありますし、同時に夫婦共働きの家族では子どもを保育園に通わせる必要があります。

イシュー同士をうまく組み合わせることで、新しい建築を生み出せると思うんです。「ツルガソネ保育所」も、超高齢社会の中で、土地の境界やビルディングタイプを越境しながら、子どもとお年寄りという異なる階層の人びとを結びつけるような提案です。

「荻窪家族プロジェクト」では、集合住宅の建設段階で、暮らしの仕組みを作ったり、実現するために設計変更をかける「事前リノベーション」という手法を試しました。元々は別の建築家が設計していて、私たちは建設段階からプロジェクトに参加しました。子どもから高齢者まで多世代がコモンスペースをシェアしながら暮らしていく、当時新しいタイプの集合住宅で、実際に30代のデザイナーから90歳くらいの高齢者までさまざまな世代の人が住むことになりま

04 新築に対し工事中に想定を変化させる事前リノベーションの模型

した。われわれは、現場で10回を超えるワークショップを行い、大学生と高齢者が一緒に暮らしたらどういうことに配慮すべきか、などあらかじめ起こり得る問題を先に潰すためのシミュレーションをし、デザインにフィードバックしていきました。災害時の復興を計画段階から想定する事前復興にも似た方法なので、「事前リノベーション」と言っています。

シェアライブラリーやシェアアトリエなどコモンスペース、廊下などのインテリアデザインを行い、場の運営の仕組みづくりや入居者に向けたリーフレットの作成や説明会なども担当しました。この経験は、「BONUS TRACK」や下北沢の一連のプロジェクトにおけるデザインとラボの循環的なプロセスにつながっていきました。

――ツバメアーキテクツの実践は、建築の社会的役割を再定義しようとしているように思います。

山道　ハードとソフトの両側面にかかわるように実践すると、面白い状況の実現性をある種のサイエンスとして高めたり、設計の入力条件の手綱も引けるようになるので、依頼を受けてから設計を開始するこれまでの建築士の範疇を超え、社会的役割を十分に再定義できると思います。

デザインにフィードバックするリサーチ

――下北沢の一連のプロジェクトの、広範囲に及ぶ関係性や連関を表現したドローイング（『新建築』

2022年12月号）がとても印象的でした。

山道　初期のころはこういった態度を「ソーシャル・テクトニクス」と呼んでいました。先ほど、ハードとソフトという言い方をしましたが、もう少し分解して、「人」「時間」「場所」「資源」のパラメーターの均衡を思考する、と言うこともできますね。それを表現するために広域の図面や連関図を描いています。絵でわかるように描くことに加え、実際の場をアクティベートするには言葉を選ぶ必要があります。日本で住宅を設計する場合、「公民館」と言ってみたり、「100人」という設定をしてみるとおのずと建築のバランスが変わる気がしませんか？　あるいは「時間」に着目して朝と夜で使い方を変えてみる、といったように思考を展開してみると、それもバランスを変えていくことになります。

——デザインにかかわるリサーチは、どのように行っているのでしょうか。

山道　デザインとリサーチをどちらも行う東工大の意匠系研究室に影響を受けています。マーケットをベースにしたリサーチというよりは、社会に切り込むためにその構造をつかむイメージです。ソーシャル・テクトニクスという言葉もそれを指しています。

　チリのELEMENTALでの勤務経験も強く影響しています。ELEMENTALは「Half Built House」のように、社会問題の橋渡しを試みるプロジェクトを実践していました。彼らは、自らお金を集め、ワークショップを通じてプロジェクトを構想し、どういった順番で作るべきかというシナリオを作ります。社会構築的なアプローチは建築家が得意とするところです。また学生時代に見たOMAのドキュメンタリーでは、研究部門であるAMOを設立したあと、オフィス全体の人数は変わらないのにプロジェクトの数が2倍になっていました。学生だった私は、建築には、作り方を考える建設にかかわる側面と、使い方を考える構想にかかわる側面があるというメッセージとして受け取りました。ここで言う建築というのは建物ということ以上に、概念だったり、社会的なアーキテクチャだったり、さまざまなレベルにまたがります。

社会に開かれた構法と冗長な時間軸を含むメディア

——「上池台の住宅」（2018）[05]では構法的な提案もされていますね。

山道 このエリアはハウスメーカーによる典型的な家が立ち並んでいて、こうした仕上げが建物の構造をおおっており、住む人びとはその家がどのように建てられたのかというテクトニクスを理解することができません。このプロジェクトでは架構をオープンに設定し、建築のエレメントを配置することで、施主がDIYをしたり、用途を変えたりすることの可能性を未来に開いておくといったことを考えました。

以降の住宅にもこの思考を展開させ、「BONUS TRACK」においてはより踏み込んで改造を可能にするディテールやルールを作ったり、「神戸のアトリエ付き住居」（2019）ではDIY

05

を断続的に行える架構と出張ポップアップができるような移動式家具をセットでデザインしました。「庭瀬の公民館町家」(2022)[06]は公民館という地域に開かれた水平的な時間と、町家という歴史性が持つ垂直的な時間を重ねることによる開放性を模索しています。数十年後に若い建築家が改修しようとしたときにも、説明なしで構成やディテールを理解できるようなものにしておきたいですね。

――分野や特定の状況に閉じない批評性がツバメアーキテクツの特徴だと感じています。

山道 完成後も、アウトプットとしての建物と、アウトカムとしての地域活動の変化などを合わせて図として描くのは面白いです。自分たちで設計した建築をフィールドワークしている感じですね。現在のメディアの形式では、現在進行形の建築の実践状態をアーカイブすることは困難です。プロジェクトに継続的にかかわる建築家の動きに対応したある種のゆるさを持った冗長な時間軸を含むメディアや言葉、批評、アーカイブの方法を模索したいですね。それが建築家のアイデンティティを更新していくと思います。2011年の震災、2020年からのコロナ禍を経験すると、社会の「想定」は意外と短いサイクルで変わると実感しています。余白を備え、様子を見たりバランスを調整し続けるような建築を構想していきたいと考えています。

06

ポジティブな批評性の方途

——奥山信一

Whereabouts of Positive Criticality
——Shin-ichi Okuyama

奥山信一——おくやま・しんいち
1961年生まれ。1989年DESK5設計共同設立。1992年東京工業大学大学院博士課程修了。2001年奥山アトリエ設立。現在、東京工業大学教授。東京建築士会住宅建築賞、第21回BELCA賞など受賞。主な作品＝「柿の木坂の住宅」「南飛騨・健康学習センター」「YビルYハウス」「上馬スモールオフィス」「東京工業大学緑が丘6号館」「西新井の住宅」など。主な著書＝『ハウジング・プロジェクト・トウキョウ』（共著、東海大学出版会）、『アフォリズム・篠原一男の空間言説』（編著、鹿島出版会）。

産業資本主義は存続のために、たえまなく技術革新を行うことを強いられます。（中略）このような技術革新を賛美する人もいれば、それを非難する人たちもいます。しかし必要なのは、それが何によるのかを明らかにすることです。産業資本は世界を文明化するためにではなく、自らが存続するためにこそ技術革新を運命づけられているのです。無益というよりむしろ有害な技術の革新や商品の差異化も、資本が存続するためにこそ不可欠なのです。(1)

このテキストの「産業資本主義、産業資本、資本」を「建築」に、「技術、商品」を「デザイン」に置き換えれば、それは現在の建築が置かれた状況をほぼ完全に説明可能としているように思う。

批評性批判は社会性の濫用によって生じた

広い世界を見渡せば、常にどこかで紛争があり、戦乱があり、そして災害に見舞われる地域があったのであるが、なぜか我が国の第二次世界大戦後は局所的な災害を除けば総じて平和な時代が続いた。しかし、20世紀末から大規模災害が頻発し、新型コロナの猛威が完全に終息した今年の幕開けにも甚大な地震被害が発生した。決定的だったのは2011年の東日本大震災であった。被害規模からいえば、明治三陸地震（1896）に匹敵し、関東大震災（1923）を凌ぐものではなかったが、原発事故の併発が人々の社会への危機意識に拍車をかけた。

建築界は、当然の如く復興支援プロジェクトで社会貢献に参画することになったが、それと併行して、建築家の観念論的な設計姿勢への反発が、建築界の内側から急速に広まった。1970年代から80年代において建築的言説が集中したフォルマリスティックな形態操作への偏重を「建築家の独りよがりのコンセプト」と糾弾し、現実の社会との接点の欠如と見做したのである。確かに、行きすぎた形態操作には見直さねばならない側面も多くあったが、しかし、先導的な建築家を中心としたこの種の発言は、即座に若い世代へと浸透し、建築の形や空間の自律的言語が封印されていった。そして、この「独りよがりなコンセプト」を支える基盤が「批評性」という言葉に凝縮されていった。

住宅は住まい手の生活の反映が第一義的であり、公共建築は利用者のためにあるべきだという類の主張は至極まっとうであり、何ら疑義を挟む余地はないが、しかし、それと形や空間に関する建築家のコンセプトが背反しないこともまた道理と言わねばならないはずである。そうでなければ人類の叡智の賜物である建築の歴史に向けた眼差しの意義が揺らいでしまうからである。したがって、批評性の対立概念は、原理的には社会性ではなく通俗性ではないのか。しかし、それにしても不思議な論理のすり替えが起きてしまった。

この批評性の対立概念として暫定された社会性を、プラグマティックな社会性と呼ぶと、それは、その時点での社会の要請に限定して応じる社会性であり、そこには時間概念と、そして社会規範への洞察に関する眼差しが欠如している。社会の要請は時代の進行とともに推移すること、そして複雑でグローバル化が浸透した現代社会では、社会的通念でさえ一枚岩ではないこと、この二つの事柄が一旦棚上げにされた。

そもそも、現代における社会とは、どのような視点で捉えればいいのか。そのためにはまず、批評性の是非を問う前に、少なくとも批評の対象を見極めた上で議論せねばならないのではないか。

批評の対象

建築における批評性とは何に向かって放たれるのであろうか。まずひとつは、その時点での建築界の状況、あるいは特定の建築家の発言や動向が想定される（対象①）。次に想定されるのは、民主主義、消費社会、ライフスタイル、管理社会、行政主導主義、拝金主義、そして資本主義といった、まさしく社会システムにおける建築の置かれた状況であろう（対象②）。当然、対象①と対象②が融合した場合も想定可能である。

対象①の場合は、その有効性を不問に付した上で、建築論争の火種となるものであり、原則として建築界の内側に閉じた状況といえるが、しかし新国立競技場ほどの規模になれば、十二分に社会との接点が産出されることになる。それに対して対象②が発動する契機には、建築は所詮は社会的な産物であるという認識の共有があると考えてよい。現代の世界の大半を覆う資本主義社会の産物であるという認識である。芸術が立ち上がる時には、必ずしも資本が介在するとは限らず、概して無頼の芸術家の活動が煌めく基盤は、この資本との対立にあるといえるが、それに対して建築が立ち上がる時には、どれほど建築の芸術性を標榜したとしても、大なり小なり何らかの資本が介在せざるをえない。この資本が曲者なのである。社会は常に変化し続けるという事実、そしてそれは資本主義を背景とした情報技術の進展と浸透によって加速度的に進行していくという事実に対して、その内側に身を浸している限り盲目とならざるをえないからである。人類の文明が生み出した、この社会という得体の知れない代物への応答に、つまり社会性という抽象化された美名を旗印に据えた批評性批判の行く末に、果たして建築の未来の姿を託せるのであろうか。

資本主義が生み出した世界

資本主義とは暗黙裡に進歩をその根底に据えた社会のことである。それが資本主義の根幹なのである。その進歩とは、困ったことに善悪の価値を払拭した成長概念であり、ソフトかハードかは問わず、テクノロジーの加速度的な発展によって成長することが、何を差し置いても優先される目標と化した価値概念である。世の中のすべての価値が成長することに置かれた社会、それが資本主義社会なのである。資本主義は価値の差異が内在化されているというその性質上、市場内外の較差を推進力とするが、それが国家内で充足を迎えると、市場は国家の外側へ一挙に拡大せざるをえない。19世紀から20世紀初頭にかけてのコロニアル主義と極めて似通った手段が、世界市場経済という美名のもとで合法的に進行した。20世紀後半以降、現在まで続くグローバル社会の成立基盤はそこにあった。

こうした社会状況が全世界的に浸透した時に生じる深刻なほころびへの危機的な感覚は、世界のさまざまな地点に噴出しているそれぞれの事態を注視することはできても、暫定的に享受される身の回りのささやかな幸福感によってその現実は胸奥に押し込められてしまう。今を刻み続けること、現代性を追い求めることを宿命づけられた資本主義社会における現代性は、こうして私たちの背中を無目的に押す推進力を備給し続けるのである。

このような状況の中で、プラグマティックな社会性への応答を前面に据えた建築に、果たして次の時代を切り開く種を見出すことができるのであろうか。

建築の現代性とは

物事の現代性を問うことは、新しさの差異を問題とすることであるとするならば、批評性においてその批評対象を明示せねば議論を進められなかったと同様に、何に対して新しいのかという比較の対象を想定する必要がある。

たとえば、未だ見ぬ形や空間を希求することは建築家にとっての常なる願いの根底を成すものであることを前提として、それがただ単に他との差異にのみ向けられた視線であった場合〈対象の不在〉は、その際の建築家の仕事は永遠に差異を反復する無限運動に陥ることになる。冒頭で引いた柄谷行人の指摘する資本主義社会の宿命に建築デザインの現在地との共振を置いた理由はここにある。しかしこのことは、非参照（non-reference）な方法を否定するものではない。姿勢としては非参照であっても、帰結として現出した空間が、何らかの状況や物事を相対化する世界を現象させることがあるからである。優れたクリエーターの仕事とは、往々にして未だ明確な言語的焦点を結ばぬものに向かって実践されることが多いからである。建築家の仕事とは、透明になった世界を照らすことだけでなく、不透明な世界に向かって投げかけられる瞬間も許容しなければ、単なる実学に留まらざるをえないからである。その不透明な世界とは、必ずしも外化されたものばかりではなく、自身の肉体の内側に巣くうものも含まれるであろう。そして、そうした不透明な言語的焦点が、本来の輝きを失ったステレオタイプと化した建築的状況を批評の対象地点として結ばれた場合、そこには、意識的か無意識的かにかかわらず、失われた意味の復権が目論まれていると考えられる。そしてそこには、すでに述べた批評性と真の意味での対立関係を司る、通俗性と対峙する感性が潜んでいるのである。

このような批評性の背後には、今を生きる人間の足元を照らす表現が刻まれている。かつて伊東豊雄との誌上対談で氏が主張した「ポジティブな批評性」(2)は、この失われた意味の復権を含んだ水準において発動するものではないかと思うのである。そしてそこには、多木浩二が名著『生きられた家』で取り上げた「人類学的時間」への洞察が導きの糸となると思えてならない。なぜならば、すでに述べた資本主義社会の日常においては、豊かな未来世界がどれほど描かれたとしても、現在とは流れゆく無目的な通過点にすぎず、そこには我々人類の豊かな時間的経験を振り返る余地が阻まれていることへの警鐘を受けとめることができるからである。

人類学的時間

多木浩二は「人類学的時間」を、生きられた家、生きられた空間という主題を考える際の重要なタームであることを主張しつつ、しかし、その具体的内容についての明示を書物の中では避けていた。おそらく読者の想像の翼の幅を狭めることを懸念していたのかもしれない。その懸念を払拭するために、あえて筆者の想像の翼を広げてみると、その推進力のガイドとして、比較社会学者の真木悠介の主張が浮かび上がってきた。

真木は自著『時間の比較社会学』(3)において、洋の東西を問わず、さまざまな言語学的アプローチを駆使して、現在を基点として過去と未来の双方向に向かって無限かつ均等に刻まれた私たち現代人が至極当然と思い込んでいる時間認識が、実は近代以降のテクノロジーの進展した社会によって植え付けられた観念にすぎず、そこには普遍性は存在しないことを、「時間意識の四つの形態」を提示することで論じている。

原始共同体における反復・振動する時間から、古代ギリシャ（ヘレニズム）における円環状に周回する時間と、原始キリスト教社会（ヘブライズム）における起点と終点が想定された線分的な時間という二つの異なるルートを経由して、近代社会における先に述べた直線的な時間へと至る仮説が展開されている。ヘレニズムもヘブライズムも、当時は遥かかなたの極めて接触が希薄な文化圏での出来事であり、私たち日本人の感性への影響関係の濃淡は推しはかるすべもないが、そうした疑問点を含み込んだ上でもなお、上記の四つの時間意識を規定する座標軸として示された、時間の可逆・不可逆性および時間の計量可能性が、私たちの身体の内奥に今もなお宿っていることを自覚することは、現代人の固定化した時間認識を再考する上で十分な示唆を与えてくれる。そして人類学的時間とは、このように伸縮自在にさまざまな地点を往復可能で、なおかつその成果を今を生きる活力に置換できる想像力を蓄えた感性へと導いてくれる。

現在という感覚は、直線上に並ぶ無味乾燥な歴史年表の一地点のように、常時過ぎ去り、そして新たな地点に置き換えられていくものではなく、これから遭遇するであろう未来を含みつつ、数多の人類の叡智と交信可能な充実した瞬間であることを教えてくれるのである。

進行し続ける資本主義社会に身を浸しつつ、しかし資本と建築との直接的な関係を断ち切った時点で、果たして建築の批評性は成立するのであろうか。今、そのことに真剣に思考を巡らす地点に建築家は立たされている。そして、その先の煌めく光明から掬い上げられた「ポジティブな批評性」を現出するのは、形と空間の論理以外にはなく、それを否定した世界に建築の未来はありえない。なぜならば、一定の時間が経過したあとには、当初はリアリティーをともなって想定された人間と空間のユニークな関係も、人間と社会を取り結ぶ価値観も、大方変質してしまうからである。だから、その形と空間の論理の有効性には、すでに論じた人類学的な時間概念を含んだ社会への眼差しを保持し続けるという条件が付されることになる。

〈註〉

(1) 柄谷行人『世界共和国へ——資本=ネーション=国家を超えて』岩波新書、2006

(2) 伊東豊雄・奥山信一「特集 住まいをめぐる言葉 3 批評性——建築『家』への社会意識」『新建築 住宅特集』2006年7月号

(3) 真木悠介『時間の比較社会学』岩波現代文庫、2003(初版、岩波書店、1981)

エピローグ

住宅は未だ批評するか

——モハマド・エイマール
大塚 優
小倉宏志郎

Can Houses Still Criticize?

——*Mohammad Eimar, Masaru Otsuka, Koshiro Ogura*

再び、批評性とは何だったのか

モハマド 批評性論争以降、今日まで住宅建築の批評性が疑問視され続けています。私がこの企画を始めたときも多くの建築家になぜ今?と聞かれました。しかし現在でも、東日本大震災、少子高齢化、地球温暖化と、新たな現実のなかで建築家は社会的な、そして批評的な実践を展開し、批評性という言葉が使われなくとも批評性そのものが失われたのではありません。むしろわれわれは、批評性は建築の創作に必ず内在するものではないかと考えています。結局、批評性とは何なのでしょうか。

私の修士論文では、1960年代以前に生まれた建築家の批評のターゲットの主流にモダニズムがあり、建築、都市、社会といった広い視点から扱われているのに対し、それ以降の世代のモダニズム批評は建築的な水準に限られ、またそのほかに多様な批評のターゲットが浮かび上がりました。つまり、モダニズムの有効性が疑われ始めた70年代から活動していた建築家にとって、疑うべき規範としてクリティカルな問題だったモダニズムが、現在では数あるターゲットのうちの一つに過ぎない（左図）。こうした意識の違いは、今回のインタビューでも明らかになりましたね。

大塚　批評のターゲットの多様化・曖昧化は共通認識になっていますが、言い換えれば現代建築において共通の主題が存在しないということでしょう。これは60年代末からモダニズムの理念が有効性を失い、「主題の不在」（磯崎新）という認識や、70年代末の「大きな物語の終焉」（リオタール）といったポストモダン的な言説状況のなかで、社会においても絶対的な規範の喪失が叫ばれていたことと地続きですね。その状況認識は現在でも通用するどころか、より鮮明になっていると思います。

小倉　90年代後半以降のポストクリティカルといわれる、建築による批評そのものが成立しづらくなってきた世界的な状況もあり、これは「ネガティブな批評性」が難しくなったことなのでしょう。知の共有化や説明責任が強く求められる今日では、作家的で個人的な設計思想が社会的なコンセンサスを得づらい風潮もある。た

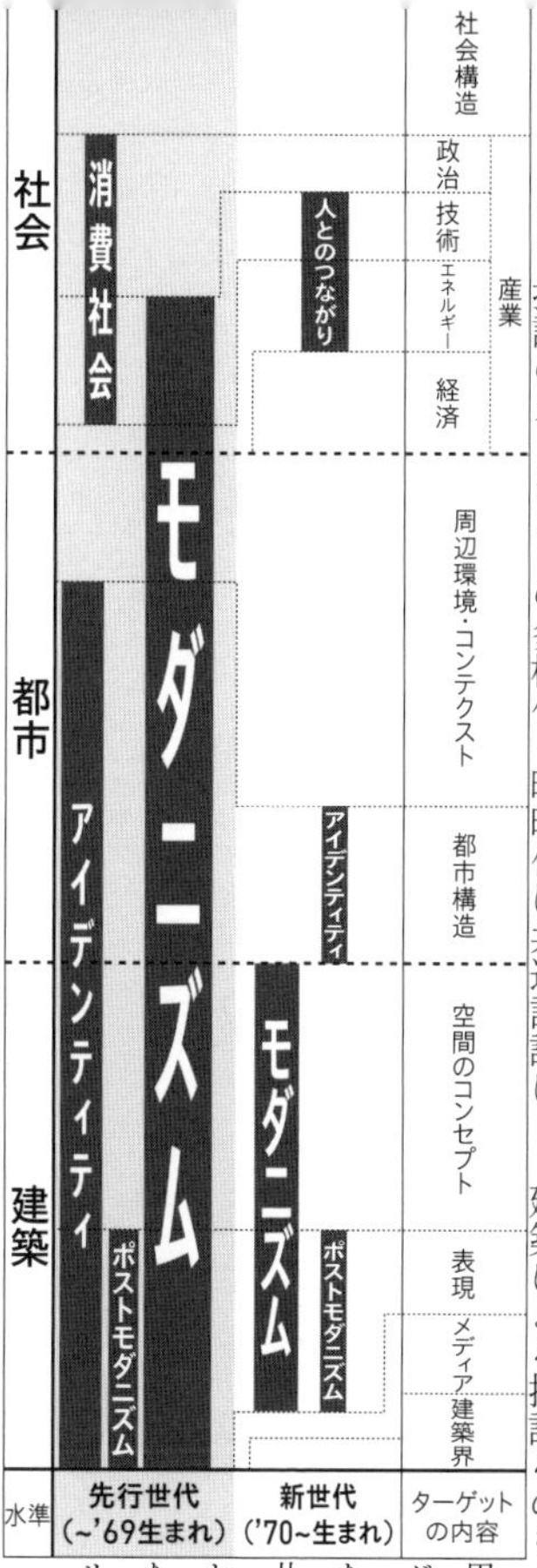

ターゲットの水準から見た批評性の年代的傾向（モハマド修士論文を元に作成）

だ、批評には批判というよく似た語があり、ここに混乱があるのだと思います。例えば香山壽夫さんは、「世界への否定的な表明」のためには建築を選ぶべきではないと述べていますが、ここで否定されているのは批判のための建築です（1）。批評という言葉のネガティブな印象が、建築によって何かを批評すべきでないという倫理に直結してしまうということです。

モハマド 同様の姿勢は、批評性論争における伊東豊雄さんと隈研吾さんの発言や、施主の「嗜好性自体を批評することは、施主との関係において難しい」（293頁）という髙橋一平さんの発言にもうかがえます。住宅はそこで生活する住まい手のためのものですから当然です。われわれは批判と批評を区別し、「ポジティブな批評性」があり得ると考えてきましたが、これは今村水紀さんの「可能性に幅を持たせるようなことが現代での批評性」（224頁）という発言や批評性論争での奥山先生や西沢立衛さんの認識とも共通します。今は「ポジティブな批評性」に批評性の枠組みの拡張や再生の可能性があると思います。

大塚 批評性論争以前、ポストモダニズムの理論的基盤であった記号論では、ある社会集団で共有されている規範や慣習といった了解事項を指すコードという概念があり、コードに強く拘束される日常的な言語と違い、ある種の芸術的効果をねらった詩的言語は、既存のコードへの違反によって新たな意味を生み出す試みとされています。批評が有意義であるためには、その対象は何でもいいわけではなく、原理的には、コード的なものを相対化し得るオルタナティブを提示することで建築の批評性は生まれるのではないでしょうか。例えば、屋根や窓といった建築要素、素材、構法、形式などにおける、コード化したもののあり方を相対化することや、それらを暗黙裡に規定している社会制度や建築界における類型化した思考の枠組みを相対化することで、批評性が結果的に獲得されるのだと思います。コードに対する評価や態度によって、批評性はネガティブなものともポジティブなものとも捉えられるはずで、それよりも問題なのは現代において何にコードを見出し、相対化し得るかということではないでしょうか。

モハマド 批評性論争で隈さんが指摘した「批評性の様式化」は、ウィトゲンシュタインの「言語ゲーム」におけるルールとその改変のように、コードへの違反によって批評性を獲得したものが、その後コード化してしまって批評性が失われるということですよね。この点で、批評は本質的にダイナミックで政治的な営みです。住宅における批評性の衰退は、かつてラディカルだった考え方が常態化した、ある種社会の成熟を反映しているのかもしれません。

そう考えると、住宅の批評性のメカニズムは、生活にまつわるコードへの違反が起点となっているとも言えます。逆説的ですが、そこには社会への帰属意識が必須だと思います。しかし、ドストエフスキーが描くように、過剰にメタな自意識は社会からの疎外につながる諸刃の剣でもあり、強迫観念にもなり得るのです。ただ批評の不在が必ずしも自意識の欠如を意味するわけでもなく、現状に満足していれば、批評をしない場合もある。特にプライベートな住宅は、批評的な語りは限定されがちです。つまり批評性とは、コードと自意識の緊張関係から生じているところがある。日本の建築家の言説には、常に規範の遵守と違反のせめぎ合いを感じます。結局これは、ある意味で自己主張的な実践ですが、規範に挑戦し、再解釈を試みる個人の意志に規定されている点で、自意識以上にこれを制限するものもないのかもしれません。

建築家の言説とメディアの役割

大塚 たしかに批評性を考えるうえで認識論的な側面は重要ですね。詩的言語を生み出す方法論として、また説得の技術として、言語におけるコードへの違反を体系的にとらえたのがレトリックですが、言語哲学者の佐藤信夫さんはこうしたレトリックの重要な役割として「発見的認識の造形」をあげています（2）。辞書的な言葉の意味や使い方では表せない認識の表現のためにこそ、レトリックが作用するということですが、これは建築の実体と言説の双方にかかわることです。例えば篠原一男先生の「住宅は芸術である」というアフォリズムは、建築は都市の発展に寄与するものだという当時の建築界のハビトゥスを相対化した点で意義がありました。そう考えると、新しい建築の実体表現の追求にとっては当然のことながら、言語を通した批評的思考のための技術としても、レトリックが重要だと考えられる。塚本由晴先生のレトリックやサウンディングの話、さらに言葉の選び方には、こうした側面があるのではないでしょうか。本書で建築家の言説やインタビューを扱ったのも、批評性というテーマにおいて言語が大きくかかわり、また建築のあり方を思考するうえで欠かせないからですよね。

モハマド 建築家の言説という点では、雑誌メディアが重要な役割を果たしていますね。日本の建築専門誌は、批評家や歴史家のテキストが掲載されることの多い欧米のそれとは違って建築家自身による言説が掲載され、これは建築家の創作と批評性の問題が結びついた理由の一つだと思います。例えば「日本伝統論争」も言説の応酬だけではなく、丹下健三の自邸である「住居」と「美しきもののみ機能的である」という言葉のように(3)、建築作品が同じ誌面に載った言説の実体表現として受け取られ、この場合国家のアイデンティティの問題とともに、両者が建築家の思想の表現として批評的な意味をもち得たと考えています。

　メディアに依存した社会において批評性の存在感が薄れているのは、極度に敏感な社会におけるメディアの変質が背景にあると思います。これが明確な批評ではなく、より穏やかな表現を取る原因になっている。より抑圧的環境のなかで、批評はどのようにしてその鋭さや意義を保持できるのか？　こうした問いを前提として、藤原徹平さんや山道拓人さん、藤村龍至さんなど、昨今の建築家は、既存メディアと違った批評的コミュニケーションを志向しているのだと思います。

小倉 言説では、『批評としての建築』（1985）を書いた八束はじめさんも重要でしょう。八束さんが訳された『建築のテオリア』（1985、原著1968）に、英訳だと「Critical Architecture」となっている言葉が「批評としての建築」と訳されています。批評性というと篠原・磯崎で語られがちですが、実は磯崎さんは批評性という言葉をあまり使わない。むしろ八束さんの批評文において、評価基準としての批評性が篠原的な創作論としての批評性と接続されたように見え、これは坂本一成さんにとっての多木浩二さんによる作品批評も同様かもしれません。

80年代は文芸批評でも「批評の時代」といわれ、雑誌メディアの書き手だった批評家たちが、文学以外のことを論じ始めた時期だそうです。批評家の東浩紀さんが指摘する「批評という言葉がインフレを起こし、知の越境性そのものを指すようになった」（4）状況に建築界も引っ張られ、批評性という言葉が、それを流通させるメディアの中で「モチーフ」としてよくも悪くも自立したのでしょう。また篠原の文明批評は、「虚構の空間を美しく演出したまえ」（5）と、私的な空間に過ぎない住宅と社会の接点をメディアに求める、シニカルでラディカルな試みをともなっていました。この社会的意義を獲得する方法論もリテラルに解釈され、のちに内藤廣さんが建築専門誌を「神話の生成装置」と呼び、「作品性という聖域を絶えず生み出し続けている」（6）と批判するように、制度化してしまったのだと言えます。

モハマド 八田利也（磯崎新、伊藤ていじ、川上秀光によるペンネーム）の「小住宅ばんざい」（『現代建築愚策論』1961）や隈さんの『10宅論』（1986）など、住宅に過大な意義（批評性と言い換えてもいいでしょう）を標榜する建築家への批判は時代を問わず提起されていますね。住宅設計からキャリアをスタートさせるというロールモデルも変わりつつありますし、住宅という特定の家族のための小さなスケールの建物から、すべてを一般化できるわけではないかもしれませんが、住宅が建築の原型としてとらえられてきたように、建築一般へと敷衍できる問題もあるはずです。

小倉 隈さんの住宅批判は「サヨク住宅論」(『新建築 住宅特集』1987年5月号)に典型的ですが、『反逆の神話〔新版〕「反体制」はカネになる』(ジョセフ・ヒース&アンドルー・ポター、2021)のような、カウンターカルチャーとしての批評性が資本の論理に回収されるという論理です。この政治的な対立構図から抜け落ちてしまう側面に目を向けたい。例えば、青木淳さんが批評性論争で、プロトタイプに関して重要な指摘をしています。「ある住宅が批評的である(と解釈される)ことと、批評的な住宅をつくることはぜんぜん違う」とし、抽象的な固定観念をターゲットとする批評的なプロトタイプを住まい手にあてがうのは建築家の姿勢として古典的に過ぎず、批評的ではないというものです(7)。

その意味で作ることが批評になるのは自邸やDIYの場合に限られるのかもしれませんが、むしろ解釈されるべき作品のプレゼンテーションに可能性を感じます。作品発表や言説も「住宅をつくる」ことだと考えたい。前述した篠原の「虚構の空間」や堀口捨己、ル・コルビュジエにもさかのぼれますが、作品化の理論、ナラティブの道具としての批評性です。ただ雑誌などマスメディアという枠組みももはや有効とは思えないですし、多言語対応やウェブメディアが前提となり、国際化とタコツボ化が同時に進むような今、作家の表現のためだけではなく作品が流通する社会の仕組みをとらえ、発表行為も批評的に設計したいですよね。

大塚 奥山先生は、形、スケール、空間構成、材質感などを含んだ実体としての空間のイメージが波及効果を持つとき、それは住宅という枠組みを超えて建築一般へ展開する可能性を秘めた「形のプロトタイプ」となると述べていますが(62頁)、これは一つのモノが社会に影響を与えたときに「プロトタイプ」となるという、柄沢祐輔さんの考えとも共通します。ではどうしたら「形のプロトタイプ」に迫れるのか? 青木さんは先ほどの論考で、設計行為に内在するさまざまな判断の前提を疑うこと、徹底的に自覚的であることでしか批評的にものをつくることはできないとも述べています。ともすれば惰性的になってしまう自らの認識を相対化するためにも、「発見的認識の造形」が意味を持つのではないか。そのうえで、資本主義の差異のゲームから逃れられないとしても、批評性が獲得できるとすれば、建築の固有性や伊東さんの言う「原風景」といった、いわば祖型的なものとの関係が手がかりになるように思います。

明日の批評性に向けて

モハマド　ではこれから、どのようなことに批評性があるのでしょうか。多様化したコードが高度に交錯するシステムをなす今日の社会の総体に対して批評的であるには、その有効性を持たせるために途方もない規模を相手にしなければならず、これはほとんど不可能に思えます。しかし、「小さな批評」を過小評価してはいけない。社会状況は常に動くものですから、将来的には小さな問題がクリティカルな問題へと変化する可能性もあります。リオタールは「小さな物語」と述べましたが、「小さな批評」の細分化されたターゲットが本質的ならば、これはただちに「大きな批評」となることもあるはずです。

小倉　メディアがファスト化し、好きなものを「推し」として際限なく消費してしまえという風潮もありますが、そうしたコンテンツや趣味的な価値判断は賞味期限が短く、やはり建築には理論的実践も必要だと感じます。またテレビや映画では、古い作品の発掘や焼き直しばかりで、新しいものを誰もが楽しむ時代ではないともいわれます。デジタル化による過去の作品へのアクセス拡大や中間層の喪失などの構造的要因もありつつ、単純な新しさから複雑な批評的実践にシフトしているのかもしれない。あるいは、もし新しさを創造する力が弱いのなら、新しさを考える方法として批評性が有用だというのが私の結論です。「モチーフ」だった批評性を「メソッド」へ読み替える、ただ批評性という言葉も発掘した遺物なのですが(笑)。

　ともかく、批評のターゲットはいわば建築家のナラティブの題材で、構築されたナラティブのたしからしさが問題になります。これは、批評の強度と言い換えてもよい。時代を象徴する主題をとらえることが難しくても、ターゲットの選び方で「クリティカル」たり得ます。ただ、今はエコロジカルな問題が主題化しつつあるとも感じます。スイスでの「Make Do With Now」展（8）は、既存の環境を「やりくり」する日本の若手建築家が紹介されていましたね。

大塚　エコロジーは「大きな物語」になりつつあるのかもしれませんが、そもそもエコロジーという言葉は生物学者のエルンスト・ヘッケルが、生物とその周囲にある環境との関係に関する学問として、ギリシャ語のオイコス（家、家に関連する人間の諸関係）とロゴス（言葉、理論）を組み合わせた造語だそうです。つまり、建築のエコロジーは建物と自然物に限らず、建物を支える技術、住まう人、社会システムや概念的なものまで含み得る、時間的・環境的広がりを持ったものです。それは複雑でとらえどころがないかもしれませんが、だからこそ、それをとらえる視点が重要です。「原風景」のように、私たちの中に沈殿した集団表象的なものもエコロジーからとらえ直すことができるかもしれません。また、冒頭で批評性をコードへの違反から生まれるものととらえましたが、それが機能するにはコンテクストが不可欠です。エコロジーの網の目を顕在化＝文脈化し、切断・縫合することで、その中に潜むコード化した事柄を相対化することが「クリティカル」になるように思います。そうしたエコロジーを語る「家の言葉」が求められているのではないでしょうか。

モハマド　3・11やコロナ禍を経て、日本の建築家は再び社会的な水準で住宅を考えるようになっています。現状に挑戦するためではなく、生活と建築の新たな可能性のための批評性という観点から、建築の営為を新たに描き出すことに意味を見出せるのではないでしょうか。私は、批評をツールとして、建築の領域を限定するのではなく拡張することが重要だと示したかったのです。批評は楽しい知識ではないかもしれません。建築家による批評的言説を読んで、不安や心配を感じたことも否定できませんが、それは建築の領域を超え、私たち人間の日常生活にまで入り込んでくるわけです。

つまり批評性は、生活をよりよくするために、確実性よりも疑問符を示すものなのだと思います。

〈註〉

（1）香山壽夫『建築意匠講義』東京大学出版会、1996

（2）佐藤信夫『レトリック感覚』講談社、1992

（3）共に『新建築』1955年1月号に掲載された。

（4）東浩紀監修、市川真人・大澤聡・福嶋亮大著『現代日本の批評 1975−2001』講談社、2017

（5）篠原一男「住宅設計の主体性」『建築』1964年4月号

（6）内藤廣「住宅という神話」『新建築 住宅特集』1995年2月号

（7）青木淳「つくることの対象化——現代住宅建築論序」『10＋1』18号、1999

（8）「Make Do with Now：New Directions in Japanese Architecture（日本の建築の新たな方向性）」展、スイス建築博物館、2022年11月〜2023年3月

謝辞

インタビューにご協力いただいた建築家のみなさま、および各事務所スタッフのみなさまに対し、心より感謝申し上げます。また、われわれの企画に賛同し、出版まで伴走してくださった彰国社の神中智子さん、編集・校正に際して多大なご協力をいただいた本多香奈子さん、装丁を担当いただいた塩谷嘉章さん、みなさまのご尽力がなければ本書の出版は実現しませんでした。さらに、2016年の来日から本書の元になった修士論文でのご指導、また本書でも論考を書き下ろしていただいた奥山信一先生、修士論文研究でインタビューをお受けいただいた30名の建築家のみなさま、原稿作成・調査にご協力いただいたみなさま、編著者としてこのプロジェクトをともに進めてきた大塚優、小倉宏志郎両氏にも改めて御礼申し上げます。（モハマド・エイマール）

〈インタビュー協力〉
藤村拓史、大島堅太、根本昌汰、阿部光葉
織大起、松下龍太郎

〈リサーチ協力〉
松下龍太郎、ダヴィナ・イワナ

〈写真・図版クレジット〉

Ryota Atarashi……218
Atelier Bow-Wow……173左, 174〜179
Iwan Baan……308下
Scott Francis……154
FUJITSUKA Mitsumasa……161
Go Hasegawa and Associates……305, 308上
Hideyuki Nakayama Architecture……201, 203
Kenichi Higuchi……254
Sadao Hotta……324
Ito Toru……105
Kengo Kuma & Associates……147
KIAS……210
Naoomi Kurozumi……283〜288
MOUNT FUJI ARCHITECTS STUDIO……215
Nacása & Partners……217, 236〜246, 248右
Anna Nagai……226下
Kai Nakamura……336, 337
Tomio Ohashi……93, 95, 97, 100上, 128, 132
Wataru Oshiro……291
Takumi Ota……309
RFA……259
Shinkenchikusha……121, 133, 228
Small Earth Association……180
Hisao Suzuki……310
Jumpei Suzuki……316〜319, 327
Ken'ichi Suzuki……219
TAKAHASHI IPPEI OFFICE……296〜300
Takeshi Hosaka Architects……248左
Koji Taki……120
Koichi Torimura……226上, 227, 231, 252, 266, 268〜275, 278, 279
Toyo Ito & Associates, Architects……96, 109
Toyo University, Department of Architecture……256
TSUBAME ARCHITECTS……330, 333
Shuji Yamada……91
Ikunori Yamamoto……277
Norihito Yamauchi……209
Toshiyuki Yano……199, 208
Shokokusha……153
Shokokusha Photographer……100下, 102, 149, 151, 173右, 247

＊特記のない図版、スケッチなどは各建築家からの提供による。

〈編著者略歴〉

モハマド・エイマール（Mohammad Eimar）

2012年ヨルダン大学建築学科卒業。2012-2016年ヨルダンにて複数の建築設計事務所に勤務。2016年文部科学省（MEXT）国費外国人留学生奨学金を得て東京工業大学に留学。2019年東京工業大学環境・社会理工学院建築学系修士課程修了。現在、隈研吾建築都市設計事務所主任技師。

大塚 優（Masaru Otsuka）

2012年東京工業大学工学部建築学科卒業。2015年スイス・イタリア大学大学院メンドリジオ建築アカデミー修了。2016年東京工業大学大学院理工学研究科建築学専攻修士課程修了。2019年東京工業大学環境・社会理工学院建築学系博士後期課程単位取得退学。現在、東京工業大学環境・社会理工学院建築学系技術支援員。

小倉宏志郎（Koshiro Ogura）

2019年東京工業大学工学部建築学科卒業。2021年東京工業大学環境・社会理工学院建築学系修士課程修了。2022-2023年スイス連邦工科大学チューリッヒ校建築歴史・理論研究所客員研究員。現在、東京工業大学環境・社会理工学院建築学系博士後期課程。

住宅は、批評する　現代建築家20人の言葉

2024年9月10日　第1版　発　行

著作権者との協定により検印省略

編著者　モハマド・エイマール＋大塚優＋小倉宏志郎

発行者　下出雅徳

発行所　株式会社　彰国社

162-0067　東京都新宿区富久町8-21

電　話　03-3359-3231(大代表)

振替口座　00160-2-173401

自然科学書協会会員
工学書協会会員

Printed in Japan

印刷：壮光舎印刷　製本：中尾製本

ISBN 978-4-395-32210-7　C3052　https://www.shokokusha.co.jp